COMUNICAREA EVOLUTIVĂ

ÎN INTERACȚIUNILE CONȘTIENȚIALE

Ana Seno

COMUNICAREA EVOLUTIVĂ
ÎN INTERACȚIUNILE CONȘTIENȚIALE

EDITARES®

FOZ DO IGUAÇU – BRAZILIA

2023

Prima ediție – Print on demand (PoD)

Părerile, conținutul, revizuirea gramaticală și grafica acestei lucrări au fost realizate exclusiv de voluntari din domeniul Conștientologiei.

Traducerea: Adina Oprea
Revizia: Alina Bala, Daniela Mareș, Mihaela Neguriță
Coperta: Débora Klippel
Editarea: Daniela Mareș și Marian Baciu
Responsabil pentru ediția în limba română: Roberta Bouchardet

Descriere CIP

S478c Seno, Ana

Comunicarea evolutivă în interacțiunile conștiențiale / Ana Seno; traducere Adina Oprea. – Foz do Iguaçu, PR: Editares, 2023.

346 p.
Disponibilă pentru publicare în sistem PoD (Print on demand)

Titlul original: Comunicação evolutiva
Include referințe bibliografice
Include Glosar
Include index alfabetic, al termenilor străini, onomastic

ISBN 978-65-86544-98-5

1. Conștientologie. 2. Proiectologie. I. Oprea, Adina II. Titlu

CDU: 133.3

Beatriz Helena P. de S. Cestari – CRB-10/1708

EDITARES

ASSOCIAÇÃO INTERNACIONAL EDITARES
Av. Felipe Wandscheer, nº 6.200, sala 100D, Cognópolis
Foz do Iguaçu, PR – Brasil – CEP: 85856-850
Tel/Fax: +55 45 2102 1407
Email: editares@editares.org – *Website:* www.editares.org.br

Evoluția conștiinței nu este posibilă fără comunicare interconștiențială.
(Vieira, 1997d, p. 102)

Procesul comunicativ este complet și justificat numai atunci când interlocutorul a înțeles mesajul
(Azeredo, 2008, p. 475)

Dedicație

Conștiințelor (dragilor mei părinți intrafizici):
Domingos Seno (in memoriam)
Sebastiana Sousa Seno (in memoriam)
Pentru că au fost dispuși să accepte să fiu fiica lor.

Către conștiințele (dragii mei frați intrafizici):
Adelaide Seno
Gilberto Seno (in memoriam)
Anselmo Domingos Seno (in memoriam)
Celso Elias Seno (in memoriam)
Maria Neuza Seno Domingos Seno Filho
Pentru prietenie, sprijin și afecțiune în timpul conviețuirii comune în copilărie și maturitate, mulțumirile mele pentru că mi-au oferit posibilitatea de a mă autocunoaște și de a crește împreună din punct de vedere evolutiv.

Perechii mele evolutive, Marcelo Rouanet, pentru iubirea necondiționată, fără de care nu mi-aș fi putut susține proexisul.

Și tuturor conștiințelor interesate de autocercetare, intercomunicare sănătoasă și interasistență.

INDEX AL SECȚIUNILOR

CUPRINS

PREFAȚĂ

Tridotarea conștiențială

Triadă. Triada cosmoetică intelectualitate – comunicabilitate – autocercetare se înscrie printre multiplele talente și abilități conștiențiale, ca având cea mai mare importanță în structura conștiențială, din ea iradiind diferite alte aptitudini și abilități necesare succesului dinamicii autoevolutive multiexistențiale a conștiinței. *A comunica înseamnă a te dărui pe tine, a te autodona.*

Intelectualitate. Autoarea dovedește o bază intelectuală multiculturală matură, abordând intercomunicarea din diferite perspective, oferind cititorilor multiple opțiuni superioare de înțelegere a problematicii supuse discuției, care în acest al treilea mileniu, în plin proces de reurbanizări extrafizice, încă afectează și încurcă traiectoria proexologică a milioane de conștiințe. *Comunicarea înseamnă libertate.*

Opțiune. Autoarea a ales să ridice intercomunicarea conștiențială la rangul de axă tematică a acestei opere și a propus soluții creatoare pentru accelerarea dinamicii evolutive, prin autoreflecție, raționalitate, autodiscernământ și autopercepție/ heteropercepție, permițând, chiar și doar prin aceasta, exercițiul cosmoetic al interasistențialității, în toată măreția sa. *Asistențialitatea înseamnă comunicare.*

Comunicabilitate. Dovedind maturitate în aplicarea inteligenței evolutive (IE), autoarea *părăsește abordarea clasică și extinde perspectiva* prin identificarea și înlăturarea barierelor intime de comunicare și depășirea megafrânelor, prin autocritică optimistă și prin împărtășirea auto-nec-descoperirilor intercomunicaționale dintre copasagerii evolutivi, ceea ce justifică această lucrare. *A comunica înseamnă a crea noi oportunități asistențiale.*

Paradigmă. Autoarea a optat pentru abordarea transcendentă din perspectiva *paradigmei conștiențiale*, transformând această gescon (gestație conștiențială) într-una prioritară pentru conștiințele lucide, cu precădere pentru acelea care se recunosc a fi intermisiviste, care sunt încă limitate de legăturile antievolutive cu timiditatea. *Cel care se expune crește mai mult.*

Paraproveniență. Acele conștiințe intrafizice (conștin) purtătoare în actuala lor resomare de informații înnăscute privind paraproveniența lor, din timpul cursului intermisiv, sunt cele care trebuie să se angajeze în sarcina asistențială de clarificare (sarclar), împărtășind paradisciplinele învățate, prin comunicarea interconștiențială auto-curativă, teopractică. *Asistentul este întotdeauna primul asistat.*

Autoparapsihism. Prin abordarea parapsihismului lucid din perspectiva de unealtă avansată de depășire a barierelor evolutive impuse de tăcerea omisivă, lucrarea expune curajos autocazuistica intraconștiențială, energetică și proiectologică.

Grafogânsenitate. Prin opțiunea pentru grafogânsenitatea conștientologică îndrăzneață și nu pentru o *carte temătoare*, limitată la un aspect unidimensional al conștiinței, la factori și tehnici intrafizice, autoarea a renunțat la *legea celui mai mic efort evolutiv. Autoparapsihismul necesită reciclări.*

Autorelee. Opera conștiențială autorecinologică va fi *vestitoarea asistențială* cosmoetică din viețile viitoare, reprezentând un element de o inestimabilă valoare pentru urmărirea traseului multiexistențial în viitoarele autorelee. Cărțile – idei itinerante.

Scufundare. Îi dorim Anei Seno publicarea multor altor opere clarificatoare, așa cum este aceasta – *Comunicarea* *evolutivă în interacțiunile conștiențiale* – care întărește automotivarea scriitorului de a se scufunda inevitabil și profund în domeniul *comunicologiei* interasistențiale cosmoetice, fără teama de a greși. *Sarclar – comunicarea esențială.*

Foz do Iguaçu, februarie 2013

Málu Balona,
Scriitoare, parapedagogă și conștientologă.

INTRODUCERE

Disponibilizarea laboratorului conștiențial (labcon) presupune iluminarea subsolului conștiențial, pentru a observa trăsăturile slabe (trasla) și a învăța din ele, folosind trăsăturile forte (trafor), cu scopul de a comunica învățătura și altor conștiințe.
(*insight* înregistrat pe aeroportul Vitória – ES, 29;04.2008, ora 17.00)

Obiectiv. Această carte examinează aspecte privind comunicarea inter-relațională din perspectivă conștientologică. Ea încearcă să exploreze diferite forme de comunicare dintre două sau mai multe conștiințe și chiar ale conștiinței cu sine însăși, potrivit paradigmei conștiențiale propuse de medicul și cercetătorul Waldo Vieira, cel care a formulat știința conștientologiei (studiul conștiinței).

Complexitate. Studiul interacțiunilor umane evidențiază complexitatea universului format de relațiile dintre conștiințe, indiferent de dimensiunea în care ele se află, fizică sau extrafizică.

Motivație. Din observarea aspectelor facile sau dificile din orice dialog se nasc investigațiile personale privind procesul de comunicare umană.

Metodă. Aceste investigații personale au determinat studierea diferitelor specializări ale comunicării și ale zonelor relaționate. Mai mult (probabil cea mai importantă contribuție a acestei cărți), chestionările despre modul în care poate fi obținută o comunicare sănătoasă au condus-o pe autoare să își intensifice autocercetarea și autoexperimentarea, ale căror rezultate, aici prezentate, se adaugă studiilor privind, în principal, următoarele domenii conștientologice: comunicologia, cercetologia, autocercetologia și conviviologia.

Propunere. Plecând de la aceste studii, s-a propus conceptul neoaderevologic[1] de comunicare evolutivă, axa tematică a acestei cărți, care aliniază și direcționează conținutul, abordările și direcțiile care trebuie urmate pe parcursul lecturii.

---

[1] *Neaderevologic* – care se referă la aderev (adevăr relativ de vârf); n.tr.

Definiţie. *Comunicarea evolutivă* este capacitatea matură de autoexprimare verbală, non-verbală, scrisă, energetică şi parapsihică, realizată de conştiinţa conştientă de evoluţia ei, care caută interasistenţa eficace în dialogurile multidimensionale şi vizează cu prioritate sarcina de clarificare (sarclar).

Instrumente. *Comunicarea evolutivă* practică presupune utilizarea a *6 abilităţi comunicaţionale: abilitatea de a asculta, abilitatea de a vorbi, abilitatea de a citi, abilitatea de a scrie, abilitatea de a traduce şi abilitatea de a gânseniza.* Toate aceste abilităţi au fost propuse de autoare în verbetele cu care ea a contribuit la *Enciclopedia de conştientologie*.

Scop. Interesul principal al propunerii conceptului de *comunicare evolutivă* se concentrează pe înţelegerea potenţialului de utilizare a comunicării ca unealtă evolutivă şi interasistenţială. Astfel, în pofida multiplelor câmpuri posibile de studiu în această *eră a comunicării globale* – şi includem aici, printre altele, diferite tipuri de media: cinema, radio, TV, presă scrisă, internet, muzică – ne vom limita să analizăm faţeta didactică a procesului educativ din 3 perspective şi unghiuri de observare:

1. **Interpersonal** – comunicarea din perspectiva paradigmei convenţionale care consideră că interlocuţiunea dintre persoane se limitează la tridimensionalitatea intrafizică şi la lumea materială.
2. **Interdimensional** – abordarea ancorată în autoconştientizarea multidimensională a conştiinţei intrafizice care ia în considerare comunicarea permanentă dintre conştiinţe aflate în dimensiuni multiple (dimensiunea intrafizică şi dimensiunile extrafizice). Ne referim aici la concentrarea pe problematica comunicării dintre conştiinţe, în funcţie de profilul personalităţii şi de maturitatea intraconştienţială.
3. **Interasistenţial** – studiul comunicării din perspectiva asistenţiologiei, prin identificarea elementelor comunicative caracteristice şi utile interasistenţei.

Neofilie. Invităm cititorul să se adâncească în chestiuni provocatoare pentru orice conştiinţă în evoluţie: confruntarea cu modul în care se manifestă. Prin urmare, călătoria va necesita deschidere către noi abordări, învățături, expuneri, moduri de a asculta și de a auzi, interpretări, parametri, percepții, în dorința cititorului de a se cunoaște și autoexprima.

Punct de plecare. Scrierea acestei cărți a început după o analiză a celor mai mici note obținute de autoare la întrebările din cartea lui Waldo Vieira (1996) *Conștientograma*, în perioada martie 2007 – martie 2008, în principal la fișa de evaluare *Raționalitate și antiemoționalitate.*

Poziționare. A existat decizia intimă de îmbunătățire a rezultatelor, ceea ce a necesitat autoinvestigare, autodiagnosticare și autoconfruntare, pentru a putea depăși anumite trăsături personale și mecanisme utilizate în interacțiunile familiale, profesionale și sociale.

Unelte. Instrumentele utilizate au avut la bază folosirea atributelor mentalsomatice asupra celor psihosomatice, a unor înțelegeri datorate autoconștientoterapiei și a studiilor privind grupalitatea, din perspectiva științelor sociale, a psihologiei sociale și a etologiei.

Reciclare. Cercetarea și autocercetarea privind tema au stimulat procesul de autoînvățare și au determinat transformarea profilului personal în timpul acestui proces. Aspectul *emoțional și emotiv* al personalității s-a redus în favoarea unui profil mai *matur, rațional și lucid.*

Deschidere. În consecință, a avut loc părăsirea stării de *blocaj conștiențial* în favoarea *deschiderii conștiențiale*, acțiune necesară și prioritară, în momentul evolutiv personal actual de realizare a programului existențial, prin renovarea intraconștiențială. Din acest motiv, cititorii vor întâlni pe parcursul lecturii exemple pe care le-am dat pornind de la situații personale, o autoexpunere realizată cu intenții sarclariste (de clarificare).

Mișcare. Primul impact pentru o conștiință blocată și apriorică este să se perceapă așa cum este. Momentul în care conștiința respectivă devine conștientă de anumite reacții intime duce la apariția unui șoc evolutiv. Mișcarea de a ieși din sine pentru a se regăsi în altcineva este, dincolo de a fi paradoxală, un dialog prolific de interschimb sănătos între conştiinţe care intenţionează să abandoneze egocentrismul şi să diminueze distanţa dintre diferite microuniversuri conştienţiale, fiecare cu realităţile lor singulare.

Trafor. Ancora utilizată pentru realizarea acestor reciclări a fost dată de atributele conştienţiale personale deja dezvoltate, cum ar fi: comunicarea scrisă, autodeterminarea, intelectualitatea, persistenţa, didactica, claritatea, poliglotismul şi prioritizarea.

Ştiinţă. Prezentarea acestor cercetări beneficiază de suportul ştiinţific oferit de ştiinţa conştientologiei, bazată pe paradigma conştienţială, fundamentată pe 6 piloni de bază:

1. **Multidimensionalitate**: se ia în considerare existenţa multiplelor dimensiuni, ca scenariu al posibilelor inter-relaţionări şi al intercomunicării dintre conştiinţe.
2. **Pluriexistenţialitate**: se ia în considerare seriexialitatea existenţelor umane, conţinutul lor şi modul de recuperare, accesare şi prezentare a informaţiilor dobândite în existenţele trecute.
3. **Bioenergetică**: bioenergiile formează modul de exprimare şi manifestare a conştiinţei în viaţa intrafizică. Materia şi energia se exprimă într-o anumită formă. Energia permeabilizează Universul şi conştiinţa transformă energiile imanente (EI) în energii conştienţiale (EC), de exemplu prin comunicare.
4. **Holosomatică**: conştiinţele se manifestă în dimensiunea intrafizică prin utilizarea simultană a 4 corpuri: mentalsoma (corpul discernământului şi raţiunii), psihosoma (corpul emoţiilor şi sentimentelor), energosoma (corpul bioenergiilor) şi soma (corpul fizic). Rezultatul comunicării conştienţiale depinde de condiţiile, atributele şi utilizarea fiecăruia dintre aceste vehicule sau corpuri.
5. **Cosmoetică**: bazată pe morala cosmică, pe etica întregului cosmos, conştiinţa se exprimă prin orice tip de limbaj, lăsându-se ghidată de cosmoetică şi de respectul pentru

liberul arbitru al celuilalt, în acord cu principiile personale de conduită și comportament, fiind condusă de intenția igienică și sănătoasă.

6. **Universalism**: sensul universalist, lipsit de limitarea dată de frontierele naționale și segregaționiste, oferă deschiderea mentală (*open minded*) necesară interacțiunilor comunicaționale ale conștiinței ce deține statutul de cetățean al universului.

Orientare. Potrivit paradigmei conștiențiale, dincolo de maxima: *să se întâmple ceea ce este cel mai bine pentru toți*, care reprezintă unul dintre principiile cosmoeticii, cercetătorii conștientologi se orientează potrivit Principiului Neîncrederii, postulat de propoziția: *nu crede în nimic și în nimeni, caută să ai propriile tale experiențe.*

Critică. Utilizarea discernământului critic și reflectarea asupra informațiilor prezentate în această carte contribuie la aprofundarea temei, necesitând din partea cititorului matur o lectură atentă. Autoarea îl îndeamnă pe fiecare cititor să aibă propriile sale experiențe, cu scopul dobândirii unei autocunoașteri superioare.

Relativitate. Ideile prezentate aici sunt rezultatul reflectării atente asupra propriilor experiențe și a înțelegerii lecturilor realizate și reprezintă un adevăr relativ de vârf personal. Autoarea nu are pretenția de a fi epuizat subiectul, deoarece în cercetare, studiul este continuu și evoluează permanent.

Continuitate. Totuși, această lucrare poate reprezenta un punct de plecare pentru alți cercetători interesați de universul comunicării interconștiențiale, din perspectivă interasistențială.

Structură. Organizarea și succesiunea celor 4 secțiuni și 28 de capitole respectă un criteriu personal și au fost realizate potrivit unei logici experimentale de autocercetare. Le vom prezenta în continuare pe scurt:

Secţiunea I – (Auto) Cercetologia

Investigare. Această secţiune prezintă rezultatele cercetărilor, personale şi ale altor conştiinţe, despre trăsăturile similare ale celor interesaţi de temă, observate în propria intraconştienţialitate şi în examinarea şi analizarea altor microuniversuri conştienţiale.

Profiluri. Unele dintre trăsăturile analizate care caracterizează anumite profiluri conştienţiale se manifestă ca frâne în buna desfăşurare a actului comunicativ personal. Au fost selectate 3 profiluri conştienţiale anticomunicative: 1. Sindromul Străinului (SIST); 2. Autismul conştienţial; 3. Rigiditatea gânsenică.

Profilaxii. Unele alternative, acţiuni proevolutive, confruntări şi propuneri profilactice sunt incluse în analize realizate din perspectiva trăsăturilor puternice care vizează schimbarea condiţiei de conştiinţă anti-comunicativă în condiţia de conştiinţă pro-comunicativă.

Metodologie. Pe parcursul autoconfruntărilor au fost utilizate şi create anumite tehnici de autocercetare şi metode paraterapeutice care să sprijine depăşirea unor trăsături specifice de personalitate. În acest scop au fost folosite tabele şi planşe completate de autoarea ghidată de teopractică şi verbacţiune.

Repercusiune. Cunoştinţele obţinute prin auto şi heterocercetare au amplificat înţelegerea privind influenţa anumitor trăsături anticomunicative în desfăşurarea comunicării interconştienţiale, ceea ce a condus la elaborarea şi detalierea conceptului de *comunicare evolutivă*, care face subiectul următoarei secţiuni.

Secţiunea II – Comunicologia

Panoramă. În această secţiune este prezentată în mod panoramic şi în acelaşi timp detaliat tema centrală a acestei cărţi: *comunicarea evolutivă* şi instrumentele ei. Potrivit paradigmei conştienţiale, există diferite forme prin care o conştiinţă stabileşte contactul sau comunică cu o alta, în funcţie de persoana cu care vorbeşte, de locul şi modul în care se manifestă.

Comunicare. Utilizând această linie de abordare, se observă că actul comunicativ realizat la un înalt nivel, cu scopul de a obţine o viziune de ansamblu a complexului univers interdimensional, necesită anumite abilități și competențe, nu numai lingvistice, ci și energetice și parapsihice.

Dinamică. Se observă că procesul comunicativ se realizează din perspectiva a două mișcări: prima, cu caracter centripet, care se referă la *comunicarea intraconștiențială*, la *monologul* utilizat de conștiință când își ascultă propriul microunivers conștiențial, utilizând diferite tipuri de dialog cu sine însăși. Cea de a doua mișcare are caracter centrifug și se referă la *comunicarea interconștiențială*, mai bine cunoscută și realizată în spațiul inter-relațiilor conștiențiale, de la conștiință la conștiință, presupunând în principal dialoguri conștin-conștin și conștin-conștiex.

Competențe. Nivelul de cunoaștere și de abilități influențează calitatea comunicării interconștiențiale. A cunoaște, a investi în și a dezvolta abilitățile comunicative reprezintă un aspect foarte important. Prezentăm aici o propunere mai avansată de clasificare a acestor abilități, care depășește sfera celor 4 studiate de lingvistică și pedagogie: *abilitatea de a asculta, abilitatea de a vorbi, abilitatea de a citi, abilitatea de a scrie*.

Propunere. Din perspectiva paradigmei conștiențiale și, prin urmare, adoptând viziunea mutidimensională a procesului comunicativ, propunem adăugarea a 2 abilități fundamentale care să ajute conștiința să comunice eficient din perspectivă evolutivă: *abilitatea de a traduce* și *abilitatea de a gânseniza*, înglobate în conceptul de comunicare parapsihică, obținând astfel un ansamblu de ***6 abilități comunicaționale***, necesare nu numai în activitățile personale, ci și în autoevoluție și realizarea programului existențial (proexis).

Autogânsenologie. Aprofundarea și detalierea acestor două abilități *(abilitatea de a traduce* și *abilitatea de a gânseniza)* necesită investigarea și cufundarea în studiul parapsihismului, al autogânsenității și acțiunii de a gânseniza. Orice lucru pe care o conștiință îl spune (autoexprimare) reflectă nivelul și calitatea autogânsenizării.

Chestiolonogie. Dincolo de toate aceste idei expuse, deoarece am dorit un dialog și o interacțiune cu cititorul, am lăsat la fiecare capitol multe întrebări la care fiecare să reflecteze.

Secțiunea III – Interactologia

Aplicabilitate. În această secțiune aplicăm cunoștințele propuse anterior în practica inter-relațională cotidiană a conștiinței care acționează în socin (societatea intrafizică) și în sociex (societatea extrafizică).

Acțiuni comunicaționale. Necesitatea de a stabili criteriile de comunicometrie în timpul activităților de comunicare i-a sugerat autoarei ideea de *confor al comunicării*, ea propunând parametrii necesari conștiinței pentru autoevaluarea performanței personale, și anume 45 de acțiuni pro și anticomunicaționale.

Influențe. În pus, au fost enumerate câteva elemente care facilitează sau îngreunează desfășurarea procesului comunicativ. Aceste elemente au fost grupate în funcție de domeniile conștientologice, ca de exemplu cele care favorizează sau îngreunează dialogul, procesul de vorbire sau interacțiunile în grup.

Grupalitate. A vorbi interactiv implică cu necesitate exercitarea grupalității, explorarea unor aspecte inter-relaționale care implică tematica de comunicare și de autoexprimare, în căutarea modelului de convivialitate sănătoasă.

Penta. Vom analiza, ca exemplu de grup optimizat prin intercomunicare și concentrat pe interasistență, anumite elemente ale interacțiunii *practicant penta – helper – asistat*, ca una dintre formele cele mai productive de muncă asistențială și conjugată în echipă. Practica zilnică penta (sarcina energetică personală), susținută de helperul de funcție, reprezintă exemplul clasic de *comunicare parapsihică* tacită, realizată prin donare de energie.

Secţiunea IV – Asistenţiologia

Extraconştienţialitate. În ultima secţiune, procesul comunicaţional este abordat din perspectiva asistenţei şi a acţiunii de a asista. Ideile dezvoltate şi cunoştinţele obţinute pe parcursul secţiunilor anterioare sunt direcţionate către aplicarea practică şi către înţelegerea necesităţii de a investi în *comunicarea evolutivă* de înalt nivel.

Intraconştienţialitate. Se încearcă demonstrarea influenţei relaţiilor intraconştienţiale în acţiunea comunicaţională, în timpul oricărui dialog care vizează asistenţa. Cucerirea unei maturităţi conştienţiale superioare presupune mai întâi îmbunătăţirea *comunicării evolutive* cu caracter asistenţial şi sarclarist, potrivit principiului evoluţiei conştienţiale.

Holomaturologie. Dezvoltarea unui comportament matur, condus pe baza principiilor personale şi cosmoetice, necesită efort personal, autodeterminare şi autoconfruntări în inter-relaţiile intrafizice şi extrafizice.

Stimulare. În concluzie, prin expunerea realizărilor personale şi ştiinţifice privind procesul comunicaţional inter-relaţional, autoarea îşi propune să îl stimuleze pe cititor să investească în autodezvoltarea comunicaţională şi să utilizeze beneficiile personale astfel obţinute în scopuri intraconştienţiale, inter-relaţionale şi proexologice.

Evoluţie. Dacă doreşte cu ardoare să evolueze, o conştiinţă nu o poate face fără să înveţe să *gestioneze comunicarea*, deoarece progresul conştienţial presupune comunicarea interconştienţială.

Lectură. Astfel, autoarea speră ca firul director trasat de ea să îl conducă pe cititor în spaţii mentale încă neinvestigate, astfel încât conţinutul sarclarist să ne amplifice şi să ne transforme din punct de vedere intraconştienţial.

I. (AUTO)CERCETOLOGIA

PUNCT DE PLECARE

Funcția intermisivistului constă în forța de a-și șlefui propriul temperament, a diminua autointruziunile și a amplifica autocritica cu ajutorul autoevaluărilor conștiențiale.
(Vieira, 2012, verbetul *Funcția intermisivistului)*

Întrebare. Care este relația dintre comunicare, cercetare și autocercetare?
Propunere. Fără a avea pretenția de a da răspunsuri categorice, dar prin angajarea personală a cercetătorului, vom încerca să prezentăm în secțiunile următoare câteva implicații ale acestei întrebări.
Constatare. Cea mai importantă auto-constatare este că pentru ființele umane (conștiințe intrafizice) este *esențial* să comunice unele cu celelalte, în toate formele, verbale sau nonverbale.
Comunicare. Necesitatea de a interacționa cu alte conștiințe, începând cu cele din familia nucleară și ajungând la legăturile sociale mai îndepărtate, face din actul comunicării auto-expresia conștiențială fundamentală.
Decizie. În procesul de autocercetare, conștiința care se vede pe sine și constată, de exemplu, existența trăsăturilor imature, anticomunicative de personalitate, care împiedică avansul propriei evoluții, trebuie să facă eforturi și să se hotărască dacă își menține profilul conștiențial curent sau dacă reciclează.
Saturație. Decizia acestei autoare a fost aceea de a utiliza călătoria de transformare a *status quo* mimetic din diferite vieți, caracterizate în principal prin închidere conștiențială. Saturația privind un anumit mod de a fi ajunsese la limita suportabilității, forțând ieșirea din starea de calitate comunicativă scăzută.

Tematici. În paginile următoare, vom încerca să amplificăm tema, scoţând în evidenţă conceptele tehnice despre procesul comunicativ şi despre comunicarea interconştienţială prin intermediul cercetării şi dialogului despre tematici studiate de către domenii ale conştientologiei, cum ar fi cercetologia, interactologia şi asistenţiologia.

Metodologie. Procedura adoptată pentru a se ajunge la anumite consideraţii se bazează pe autoexperimentare, auto-observare, hetero-observare şi lecturarea operelor autobiografice şi a autorilor specializaţi în temele abordate.

Schemă. Astfel, în schema comparată, prezentată în tabelul 1, sunt sintetizate trei trăsături proprii personalităţii care se cercetează pe sine, care servesc ca bază pentru explorarea procesului comunicativ inter-relaţional.

Mişcare. Studiul utilizează abordarea trăsăturilor opuse, descriind etapele nosografice identificate iniţial, în încercarea de a atinge o stare cât mai homeostatică pentru fiecare dintre trăsături.

Nosografic	Homeostatic
Síndromul Străinului	Autoconştientizarea proexologică
Autismul conştienţial	Deschiderea conştienţială
Rigiditatea gânsenică	Flexibilitatea gânsenică

Tabelul 1 – Schema comparativă a trăsăturilor personale

Derivaţii. Din elementele nosografice derivă sau subderivă alte trăsături, cum ar fi: orgoliul, închiderea conştienţială, absenţa energetică, introvertirea, comunicarea anti-evolutivă, egocentrismul. Elementele homeostatice se subdivid, printre altele, în: asistenţialitate, comunicare pro-evolutivă, extrovertire, maturitate conştienţială, inteligenţă evolutivă.

Criteriu. Datorită trăsăturilor cu caracter nosografic pe care autoarea însăși le-a observat la alte conștiințe intrafizice (conștin), a fost posibilă gruparea aspectelor asemănătoare și asocierea lor cu trăsăturile anticomunicative și antievolutive, cu scopul de a le analiza.

Excepție. Trebuie spus că aceste trăsături selectate nu sunt singurele studiate de către *comunicologie*, nereprezentând neapărat un tipar al profilului conștiinței care are dificultăți comunicative, dacă există un asemenea tipar. Cu toate acestea, riscul este mai mic atunci când analizăm aspectele în *cunoștință de cauză*, prin autoexperimentare, când cercetătorul se poziționează pe sine însuși în starea de obiect al cercetării, dincolo de heterocercetare.

Surse. Cercetările despre subiect s-au desfășurat pe parcursul a cel puțin 10 ani de observații personale și utilizarea diferitelor surse: cărți, reviste, ziare, filme, cursuri și, în principal, auto-observarea propriilor comportamente și repercusiunilor acestora în inter-relaționarea cu alte conștiințe, prezentate aici ca „studii de caz".

Autoconștiență. Parcursul acestei cercetări a condus la autoconștientizarea necesității transformării personale a comportamentelor, atitudinilor și posturilor cu potențial de a bloca saltul pro-evolutiv. Mai mult, s-a amplificat înțelegerea unor anumite trăsături ale personalității, oferind idei și posibilități suplimentare de a realiza analogii neașteptate.

Striptease. Orice conștiință se poate îmbogăți prin informațiile obținute din lucrările altor autori, totuși cunoașterea prin autocercetare continuă, prin încercarea de a-și învinge fricile, nesiguranța și blocajele și de a ieșii din sine însăși, exprimându-se așa cum este, necesită *striptease* conștiențial, necesar pentru a obține o viziune panoramică a punctelor care trebuie schimbate.

Parcurs. Această secțiune, prin conținutul său de autocercetare și cercetare, va servi drept bază pentru dezvoltarea temei și conceptului neoaderevologic de *comunicare evolutivă* propus de autoare, care este amplificat și aprofundat în următoarele secțiuni: comunicologia, interactologia și asistențiologia.

Amplificare. Prin abordarea acestor trei specializări ale conştientologiei se urmăreşte prezentarea implicaţiilor unor anumite caracteristici ale personalităţii prin care conştiinţa se exprimă pe sine şi evidenţierea câtorva avantaje evolutive, cu scopul de a promova autoverificarea calităţii propriei comunicări interconştienţiale.

Privire. Modul de examinare a acestor microuniversuri conştienţiale se va face din perspectiva comunicării, cu alte cuvinte, a capacităţii comunicative a conştiinţei de a se exprima în mod autentic, asistenţial şi pro-evolutiv.

Strategie. Din punctul de vedere al *terapeuticologiei*, fiecare trăsătură slabă (trasla) poate fi transformată într-o trăsătură forte (trafor), ca urmare a efortului şi voinţei conştiinţei de a se perfecţiona constant şi permanent.

Autopercepţii. Cititorul este invitat să realizeze propria autocercetare în timp ce citeşte această carte, prin utilizarea eventualelor reacţii personale, a autopercepţiilor, senzaţiilor şi oricăror alte aspecte ce pot fi identificate.

Finalitate. Ideea acestei cărţi este să contribuie la o înţelegere superioară a acţiunilor autolucide realizate prin praxisul comunicaţional, în timpul intercomunicării sănătoase dintre conştiinţe, la nivelul actual de evoluţie a Umanităţii.

PROFILURI CONȘTIENȚIALE

Nu orice conștin servește ca model sau tipar evolutiv de urmat în această dimensiune umană, de aceea confruntarea rațională a personalităților este întotdeauna pedagogică și iluminatoare.
(Vieira, *2012,* verbetul *Personalitatea complexă)*

Scurt istoric

Linii. Potrivit liniilor de cercetare existente, ca de exemplu psihologia, analiza profilului conștiențial reprezintă o parte a studiului personalității umane.
Diversitate. De-a lungul istoriei, nenumărate studii au fost dedicate explorării și înțelegerii diferitelor personalități umane, încercându-se clasificarea lor în tipuri și categorii.
Delimitare. Aprofundarea acestei teme necesită scrierea unei alte cărți, mai amplă și specifică. Pentru realizarea acestui proiect și construirea unei imagini panoramice sintetice despre subiect au fost adunate noi informații.
Personalitate. Cuvântul personalitate pare a-și avea originea în *persona*, cuvântul latin pentru *mască*, cea pe care actorii din teatrul antic roman o foloseau când își jucau rolurile. Cuvântul pentru „mască", *per-sonare*, înseamnă *a suna prin* (Barros, 1997, p.116).
Măști. Potrivit antropologului Marcel Mauss (1968, p.351), *persona* își are originea în cuvântul împrumutat de etrusci din greacă (*perso*), pentru a simboliza măștile ancestrale din lemn, piele și ceară. În arta și civilizația etruscă erau folosite măștile pentru a crea imaginile strămoșilor. Chiar dacă cercetătorii nu au ajuns la un consens privind originea cuvântului, cel puțin este clar faptul că sensul actual vine de la romani.
Carnaval. Utilizarea măștilor a trecut dincolo de teatru, regăsindu-se în petrecerile nobilimii italiene, în special la carnavalul de la Veneția, începând cu secolul XVII.
Transfigurare. În acea epocă, nobilii se mascau pentru a-și ascunde identitatea, a se destrăbăla în siguranță, a-și satisface liber dorințele oculte și ilicite, a se distra, a manipula și a da frâu liber sarcasmului sub permisivitatea oferită de mască.

Linii. Diferitele linii de cunoaştere studiază comportamentul din multiple perspective: unele ştiinţifice, altele mistice, religioase, neştiinţifice, ca de exemplu astrologia, horoscopul, studiul vieţilor sfinţilor (hagiografie).

Psihologia. În *psihologie*, personalitatea este ansamblul de caracteristici psihologice care determină tipare comportamentale, de gândire sau simţire şi reprezintă individualitatea unei persoane. Indică organizarea internă şi dinamica diferitelor moduri de expresie şi interacţiune ale unei persoane cu mediul.

Studii. Au fost selecţionate, ca exemplu, 5 clasificări născute din studiile şi teoriile care pe parcursul istoriei au încercat să descrie şi să clasifice diferite tipuri umane în funcţie de personalitate:

1. **Hipocrate**. Prima clasificare a tipurilor de personalitate poate fi considerată cea realizată de Hipocrate, medicul grec din secolul V î.e.n[2], considerat părintele medicinei.

   Umori. În *Teoria temperamentelor*, Socrate face legătura dintre temperamentele umane şi umorile corpului, împărţindu-le în diferite tipuri, în funcţie de predominanţa fluidelor, a sângelui roşu, a bilei negre, a bilei galbene sau a flegmei:

   a) Sanguin (sau jovial).
   b) Melancolic (sau depresiv, prost dispus).
   c) Coleric (agresiv sau belicos).
   d) Flegmatic (neemotiv).

2. Astrologia. Originară din Evul Mediu, astrologia, dezvoltată în Occident, este doctrina, studiul, arta sau practica care descifrează influenţa astrelor asupra evenimentelor terestre şi a vieţii persoanelor, caracteristicile psihologice ale oamenilor şi destinul lor, explicând lumea şi prezicând viitorul popoarelor sau al indivizilor. Este sinonimă cu uranoscopia.

   Semne. Tipurile de personalitate umană se împart în raport cu cele 12 semne zodiacale ale calendarului, fiecare descriind un ansamblu de caracteristici care predomină în funcţie de perioada în care individul s-a născut. Este una dintre formele cele mai populare, deşi neştiinţifice, de

2 î.e.n. – înaintea erei noastre; n.a.

descriere a personalității.

Valabilitate. Aceste abordări și interpretări astrologice sunt vulnerabile și chestionabile din punct de vedere științific, fiind invalidate și respinse de studiile astronomiei, știința care examinează formarea, poziția relativă și mișcarea astrelor.

3. **Fizionomia.** Derivată probabil din astronomie, fizionomia este arta de a cunoaște caracterul individului plecând de la trăsături și expresii ale feței.
4. **Grafologia.** Este studiul formei literelor și al aspectului general al scrisului de mână, care ar putea da informații, printre altele, despre caracter, personalitate, educație, tipul de inteligență și caracteristicile emoționale.
5. **Psihologia.** Studiile realizate de psihologie, în special de Carl Gustav Jung (1875-1961), încearcă să realizeze o abordare mai serioasă și mai consistentă. În cartea sa „Tipuri psihologice" (1921), Jung propune o clasificare a tipurilor de personalitate umană.

Tipuri. Pentru Jung (1991, p.497), personalitățile umane se clasifică în 2 tipuri generale în funcție de atitudine – *extrovertită* sau *introvertită* – și în 4 tipuri funcționale – *reflexiv, afectiv, senzorial și intuitiv*. Când se combină între ele, aceste 2 tipuri atitudinale generale și 4 tipuri funcționale produc 8 variante:

1. Reflexiv extrovertit.
2. Reflexiv introvertit.
3. Afectiv extrovertit.
4. Afectiv introvertit.
5. Senzorial extrovertit.
6. Senzorial introvertit.
7. Intuitiv extrovertit.
8. Intuitiv introvertit.

Viziune. În acest studiu, sintetizăm cele 2 tipuri atitudinale generale din perspectiva teoriei jungiene:

1. Introvertitul. Atitudinea generală a personalității introvertite se caracterizează printr-o viziune predominant subiectivă asupra realității exterioare și a interacțiunilor (subiectul este centrul de interes), şi se bazează pe percepţia personală a lumii, potrivit structurii psihice îndreptate spre sine. Realitatea psihică are relevanţă şi subiectul ocupă un rol central în percepţii.

Sinonimie. Timid, nesociabil, tăcut, concentrat, ruşinos, absorbit de sine, închis, necomunicativ, liniştit, rezervat, retras, nostalgic, închis.

Antonimie. Extrovertit.

Observaţie. Potrivit lui Jung, conştiinţa nostalgică ar fi sentimentalul introvertit. Această informaţie ajută la înţelegerea Sindromului Străinului (SIST) (Balona, 2000), care va fi detaliat în următorul capitol.

2. Extrovertitul. Atitudinea generală a personalităţii extrovertite se caracterizează prin predominanţa viziunii realităţii exterioare şi a interacţiunilor, din perspectiva obiectului (obiectul este centrul de interes), bazată pe percepţia personală, în concordanţă cu structura psihică orientată spre exterior, pe impresii obţinute din realitatea exterioară. Realitatea exterioară are relevanţă şi obiectul desfăşoară un rol central în percepţii.

Sinonimie. Deschis, îndrăzneţ, tupeist, în largul lui, comunicativ, încrezător, descurcăreţ, expansiv, expresiv, vorbăreţ, neînfricat, firesc, natural, sociabil, flecar.

Antonimie. Introvertit.

Relevanţă. Este foarte dificil ca o persoană să fie permanent fie introvertită, fie extrovertită. Majoritatea oamenilor sunt ambiverţi.

Abordare conştientologică

Definiţie. Potrivit *profilologiei, profilul conştienţial* se referă la descrierea persoanei sau a conştiinţei în funcţie de caracteristicile de bază, de trăsăturile puternice şi trăsăturile slabe, de calităţi şi defecte.

Amplificare. În studiul profilurilor conştienţiale, descrierea personalităţii este una dintre componentele înţelegerii şi viziunii poliedrice asupra conştiinţei. De asemenea, sunt luate în considerare aspectele genetice și paragenetice, specifice pentru analiza profilului conștiențial personal.

Paragenetică. Potrivit *resomatologiei*, studiul paragenetic oferă posibilitatea verificării cauzei diferitelor comportamente și trăsături de bază ale conștin, cum ar fi eleganța personală, rafinamentul atitudinilor, bunul gust, vocația profesională, carisma, stilul de manifestare, nivelul de cosmoetică manifestat, natura sau caracterul (temperamentul).

Personalismul. Personalitatea se dezvoltă din copilărie, când este schițat un anumit nivel de egocentrism, deși cu caracter tranzitoriu. În faza adultă, egoismul se modifică, ajungând să prezinte stratificări și caracter mai matur, conturând caracteristicile unui personalism mai permanent.

Măsurare. Pentru a măsura aceste atribute sau trăsături, sunt utilizate metodele studiate de *conștientometrologie*, specialitate a conștientologiei care abordează conștiința „integrală", capabilă de a prezenta posibile baze ale *matematizării conștiinței*. O asemenea metodă este, de exemplu, conștientograma. Conștientometrologia este un subdomeniu științific al holomaturologiei (Vieira, 1999, p. 37).

Transcendență. Astfel, studiul profilurilor conștiențiale transcende studiul personalităților umane, deoarece studiază personalitățile umane luând în considerare multiplele fațete ale personalității și anume *conștiința poliedrică*. Recuperarea *conurilor* de-a lungul vieții intrafizice aduce elementele holobiografice din holomemoria personală, permițând abordarea conștiinței din perspectiva variabilelor multiexistențiale și multidimensionale.

Complexitate. Analiza profilurilor conștiențiale devine complexă în funcție de varietatea, tipul și forța temperamentului conștiinței, care își manifestă comportamentul și atitudinile în contextul conviețuirii sociale și familiale. Mai mult, anatomizarea propriei realități prin analiza autocritică a subsolului conștiențial devine o provocare evolutivă. Subsolul conștiențial este faza de manifestare infantilă și adolescentină a conștiinței umane, caracterizată prin predominanța trăsăturilor slabe (trasla, tare personale), mai primitive.

Examen. În general, în dezvoltarea somatică a adolescentului și adultului se observă trăsături mai dificil de depășit și carențe care necesită reciclare, deoarece sunt anacronice și uneori depășite de alte atribute mai dezvoltate.

Alternative. Concomitent cu dificultățile care apar în înfruntarea acestor trăsături se observă și posibilitatea de a le depăși. Conștiința aflată în această stare dispune de opțiuni cu atât mai eficace cu cât există o mai mare luciditate.

Alegere. În funcție de structura egoului, conștiința tinde să se lase condusă și influențată de cei mai în vârstă, de adulții în care are încredere sau care demonstrează credibilitate, potrivit parametrilor interni de selecție.

Manifestare. Fiecare conștiință deține un istoric evolutiv personal care definește profilul său conștiențial, deosebind-o de altele, prin structura și rezultatele fiecărei trăsături.

Temperament. Surprinzător, în cazul ambelor profiluri, introvertit și extrovertit, principalele interferențe în comunicabilitatea conștiențială implică, de cele mai multe ori, stima de sine, încrederea în sine, voința de a dinamiza deciziile și reciclările.

Auto-viziune. În funcție de concepțiile fiecărui profil conștiențial, tipul de auto-viziune practicată condiționează evaluarea nivelurilor de stimă de sine, încredere în sine și forță a voinței. În optica *traslaistă*, bazată pe trăsăturile slabe (trasla), nivelurile vor fi sub capacitatea reală și potențialul conștiinței. În optica *traforistă*, bazată pe trăsăturile forte (puternice, trafor), conștiința se va simți bine cu sine însăși, autoconștientă de capacitățile și talentele ei și le va folosi pentru a depăși trăsăturile slabe.

Profilul introvertit

Echivoc. Pentru conștiința cu temperament introspectiv și cu viziune traslaistă predominantă, există tendința de a se considera incapabilă să realizeze anumite sarcini, din cauza nesiguranței generate de propria percepție greșită, distorsionată și incompletă. Ea are dificultăți să își recunoască talentele, abilitățile și atributele deja cucerite pe parcursul celorlalte existențe.

Auto-rezistență. Cu cât circumstanțele cer mai mult ca ei să își arate și să își scoată în evidență punctele forte, cu atât mai mult, ei nu și le vor recunoaște și nu vor accepta că sunt deținătorii unor talente. Dificultatea de auto-acceptare reveleaza gradul de auto-rezistență internă la schimbări și la modificările de comportament.

Simptome. În cunoașterea populară, rezistența indică încăpățânare. Încăpățânarea de a merge într-o anumită direcție sau de a face o anumită acțiune reprezintă de multe ori simptomul unei aroganțe combinate cu orgoliul. Aceste două aspecte care inhibă auto-exprimarea conștiențială autentică transformă cotidianul conștiinței într-un exercițiu continuu de camuflaj.

Auto-iluzionare. Există și acea stare în care conștin încăpățânată își maschează stările emoționale, pretinzând adesea că gânsenitatea sa este echilibrată și satisfăcută, dar, de fapt, ea doar risipește energie. Prin urmare, pot apărea lamentarea și senzația continuă de defazaj energetic.

Închidere. Potrivit *conviviologiei*, conștiința cu profil introvertit tinde să se închidă în sine, măcinând în interior supărările, disconfortul, neînțelegerile și rănile rezultate din interacțiuni. Prima opțiune a conștiinței introvertite, cea mai la îndemână și dezvoltată multiexistențial, este să intre în confortul lumii sale interioare și să se încuie în refugiu, sub carapace.

Agravant. În general, starea de închidere conștiențială agravează dezechilibrul energosomatic, prin absența stăpânirii energetice, factor necesar pentru a evita vulnerabilitatea față de conștiințele energovore (consener) prezente în psihosferă, datorită expunerii naturale și continue și interacțiunii cu dimensiunile extrafizice.

Spoliere. Fără apărare energetică, acțiunile intruzive ale conștiințelor energovore (consener) intra și extrafizice reprezintă o spoliere a energiei celor imprudenți, inconștienți și analfabeți din punct de vedere parapsihic, fapt observat la majoritatea populației umane (Vieira, 1999).

Viciu. Circuitele neuronale și mentale sunt viciate de o anumită logică, de obicei logica auto-boicotului, și se învârtesc în aceeași direcție, fără să recepționeze vreun șoc al contrastului sau al confruntării, necesar pentru a se reconfigura. Gânsenitatea vicioasă, unidirecţională, conduce la monoideism, întărind închiderea conştienţială şi putând provoca dezechilibru holosomatic, nebunie sau alienare.

Ieşire. Soluţia proevolutivă este căutarea alternativelor şi ieşirea din propriul circuit intern vicios. În fazele delicate de reciclare conştienţială, susţinerea conştiinţelor proevolutive, asistenţiale şi dătătoare de confort este foarte importantă.

Ajutor. Conştiinţa neofobă şi introvertită nu reuşeşte întotdeauna să se apropie de alte conştiinţe, din cauza dificultăţii sale comunicative. În această situaţie, se recomandă ajutorul unui profesionist din sănătate, a unui conştientoterapeut, pentru a o ajuta pe conştiinţă să se auto-analizeze şi să se auto-înţeleagă pentru a putea atinge auto-exprimarea pozitivă.

Risc. Este ideal să nu existe preconcepţii (care reprezintă un tip de rezistenţă) când se solicită ajutorul profesional extern, deoarece există riscul aprofundării unei crize interioare a conştiinţei, ceea ce poate duce la depresie, stagnare evolutivă şi stare conştienţială vegetativă şi, în cazuri extreme, la sinucidere.

Chestionologie. În ce măsură starea de conştiinţă blocată poate fi considerată comatoasă conştienţial în viaţa intrafizică, din cauza închiderii conştienţiale?

Profilul extrovertit

Extrovertire. În cazul conştiinţei preponderent extrovertite, comunicarea facilă şi exagerată poate uneori să reprezinte o fugă intraconştienţială, realizată prin vorbitul neînfrânat, prolix, deturnând atenţia de la sine, de la auto-cercetare şi muncă.

Excese. Comunicarea excesivă sau hipercomunicarea ascunde, de fapt, trăsăturile pe care conştiinţa extrovertită trebuie să le studieze şi recicleze pentru a dobândi echilibrul conştienţial normovertit.

Avantaj. Cu toate acestea, din punctul de vedere al comunicabilităţii, extrovertitul are un avantaj faţă de introvertit, chiar dacă, în mod firesc, calitatea comunicării, eficacitatea comunicativă şi relevanţa, adaptarea şi calitatea mesajului sunt cele mai importante.

Auto-investigare. Dispoziția pentru a obține mai multă cunoaștere și studiul aspectelor multidimensionale și pluriexistențiale oferă posibilitatea înțelegerii propriului profil conștiențial și a verificării eventualelor trăsături de incomunicabilitate.

Investiție. Stima de sine și încrederea în sine îmbunătățesc auto-viziunea și auto-conceptul deoarece, pentru a fi asumate integral, inter-relațiile conștiențiale necesită fundamentarea pe întreaga structură a egoului, cu forță deplină, fără fragilități emoționale excesive.

Exemplu: conștin bipolară

Bipolaritate. Un exemplu de profil conștiențial cu dezechilibre de auto-viziune este bipolaritatea, caracterizată prin alternanța euforiei excesive și depresiei profunde. Conștiința bipolară trece de la comunicarea excesivă în momentele de euforie, la necomunicare cvasitotală în momentele de depresie.

Hetero-ajutor. Cea mai indicată perioadă pentru intervenții terapeutice eficace și pentru a asista o conștiință bipolară este cea dintre euforie și depresie, deoarece atunci poate exista o îmbunătățire a lucidității. Este o oportunitate pentru terapeut sau asistent de a orienta, clarifica și ajuta la înțelegerea stadiului în care conștiința se află, susținând auto-vindecarea și împiedicând dezechilibrul gânsenic, prin voința și efortul propriu al asistatului (informații obținute prin ascultarea tertuliei de prezentare a verbetului *Traducerea parapsihică*, din 19.02.2009).

Auto-vindecare. Conștiinței intrafizice bipolare îi este indicat să adopte ea însăși acțiuni prioritare în momentul imediat anterior crizei depresive, pentru a-și îmbunătăți starea, prin inversarea gânsenică a procesului și promovarea blocării efectelor destructurante.

Important. Principala îndrumare oferită unei conștiințe bipolare este de a o ajuta să își clarifice starea, pentru a o putea stăpânii, prin puterea voinței, și să acționeze profilactic împotriva instalării vârfurilor fazelor depresive și maniacale critice, care îi pot amenința chiar și supraviețuirea fizică.

AUTOCONȘTIENTIZARE ȘI AUTOCERCETARE

Autocercetarea este acțiunea de a te înțelege pe tine fără autocorupție.
(Vieira, 2003, p.1095)

Preambul. Decizia de a dori să te cunoşti şi să îţi înţelegi propriul profil conştienţial presupune autoconştientizare şi sesizarea logicii evolutive. Evoluţia fiecărei conştiinţe trece prin ciclul seriilor existenţiale cu obiectivul principal de a se îmbunătăţi pe sine.

Definiție. *Autoconștientizarea* este starea de luciditate matură a conştiinţei intrafizice, manifestată prin voinţă, atunci când viaţa conştienţială este în constantă interacţiune cu multiplele dimensiuni, în scopul amplificării propriei evoluţii.

Cronemică. În general, autoconştientizarea este lentă, bradiritmică[3]. Fiecare fază care trebuie depășită necesită o voinţă de neclintit și exigențe pentru schimbarea paradigmelor necesare pentru înţelegerea vieţii intrafizice.

Premise. Obţinerea autoconştientizării și, în consecință, a noţiunii de profiluri conştienţiale presupune cel puţin 6 premise de bază, prezentate în continuare, în ordine funcţională:

1. **Voință.** Voința intimă de a se observa pe sine și de a se recicla.
2. **Încredere în sine.** Investiția în încrederea în sine, cu un sentiment pozitiv despre sine, care ridică stima de sine.
3. **Autoconștientizare multidimensională (AM).** Creșterea înțelegerii inter-relațiilor multidimensionale, prin conștientizarea acțiunilor comunicative gânsenice, verbalizate sau nu.
4. **Metodologie.** Utilizarea unor unelte evolutive, cum ar fi: terapiile convenționale, autocercetarea din perspectiva paradigmei conștiențiale, conștientoterapia și autoconștientoterapia, răspunsul la întrebările din Conștientogramă (Vieira, 1996).

[3] Bradiritmic – într-un ritm foarte lent; n.tr.

5. **Auto-acceptare**. Auto-acceptarea propriei realități curente, prin admiterea necesității de a schimba anumite trăsături și comportamente.
6. **Interacțiune**. Interacțiunea continuă cu diferite grupuri: familial, cu duoul evolutiv, prietenii, colegii de serviciu, voluntarii din diferite IC-uri (Instituții conștientocentrice), cu persoane din viața de zi cu zi.

Schimbare. Cel mai inteligent din punct de vedere evolutiv este ca o conștiință să renunțe la rezistența la schimbare. *A vrea* să te schimbi (recin[4]) este condiția *sine qua non* a evoluției sănătoase și cosmoetice. *Schimbarea necesită autocercetare.*

Definiție. *Autocercetarea* este cercetarea prin care conștiința se studiază pe sine însăși, cu scopul de a se cunoaște mai bine, utilizând în același timp maximul de instrumente de cercetare, disponibile în microuniversul conștiențial și în Cosmos.

Continuitate. Numai autoconștientizarea oferă conștiinței posibilitatea de a recunoaște necesitatea de autocercetare constantă, prin care obține mai multe informații despre propria sa funcționare.

Utilitate. Considerată un instrument esențial, autocercetarea ajută la îndepărtarea oprimării conștiențiale, o acțiune pro-evolutivă disponibilă oricărei conștiințe interesate să se cunoască, dornică să evite autocorupția, mecanismele de apărare și abaterile psihosomatice.

Tehnici. Ca orice altă cercetare, autocercetarea necesită aplicarea unor tehnici care pot fi create de cercetător însuși sau inspirate de alți cercetători. Iată, de exemplu, câteva tehnici terapeutice, indicate de Vieira (1994, p. 430), care favorizează prevenirea și depășirea reprimărilor: SV profilactice, catharsis, de-reprimare lucidă, practica sexului zilnic, neofilie, deschiderea conștiențială.

Auto-**pregătire**. Auto-dispoziția și auto-pregătirea predispun la autocunoaștere. Asemenea atitudini intraconștiențiale promovează decizii și acțiuni care conduc la noi comportamente prin care conștiința poate recicla.

Conviețuire. Potrivit *parasociologiei*, autoconștientizarea multidimensională evoluată determină conviețuirea sănătoasă în diferite dimensiuni conștiențiale.

[4] Reciclare intraconștiențială

Cazuri. Anumite studii cazuistice prezentate în această carte exemplifică rezultatele obţinute în îmbunătăţirea comunicării interconştienţiale şi a convivialităţii, plecând de la autocercetarea permanentă.

INVESTIȚIA ÎN ÎNCREDEREA ÎN SINE

Încrederea în sine: cel mai bine este ca megaforța ta cea mai eficace să fie voința.
(Vieira, 2012, verbetul *Extra curaj)*

Atribut. Încrederea în sine predispune la intercomunicare și eliberează conștiința de inhibiții și de nesiguranță, care sunt factori patologici ai comunicării.

Definiție. *Încrederea în sine* reprezintă siguranța intimă care îi conferă conștiinței fermitatea necesară pentru a se înfrunta cu sine însăși și situațiile cotidiene, necesitând poziționare și prioritizarea alegerilor, prin utilizarea tăriei de caracter și a curajului.

Realizare. Pe lângă faptul că îmbunătățește stima de sine, încrederea în sine impulsionează realizarea proexisului, dinamizând auto-evoluția conștiențială, prin auto-confruntări și reciclări intraconștiențiale (recin).

Auto-constatare. Când o conștiință are încredere redusă în sine, se observă cel puțin doi factori negativi: paralizarea acțiunilor practice, obișnuite pentru viața intrafizică și rămânerea în urmă a creșterii conștiențiale, dar și două necesități pozitive de bază care trebuie realizate: reciclarea personală și maturizarea intraconștiențială.

Transmutare. A te schimba, a gândi diferit, a dobândi alte deprinderi sunt acțiuni renovatoare. A transmuta o trăsătură imatură indică începutul reciclării.

Deschidere. Dispoziția de a transmuta anumite trăsături depinde de multe ori de deschiderea conștiențială a conștiinței, de atributele folosite pentru a combate, printre altele, încăpățânarea, monoideismul, rigiditatea gânsenică sau neofobia. Cu cât deschiderea este mai mare, cu atât mai mare va fi auto-înțelegerea și auto-cunoașterea care vor genera încrederea în sine.

Exemplu. Pentru o mai bună înțelegere, vom prezenta în continuare un studiu personal de caz, care ilustrează importanța și semnificația evolutivă a deciziei unei conștiințe de a acționa cu scopul de a-și amplifica încrederea în sine și capacitatea asistențială și, prin urmare, de a comunica conștiențial (cu conștiințe intrafizice și extrafizice).

Studiu de caz

Proiecție semilucidă. Pe 13.11.2002 am avut o proiecție semilucidă, de mare importanță personală. În timpul proiecției, luciditatea a fost recuperată pe când stăteam pe o bancă și vorbeam despre importanța deciziei cu cineva cu aspect familiar.
Alegere. Ezitam să aleg un proiect dintre cele trei posibile, pentru că nu știam cum să îl realizez. Apoi, ca urmare a îndrumărilor venite de la acel interlocutor, m-am hotărât, iar el a acceptat firesc alegerea, înțelegând, cu toată seriozitatea, importanța deciziei. Ca urmare a acelei alegeri, s-a reconfigurat planul de realizare a unui anumit proiect, deși încă nu identificasem clar proiectul.
Didactism. Ideea principală a fost demonstrarea didactică a ajustării busolei intraconștiențiale, fiind promovată o abatere de la scenariul proiectiv, relevantă pentru auto-înțelegea procesului.
Scenariu. M-am oprit într-un loc întunecat și agitat; eram singură – se refăceau străzile, se excava, iar pământul era răscolit. Noua scenă era înspăimântătoare, cu gropi pline de noroi, din cauza pământului umed scos din sol.
Para-auzire. La un moment dat, am auzit foarte bine o silabă a cuiva care șoptea aproape de para-urechea mea: „Trebuie să ai mai multă încredere!”. După tonul vocii, am para-perceput că era vorba despre conștiința helper. Am auzit clar cuvântul „încredere”, pronunțat accentuat, într-un mod care contrasta pozitiv cu senzația trăită în acel mediu. Simțeam anxietate, nesiguranță, nedumerire și îmi era teamă ca nu cumva să greșesc. Acea frază, modul în care a fost spusă, concentrată pe ideea de a avea mai mult curaj, a inversat tiparul meu gânsenic.
Încredere. Am înțeles necesitatea creșterii încrederii în mine și, mai mult, a încrederii în helperul extrafizic, necesară pentru a realiza proiectul asumat prin decizia mea. În ciuda situației stresante experimentate în acel loc haotic, aflat în reconstrucție, și a sentimentului de abandon, izolare, nesiguranță, acea voce mi-a indicat că orice obiectiv poate fi atins dacă există încredere.

Succes. Am înțeles că succesul proiectului depindea de realizarea cu prioritate a unor acțiuni, începând cu eliminarea trăsăturilor slabe (trasla), ca de exemplu, neîncrederea în mine și sentimentul de abandon, care funcționau ca o frână.
Penta. În acea perioadă (13.11.2002), mă hotărâsem deja să încep practica penta (sarcina energetică personală)[5], pe 1.12.2002. Chiar în ceea ce privește decizia de a desfășura mega-sarcina asistențială, persista, conștient sau inconștient, lipsa de încredere în realizarea unui asemenea proiect.
Actualitate. Mențin în continuare rutina zilnică a practicii penta și învăț constant despre interasistență și donarea de energii.

Analiză

Abordări. Plecând de la acea proiecție semilucidă, centrată în principal pe fraza: „Trebuie să ai mai multă încredere", au existat 3 abordări corespunzătoare următoarelor 3 domenii ale conștientologiei: evoluțiologia, conviviologia și holomaturologia.

Evoluțiologie

Auto-evoluție. Potrivit *evoluțiologiei*, auto-determinarea de a evolua cu încredere poate măsura implicarea și angajarea conștiinței în realizarea propriului proexis și confruntarea cu sine însăși în scopul evoluției.
Cooperare. Încrederea în sine implică co-responsabilitatea conștiinței intrafizice (conștin) și a echipei extrafizice (echipex) de a realiza proexisul personal și grupal și angajamentele asumate la cursul intermisiv.

Conviviologie

Inter-relații. Potrivit *conviviologiei*, conștiința auto-încrezătoare transmite, prin actele și inter-relaționările ei, siguranță și decizie,

---

5 V. Secțiunea III – Interactologia, capitolul „Trinomul practicant penta – helper – asistat".

modelându-și intenționalitatea în atitudini, discursuri și comportamente.
Beneficii. Încrederea în sine îmbunătățește contactele, antagonice sau nu, cu alte conștiințe intrafizice (conștin). Elimină timiditatea și lașitatea, diminuează lipsa de curaj tipică, nesiguranța în poziționarea și exprimarea propriilor idei și opinii, amplificând astfel forța prezenței în inter-relaționări.

Holomaturologie

Voință. Potrivit *holomaturologiei*, punctul de plecare al amplificării lucidității este voința de neclintit pentru auto-cunoaștere.
Auto-cunoaștere. Conștiința cuprinsă de îndoială, nesiguranță, indecizie, ezitare, pe lângă faptul că este lașă, confundă realitatea intimă cu ignoranța de sine.
Auto-discernământ. În funcție de multiplele variabile de analizat, auto-discernământul ajută la alegerea și prioritizarea trăsăturii personale care trebuie cercetată și reciclată în momentul evolutiv experimentat.
Auto-reeducare. Pentru a atinge acest obiectiv, conștiința trebuie să ia o hotărâre intimă și să aibă atitudini pozitive în cercetarea de sine, pentru a înțelege călătoria auto-reeducativă și a selecționa instrumentele de bază necesare scopului său, ca de exemplu, măiestria energetică, auto-determinarea și curajul evolutiv.
Auto-chestionare. Verificarea constantă a auto-gânsenității crește capacitatea de auto-cunoaștere și de interacțiune multidimensională cu alte conștiințe: „Acest gând/sentiment este numai al meu sau este și al altora?” (V. Cap. Autogânsenitate, Secțiunea II).
Auto-neacceptare. Conștin nesigură deține un anumit nivel de auto-respingere, din cauza stimei de sine scăzute, a rușinii, a fricii de a privi realitatea exterioară, a temerii de heterocritică și de a fi nedemnă. Viscott (1982, p.64) spune că:

> anumite persoane își trăiesc viețile ca și cum ar prezenta un spectacol zi de zi, ceas de ceas. Le este teamă să nu fie

judecate de orice persoană pe care o întâlnesc. *Pentru că nu se acceptă pe sine însele*, caută cu orice preț ca orice altă persoană să le poată accepta. Se tem să nu li se confirme faptul că sunt nedemne (sublinierea în italic a fost realizată de către autoare).

Consecințe. Auto-respingerea împiedică comunicarea autentică și sănătoasă prin intermediul inter-relaționării. Lipsa de autenticitate și auto-represiunea aduc frustrare în viața în comun și în formarea de prietenii. Izolarea nu implică riscul unor noi contacte.

Provocare. Diminuarea fricii de a intra în contact cu alte persoane și creșterea încrederii în sine reprezintă o provocare pentru cei închiși din punct de vedere conștiențial, copleșiți de presiunea unor posibile judecăți exterioare sau ale unor evaluări ale parcursului lor.

Conflict. Presiunea pusă pe sine alimentează conflictul dintre voința și frica de a interacționa, această disonanță internă implicând un consum sporit de energie conștiențială.

Izbucnire. Ieșirea din această stare începe prin pierderea rușinii de a greși și de a fi ridiculizat. A te lăsa inclus în angrenajul discuțiilor dintre colegii de serviciu, de școală sau vecini, chiar și atunci când există posibilitatea de a trece prin situații jenante, poate crește autoîncrederea în interacțiune.

Învățătură. Auto-confruntarea începe învățând să supraviețuiești unor asemenea situații de nesiguranță și de lipsă de încredere, înțelegând că a fi ținta ochilor altora nu înseamnă sfârșitul lumii.

Timp. Timiditatea, rezultatul egoismului exacerbat, se disipă încet, încet și influența ei în conflictul intern dispare și ea cu timpul.

Auto-clarificare. Consecința auto-confruntării este auto-clarificarea, care direcționează conștiința spre un nou nivel evolutiv, revoluționar din punctul de vedere al intraconștiențialității. Recunoașterea slăbiciunilor întărește și determină asistența îndreptată către sine, prin propriul efort și imbold și prin intenție și decizie.

Rezultate. O asemenea atitudine revelează auto-reconcilierea conştiinţei, prin accesarea unor fragmente din holomemoria personală. Conştiinţa simte pacificarea interioară, destructurând vini nepotrivite actualului nivel evolutiv şi desacralizând victimizări legate de respingere şi neîncredere.
Practică. Din confruntarea cu sine apar rezultatele practice, iar depăşirea unei etape conduce spre o alta, într-o succesiune evolutivă, fără mistificări ale procesului. Baza este auto-experimentarea, corespunzător ***Principiului Neîncrederii: „nu crede în nimic din ceea ce este scris aici, experimentează”!***
Auto-vindecare. Prin auto-reconciliere, realinierea propriilor concepte şi obiective din această existenţă promovează auto-vindecarea, mai ales cea a unei anumite trăsături personale studiate şi înfruntate – cucerirea şi redobândirea încrederii în sine.
Pozitivizare. Această nouă abordare îi dă conştiinţei intrafizice un impuls viguros, care modifică şi pozitivează auto-gânsenitatea.
Gânsenizare. Observarea experimentării în raport cu alţii şi îmbunătăţirea încrederii în sine ne influenţează gânsenele care ajung la un nou nivel, fără precedent până atunci. Prin perfecţionarea calităţii gânsenice se îmbunătăţeşte bunăstarea, ceea ce aduce sănătate şi echilibru holosomatic. Prin aplicarea cosmoeticii, are loc saltul calitativ în relaţia şi în dialogul conştiinţei cu sine.
Efecte. Una dintre consecinţele energiilor reciclate prin schimbarea auto-gânsenităţii este identificarea matergânsenei personale. Disponibilitatea şi încrederea intimă, demonstrate prin rezultatele obţinute, inspiră conştiinţa intrafizică să producă mai mult, să îşi dea sieşi mai mult şi să se deschidă către inter-relaţionări, învăţând de la sine şi de la ceilalţi.
Productivitate. O altă consecinţă benefică se revelează prin munca şi operele cărora conştiinţa li se dedică, prin fermitatea scopului, care lasă semnături gânsenice productive şi asistenţiale.
Completism. Fiind productivă, conştiinţa se auto-realizează, pregătindu-şi completitudinea existenţială (complexis), prin concretizarea proexisului. Acest ciclu constant determină o

dinamică auto-evolutivă, prin alternarea nivelurilor de autopercepție și de evaluare a maturității.

Teopractică. După proiecția semilucidă, autoarea a făcut eforturi de a-și schimba nivelul evolutiv, menținând concentrarea asistențială pe activitățile realizate și asumându-și sarcini și responsabilități în contextul proexisului individual și grupal, în ciuda oscilațiilor firești ale dinamicii evolutive.

Exponențial. În realizarea unor diferite cercetări privind încrederea în sine, s-a încercat aplicarea alternanței dintre analizarea și sintetizarea faptelor trăite cu detașare și curaj. O asemenea atitudine reîncarcă exponențial energiile conștiențiale și concretizează auto-confruntările tot mai mari și mai subtile, care constituie atitudinea intraconștiențială fundamentală a evoluției creatoare, cu caracter dialectic.

SINDROMUL STRĂINULUI

Dor: retrocogniție psihosomatică.
(Vieira, 2009, p. 309)

Sindrom. Acest sindrom a fost propus de către cercetătorul independent Waldo Vieira (1994) şi studiat exclusiv de către reeducatoarea şi cercetătoarea de conştientologie Málu Balona, în 1998, în cartea ei *Sindromul Străinului* (2000, p. 23-24). Inițial, sindromul a fost caracterizat prin prezența tulburărilor de comportament, concretizate printr-o stare morbidă de alienare, înstrăinare de mediu şi/sau de persoane, inadaptare, melancolie acută, apatie şi depresie.

Actualizare. În 2007, practic zece ani mai târziu, aceeaşi autoare a actualizat şi a aprofundat cercetările despre Sindromul Străinului, completându-i şi definiția.

Definiție. Sindromul Străinului (SIST) sau Sindromul lipsei cursului intermisiv *este starea morbidă de alienare a conştiinței intrafizice, caracterizată de un cadru clinic în care predomină tulburările psihosomatice determinate de convergența semnelor şi/sau semnalelor de nostalgie pentru experiențele extrafizice intermisive recente, care determină un conflict existențial de inadaptare personală la viața intrafizică* (Balona, 2007, p. 31-32).

Axă. Ansamblul de simptome cel mai evident legate de Sindromul Străinului (SIST) este determinat de *absența cursului intermisiv*, de dorul de mediul extrafizic în care conştiința a trăit pe când era elevă, care generează inadaptarea la noua viață intrafizică.

Tipuri. Balona exemplifică două tipuri de Sindroame ale Străinului: *mediu*, când conştiința se simte inadaptată, şi *acut*, când starea conştiinței aflate încă în extrafizic este ținta transmigrațiilor interplanetare.

Melancolia. Dintre diferitele abordări ale subiectului, prezentate de autoare în diferite publicații, se evidențiază relația conştiinței intrafizice purtătoare de SIST (Sindrom al Străinului) cu sentimentele de melancolie intrafizică (melin) și de *epuizare*[6] *conștiențială*, tipice conștiinței intrafizice intermisiviste neadaptate.

Neadaptare. Senzația intimă de greutate, incompletitudine și dor de persoane și locuri necunoscute aici, în intrafizic, trimite conștiința către propriile amintiri înnăscute, ceea ce ar putea explica premisa conștientologică potrivit căreia conștiința preexistă vieții umane, adică ea deja a existat dinainte de a renaște.

Provocare. Imposibilitatea de a se întoarce în mediul de paraproveniență, alături de propria incapacitate de a îndeplini ceea ce și-a planificat în perioada intermisivă, expune conștin cu acest sindrom la provocarea de a se confrunta cu *aici-acum*-ul *multidimensional*.

Izolare. Din cauza acestor sentimente de melancolie și inadaptare, conștiința se va izola pentru a evita dificultățile sau provocările cotidiene. În zona inter-relațiilor sociale, ea va fugi de realitate.

Sentimente. Nucleul inadaptabilității purtătorului de SIST este psihosomatic, legat de gestionarea emoțiilor odată cu resomarea în dimensiunea intrafizică, unde interacționează cu realități diferite de cele trăite și simțite în extrafizic. Există o senzație constantă de distanțare, neînțelegere, sentiment de pierdere a ceva ce nu poate identifica în mod obiectiv.

Dor. Nostalgia manifestată de purtătorul de SIST indică implicit dorul simțit pentru conștiințele și hologânsena în care a trăit în extrafizic, înainte de resomare. Apartenența la un anumit buzunar extrafizic, a cărui hologânsenă este percepută ca fiind un tipar considerat armonios și echilibrat, este determinată de afinitățile gânsenice formate în comunitățile extrafizice cosmoetice (comunex).

Lene. Pe lângă *dor* și *melancolie*, se observă și lenea de a reîncepe existența cu obiceiuri noi, cu potențial propulsator

---

[6] Autoarea folosește termenul de *banzo* care desemnează sentimentul de nostalgie pe care africanii îl simțeau pentru țările lor de origine. Este un termen de origine africană și înseamnă trist, gânditor, lipsit de energie. În Brazilia, termenul este folosit și în sens ironic, pentru a desemna un individ disperat, terifiat. (n.tr.)

evolutiv, lene determinată de inadaptarea la resomare și de inconștiența privind necesitatea reciclării afectivității, stabilite în trecutul recent al intermisivistului.

Înstrăinare. Nostalgia paralizează, făcând dificilă interacțiunea, comunicarea, auto-exprimarea adevăratelor sentimente, încă nedefinite și fără o logică evidentă pentru sine. Senzația de înstrăinare amplifică incapacitatea de a comunica, deoarece conștiința se simte inadecvată, diferită și neacceptată de ceilalți.

Reîntărire. Ciclul antiproexologic *melancolie — necomunicabilitate — izolare* generează un disconfort intim, deoarece elementele comportamentale circulă vicios și provoacă rupturi și reciclări.

Străin. A se simți străin în mediul intrafizic, în noua somă și noua familie, provoacă senzația intimă de a nu aparține acelui loc. În mod normal, prezența oricărui străin într-o țară sau un loc diferit de cel de origine poate provoca divergențe, contraste și chiar xenofobie, atunci când comunitatea este reticentă la noi interacțiuni, creând o aversiune față de străini.

Idei preconcepute. Această aversiune se naște din idei preconcepute, în cel mai propriu sens al cuvântului: a forma un concept înainte de a cunoaște un aspect sau o persoană. Social, așadar în exteriorul conștiinței, prejudecata se manifestă prin marginalizarea și tratarea celui diferit ca și cum el ar fi un străin care nu este binevenit sau o *persona non grata*. Percepția respingerii este confirmată de atitudinile, de multe ori explicite, manifestate de ei înșiși sau de alții, de repulsie și indiferență, ajungându-se la comportamente agresive și chiar la violențe.

Auto-prejudecăți. Intraconștiențial, prejudecata se naște dintr-un concept personal. Purtătorii de SIST se poziționează inițial ca victime sociale, prin faptul că se consideră încă bolnavi, dislocați și inadaptați clar la noua viață și la noul mediu.

Soluție. Lucrul cu auto-acceptarea și înțelegerea implicațiilor propriului profil conștiențial în contextul evolutiv necesită o auto-exprimare sănătoasă, coerentă și matură, ceea ce creează presiune pentru depășirea inadaptării.

Transpunere. Dificultatea de a transpune hologânsena din mediul extrafizic, recent experimentat în perioada intermisivă, în care conștiința se simțea mai adaptată, în realitatea actuală poate face existența intrafizică a conștiinței o povară sau, adesea, o chestiune neinteresantă.

Recin. O asemenea stare necesită o atitudine personală de reciclare a perspectivei preponderent sentimentale și a trăsăturilor de personalitate care decurg din ea. Această descoperire va revela nivelul de auto-luciditate și auto-înțelegere față de realitatea existenței actuale, ceea ce declanșează acțiunile de reciclare intraconștiențiale necesare.

Rezistență. A rezista acestei mișcări renovatoare demonstrează o atitudine patologică, revelând fisuri ale personalității care vizează voința conștiinței, aspecte care sunt studiate de specialitatea conștientologică denumită *Volitologie*.

Restricție. Absența voinței pro-evolutive în acțiunile și manifestările multidimensionale, în special în reciclările intraconștiențiale (recin), restrânge *comunicarea evolutivă* sănătoasă și homeostatică.

Negativitate. De exemplu, insatisfacția existențială, care se resimte într-un loc sau mediu în care nu ai vrea și nu ți-ar plăcea să te afli, incomodează, generează gânsenitate negativă, de dezamăgire și renunțare, de frustrare, depresie și auto-neacceptare, creând o hologânsenă personală diferită și contrară de cea creată în psihosferă și în conviețuirea socială de conștiințele sănătoase.

Pustietate. Anumite comportamente ale purtătorului de SIST pot fi asociate solitudinii. Indiferent că e ca urmare a unei decizii exterioare sau a unei alegeri proprii, izolarea pustnicului care fuge de conviețuirea socială pentru a locui într-un loc izolat și fără facilități, departe de alți oameni, radicalizează aspectul antisocial al personalității sale, prin mecanismul evident al fugii de auto-confruntare.

Cavernă. Omul cavernei simbolizează esența *pustnicului*, care alege să trăiască într-un loc nelocuit, izolat de lume, fără să intre în contact cu alți oameni, dând semne evidente ale unor tulburări de convivialitate și frustrare resimțite și nerezolvate.

Religie. În general, religiile sponsorizează izolarea de viața intrafizică, mundană, construind schituri, retrageri spirituale, departe de cotidian și de diversitatea inter-relaționării. De exemplu, opțiunea detenției într-o mănăstire, cu jurământul de

a se dedica exclusiv vieții religioase, reprezintă, dintr-o anumită perspectivă, o opțiune pentru închiderea conștiențială, asemănătoare cu starea de autism conștiențial.
Contemporaneitate. În lumea contemporană există profilul pustnicului urban, care este reprezentat de acea conștin închisă, de multe ori prin voința proprie, condamnată să trăiască singură, într-o casă sau un apartament în mijlocul unui oraș cu milioane de conștiințe intrafizice cu care interacționează foarte puțin sau deloc.
Mizantropie. Sentimentul de înstrăinare a purtătorului de SIST poate avea legături cu mizantropia, atunci când este extrem. Mizantropul este definit în dicționar ca cineva care urăște ființa umană și natura umană preferând singurătatea. El înglobează, de asemenea, neîncrederea și tendința de a-i antipatiza pe ceilalți, ceea ce se poate traduce de fapt printr-un tip de auto-neacceptare. Cuvântul mizantropie vine din limba greacă și înseamnă *ură* sau *aversiune pentru ființa umană*, fiind antonimul *filantropiei*.
Gol. Din punct de vedere filosofic, chestionările despre viața umană aduc un gol existențial, o senzație de lacună sau de izolare, chiar în tumultul societății. Acest simptom, des întâlnit în ședințele de psihoterapie în care sunt tratate crizele existențiale, poate fi abordat sub două aspecte: izolarea intra și interpersonală.

1. **Intrapersonal**. Relația persoanei cu sine poate genera auto-neînțelegere, în principal în ceea ce privește tratarea emoțiilor. Psihoterapeuții identifică izolarea intrapersonală când există o disociere a părților sinelui, ca de exemplu, atunci când emoția este disociată de memoria unei experiențe marcante.
2. **Interpersonal**. Izolarea *interpersonală* sau solitudinea este experimentată din diferite motive, dar, în general, în economia acestei condiții se remarcă două aptitudini care blochează interacțiunea socială cea mai intimă: 1) abilitatea socială sau competența emoțională și 2) temperamentul sau stilul personalității.

Dificultăți. Potrivit *Intrafizicologiei*, când este intrafizică, conștiința alunecă spre starea de izolare intraconștiențială, acesta fiind o opțiune la dificultatea de a se confrunta cu trăsături multiexistențiale, mimetice, provocatoare, care îi împiedică creşterea personală şi evolutivă.

Auto-încapsulare. Această mişcare, întoarsă spre sine, reprezintă, potrivit cercetătoarei Málu Balona (2000, p.142), o tentativă frustrantă de a contracara procesul evolutiv, constituindu-se într-o totală imposibilitate conştienţială.

Consecinţă. Odată cu auto-încapsularea declanşată de izolare, conştin însăşi decretează *moartea comunicativităţii* în speranţa că astfel se va proteja şi va găsi soluţia la impas.

Melin. Auto-satisfacţia nedefinită asociată nostalgiei tipice a SIST accentuează alienarea intrafizică, generând o criză acută de melancolie intrafizică (melin), obligând conştin să îşi recunoască nivelul de incompletism existenţial (incomplexis) în care trăieşte, în raport cu realizarea programului existenţial (proexis).

Exemplu. În antropologie, de exemplu, un cercetător care studiază o cultură străină, într-un mediu exotic retras, poate decide să trăiască în izolare pentru a se simţi acceptat şi a împărtăşi descoperirile şi preocupările cu membrii comunităţii (Balona, p. 25).

Necomunicare. În această stare există un anumit grad de lipsă de comunicare, asemănătoare cu cea a purtătorului de SIST, deoarece deşi aparent trăieşte în propriul mediu social, cercetătorul antropolog are senzaţia că aparţine unei alte culturi, vorbeşte o altă limbă şi practică un alt sistem de valori, diferit, de neînţeles pentru cei mai mulţi.

Stagnare. Potrivit *evoluţiologiei*, indiferent care este tipul de alienare (socială, personală sau voluntară), există tendinţa de a provoca o stagnare evolutivă şi de a diminua posibilitatea de *interacţiune* sănătoasă şi reconciliatoare dintre o *retroviaţă* şi *viaţă actuală*.

Intermisiune. Pentru orice conştiinţă, restrângerea din viaţa intrafizică îngreunează accesul la holomemoria personală. Astfel, cunoştinţele dobândite în timpul cursului intermisiv, care orientează conduita vieţii ca busolă conştienţială, sunt accesate lent, prin *flash*-uri *retrocognitive*.

Voinţă. Înlocuirea nostalgiei conştienţiale prin acţiune, confruntarea cu realităţile faptelor aici-acum-ului multidimensional pentru a se auto-confrunta necesită *voinţă conştienţială*.

Indicație. Din cauza acestor caracteristici, purtătorii Sindromului Străinului au nevoie de ajutor exterior, de multe ori venit de la specialiștii din sănătate sau de la conștientoterapeuți, care să îi îndrume pe calea auto-cercetării, auto-acceptării și auto-confruntării.

Clarificare. Ajutorul și clarificarea acestor conștiințe devin relevante pentru alinierea percepțiilor lor la planificările pentru viață trasate în perioada intermisivă, astfel reușind să își realizeze programul existențial înainte de desomare.

Auto-reciclare. Principala acțiune a intermisivistului care experimentează șocul paracultural este să se dedice cu voință acțiunilor asistențiale cosmoetice, ca de exemplu, practica penta (sarcina energetică personală), predarea conștientologiei, exemplarismul bazat pe interasistență etc.

Argument. Potrivit *conștientologiei*, argumentul de bază care poate fi oferit unui purtător al Sindromului Străinului pentru a putea să facă o reciclare profundă este că, având în vedere alternanța dimensiunilor în perioada extrafizică și perioada intrafizică, nimeni nu evoluează singur și nimeni nu abandonează pe nimeni.

Mega-provocare. Pentru conștin purtătoare a SIST, a ieși din izolare și a promova reciclările necesare, investind în *comunicarea evolutivă*, cu auto-discernământ, curaj și voință, reprezintă o mega-provocare cosmoetică, dar totuși una realizabilă.

Studiu de caz

Exemplu. În adolescență, gustul pentru izolare și pentru monolog sau pentru dialogul cu mine însămi (Vezi Cap. Monolog, din Secțiunea II – Comunicologia) a oferit imaginației mele creative posibilitatea să își construiască alte realități fictive, pentru a compensa realitatea nesatisfăcătoare a cotidianului familial, ceea ce indică simptome ale SIST, prin implicarea limitată în conviețuirea socială.

Obicei. Acest viciu gânsenic a întârziat recuperarea con-urilor pro-evolutive și aducerea aminte a valorilor și scopurilor vieții, accentuând lipsa de comunicare socială prin realimentarea la trecutul îndepărtat și deconectarea de realitatea vieții actuale.

Contextualizare. Sentimentul de stranietate și de a fi diferit de ceilalți din cercul meu de interacțiune s-a manifestat prin perceperea unor anumite fenomene. În jurul vârstei de 11 ani, am experimentat de câteva ori sinalectici energetice personale de expansiune a energosomei, printr-o discoincidență a vehiculelor de manifestare, obținută prin privitul concentrat și reflexiv al cerului înstelat, noaptea, având senzația intimă indefinită, acompaniată de un sentiment nostalgic, că aparțineam unui loc din universul stelar.

Sinalectică. Acestei stări i se asocia o senzație fizică, de neînțeles la momentul respectiv, caracterizată printr-o creștere a volumului corporal, impresia că eram mai mare decât mărimea mea fizică normală, la care se adăugau furnicături în palme, percepute mai puternic decât de obicei.

Balonament. Această sinalectică energetică a fost clarificată numai la maturitate, după ce am citit despre fenomenele parapsihice prezentate în cartea Proiectologia, primul tratat publicat de cercetătorul Waldo Vieira (1999 [1986]), cel care a propus această neo-știință. Expansiunea energiilor energosomei sau holochakrei, ale corpului energetic, se întâmpla spontan, involuntar, ca și cum ai umfla o minge.

Minge. Așa cum Vieira descrie, „fenomenul de balonament demonstrează incontestabil celui care experimentează că psihosoma într-adevăr este un corp-minge și că senzațiile parapsihice experimentate sunt în relație directă cu holochakra" (1999, p. 465-6).

Ignoranță. În această perioadă, a ignoranței privind fenomenele parapsihice, am evitat să discut despre experiențe din cauza prejudecăților și a preconcepțiilor. Mediul exterior nu este întotdeauna receptiv la exprimarea de percepții diferite ale realității umane comune.

AUTISMUL

Autismul – problemă de comunicare.

Început. Ideea acestui capitol este de a prezenta un scurt istoric și o descriere a patologiilor de autism și de Sindrom Asperger (un tip de autism), tratate de medicină și psihologie.
Motive. Profilurile acestor patologii reprezintă un exemplu reprezentativ al acestor dificultăți de comunicare pe care o conștiință le poate manifesta. Există diferite categorii de autism în funcție de simptomele observate la pacienți.
Analogie. În următorul capitol, vor fi analizate caracteristicile autismului care, în mod analog, pot fi extinse și comparate când anumite profiluri conștiențiale sunt studiate prin abordarea conștientologică. Diferitele manifestări ale trăsăturilor de personalitate pot fi grupate sub denumirea comună de autism conștiențial.
Diversitate. Unele abordări ale diferitelor discipline vor fi prezentate din dorința de a crea o imagine de ansamblu asupra autismului, fără a avea însă intenția de a epuiza subiectul.
Neurologie. *Neurologia* consideră că autismul este dezordinea în dezvoltarea și funcționarea creierului, în special a emisferei stângi, care compromite, în principal, abilitățile de comunicare și interacțiune socială.
Psihiatrie. *Psihiatria* abordează autismul ca fiind o Tulburare Invazivă de Dezvoltare (TID), caracterizată de deficit în interacțiunea socială reciprocă, în comunicarea verbală și non-verbală, manifestarea de tipare restrictive în interese și activități, precum și de conduite repetitive și stereotipuri. (Rangé, 2010, p. 538).
Deconectare. Acest ansamblu de caracteristici determină un comportament deconectat de realitatea externă, fără contacte sociale și fizice, asociat cu crearea mentală a unei lumi autonome, îndreptate către sine.
A.S.A. Societatea Americană de Autism (*Autism Society of America*) (1978) definește autismul ca fiind o inadecvare gravă și permanentă a dezvoltării. Este o incapacitate care apare în

general în primii trei ani de viață. Se manifestă la aproximativ 20 din 10 mii de nașteri și este de patru ori mai frecventă la sexul masculin decât la cel feminin. Pe plan mondial, autismul se regăsește în diferite familii, indiferent de configurația rasială, etnică și socială.

Cauze. Potrivit A.S.A., în situația acestor copii nu a fost confirmată nicio cauză psihologică.

Caracteristică. Autistul trăiește în sine însuși, izolat, singur, deconectat de lumea exterioară. Printre alte caracteristici, el prezintă o restrângere excesivă, care conduce către introspecție accentuată, conștiința rămânând patologic retrasă (Vicenzi, 2008, p. 100).

Copilărie. Unii copii, în ciuda faptului că sunt autiști, au inteligența și vorbirea intacte, iar alții au întârzieri serioase în dezvoltarea limbajului. Unii par închiși și distanți, alții sunt subjugați de comportamente restrictive și de tipare rigide de comportament.

Spectru. Există diferite niveluri de manifestare a autismului, de la cele mai severe, până la cele considerate *light (ușoare)*, clasificare utilizată uneori în mod discriminator când se verifică oricare dintre simptomele autismului.

Interes. Alegerea acestei teme de studiu este în ton cu profilul personal caracterizat prin trăsături de rezervă, închidere și comportament de izolare. Deși nu se încadrează în tipul clasic de autism sau de Sindrom Asperger, autoarea a observat o mare asemănare între profilul său și conceptul de autism conștiențial, prezentat de medicul și cercetătorul de conștientologie, profesorul Waldo Vieira, și îl descrie în capitolul următor.

Scurt istoric

Origine. Cuvântul *autism* a fost inventat în 1911 de către profesorul Eugen Bleuler, un psihiatru elvețiano-german, și vine din germană de la *autismus*, care la rândul său provine din greacă, de la autos, „al său propriu”. Ulterior, în 1923, a apărut și în franceză – *autisme*.

Motiv. Bleuler a creat cuvântul pentru a descrie un simptom de schizofrenie, un termen definit tot de el ca *fugă de realitate*. Pentru psihiatrul elvețian, termenul de *autismus* este aproximativ similar celui pe care Freud îl numea *autoerotismus* (Dorsch et. al., p. 531).

Simultaneitate. În 1940 au fost realizate două studii simultane despre *autism*, ale căror autori au fost doi medici austrieci care nu se cunoșteau unul pe celălalt.

Studii. Noțiunea de autism a apărut pentru prima dată în 1943, când medicul austriac Leo Kanner, de la spitalul Johns Hopkins, l-a folosit în articolul său *Autistic disturbance of affective contact*, din revista *Nervous Child*, vol.2, p.217-250. În același an, tot un austriac, Hans Asperger, a descris în teza sa de doctorat psihopatia autistă în copilărie. Deși ambii au fost austrieci, izbucnirea celui de Al Doilea Război Mondial i-a împiedicat să se cunoască unul pe altul (Gauderer, 1997, p.3). Kanner și Asperger au folosit cuvântul pentru a descrie simptomele pacienților lor.

Sindrom. Munca lui Asperger a devenit cunoscută în anii 1970, când doctorița englezoaică Lorna Wing a tradus articolul lui în engleză. Din acel moment, un anumit tip de autism înalt-funcțional a fost denumit *Sindrom Asperger* (*loc. cit.*).

Anamneză. Potrivit A.S.A., simptomele de autism sunt cauzate de disfuncții fizice ale creierului, identificate prin anamneză, la examinarea sau întâlnirea cu individul. Aceste simptome se referă la:

1. **Cogniție**. Tulburările ritmului de obținere a abilităților fizice, sociale și lingvistice.
2. **Somatică**. Reacții anormale ale senzațiilor. Funcțiile sau zonele afectate sunt: vederea, auzul, simțul tactil, durerea, echilibrul, simțul olfactiv, gustul și modul de susținere a corpului.
3. **Comunicare**. Vorbitul și limbajul sunt absente sau rămase în urmă. Anumite zone specifice răspunzătoare pentru gândire sunt afectate sau absente. Nivelul imatur al limbajului limitează înțelegerea ideilor. Cuvintele sunt disociate de semnificația lor.

4. **Comportament**. Există o relaționare anormală cu obiecte, evenimente și persoane. Atât copiii, cât și adulții dau răspunsuri nepotrivite. Obiectele și jucăriile sunt utilizate inadecvat.

Simptome. În sprijinul examinării și diagnosticării autismului infantil, Vieira (1997, p. 60-61) citează 14 simptome legate de comportamentul copilului care este observat de foarte mic:

1. **Atașament**. Demonstrează atașament nepotrivit pentru obiecte.
2. **Obiecte**. Învârtește obiectele într-un mod bizar și neobișnuit.
3. **Persoane**. Folosește persoane ca unelte.
4. **Contact**. Evită contactul fizic.
5. **Învățare**. Are dificultăți de învățare.
6. **Schimbări**. Respinge schimbările rutinei.
7. **Copii**. Nu se amestecă cu alți copii.
8. **Vedere**. Nu menține contactul vizual.
9. **Auz**. Acționează ca și cum ar fi surd.
10. **Hiperactivitate**. Manifestă hiperactivitate fizică.
11. **Frică**. Nu îi este frică de pericol.
12. **Râs**. Râde și se mișcă nepotrivit.
13. **Comportament**. Manifestă un comportament indiferent și distant.
14. **Agresivitate**. Uneori devine agresiv și destructiv.

Studii. Miranda (2005, p.23-36), după ce a făcut cercetări exhaustive despre acest subiect, a concluzionat că autismul poate avea cauze fiziologice sau neurologice, legate de dezvoltarea și funcționarea deficitară a creierului, care prezintă anomalii și ale cărui legături neuronale (sinapse) sunt diferite de cele ale unui creier normal.

Talente. Există studii care explică autismul ca pe o boală genetic-ereditară incurabilă, deși este general acceptat că dezvoltarea neuronală predominantă a emisferei drepte le conferă autiștilor anumite capacități speciale, dincolo de tiparul „normal”, cum ar fi memorarea numerelor, abilități manuale, talent muzical, raționament vizual și capacități de elaborare a unor proiecte tridimensionale.

Studiu de caz

1. **Temple Grandin**[7] (1947-). Una dintre cele mai cunoscute autiste este Temple Grandin, născută în Boston, Massachusetts – SUA, licențiată în psihologie și doctor în medicină veterinară. Temple a reușit să depășească manifestările autiste și să ajungă să ducă o viață socială „normală”, fiind o specialistă recunoscută internațional, care susține conferințe și prelegeri peste tot în lume, atât despre autism, cât și despre proiecte de manipulare a vitelor în abatoarele din industria cărnii.

   Cușcă. Fiică de fermieri, ea a crescut în mediul rural, în contact cu animalele. La un moment dat, în adolescență, la ferma unchiului ei, a vrut să experimenteze pe propria piele o cușcă[8] care era folosită pentru vite și a fost impresionată de senzația plăcută pe care a simțit-o pe pielea ei. Această descoperire a entuziasmat-o și a devenit interesată să adapteze ideea acestei cuști la crearea unei mașini asemănătoare pentru sine însăși.

   Tehnică. Din acel moment, Temple a devenit obsedată (comportament tipic autist) de sacrificarea animalelor, în principal a bovinelor, și a dezvoltat o tehnică nedureroasă, proiectând și construind o cușcă „mai umană” pentru crescătoriile de animale și pentru abatoare.

   Mașină. Unul dintre profesorii de la școală, Bill Carlock, spre deosebire de ceilalți, a luat-o în serios și a încurajat-o să își materializeze proiectul. Cu o capacitate strălucitoare de a-și imagina proiecte tridimensionale, Temple a desenat diferite modele, care au fost testate inițial pe ea însăși, până a ajuns la

---

7 Temple Grandin a scris o carte în parteneriat cu jurnalista Margaret M. Sacariano, cu titlul *O Fată ciudată – Autobiografia unei femei autiste.* Oliver Sacks a scris un capitol despre Temple numit *Un Antropolog pe Marte*, în cartea cu același nume (vezi referințe).

8 Amplasată în zona de îngrijire, cușca este de fapt o instalație în care animalele sunt reținute pentru a li se acorda mai ușor asistența sanitară, unde pot fi curățate, vaccinate, marcate și de unde ele pot ieși direct în exterior.

prototipul ideal, bine finisat, căptuşit şi cu un control al dozajului presiunii asupra corpului. Acest prototip (pe care l-a instalat în camera ei) a devenit „maşina" sa preferată pentru uşurarea propriilor tensiuni, a stresului şi a oricărui disconfort simţit în interacţiunile cu ceilalţi oameni, autişti sau nu. Neliniştea ei cea mai mare era că nu înţelegea reacţiile celor „normali" şi climatul (pentru ea misterios) care se creează în intimitate, prin încrederea dintre două persoane.

2. Savantul idiot. Kim Peek (1951-2009), un autist american, a fost un *idiot savant* (savant idiot, în franceză), recunoscut pentru memoria lui extraordinară. El a devenit personaj de film, în *Rain Man*, şi a fost interpretat de Dustin Hoffman (Vezi filmografia). La 53 de ani, el citise şi memorase deja 9000 de cărţi din diferite domenii – literatură, istorie şi matematică. În ultimii ani de viaţă, el a fost studiat de oamenii de ştiinţă de la NASA, cu atât mai mult cu cât memoria sa se amplifica odată cu înaintarea în vârstă. Citea două pagini în acelaşi timp, fiecare pagină cu câte un ochi, reuşind să reţină 98% din conţinut. (sursă: *http://veja.abril.com.br/agencias/afp/veja-afp/detail/2009-12-22-645336.shtml*, accesat pe 08/03/2012).

3. **Precocitate**. Daniel Tammet, un englez de 28 de ani, a fost diagnosticat cu Sindromul Asperger, intrând tot în categoria de *idiot savant*, datorită memoriei lui strălucite, a capacităţii sale extraordinare de a reţine numere şi informaţii. El a învăţat să citească la 16 luni, citea două pagini simultan, reţinând practic toate informaţiile. El este unul dintre cei care a reuşit să îşi depăşească limitările privind inter-relaţionarea. A predat voluntar limba engleză în Lituania, timp de un an. Viaţa lui a fost prezentată într-un documentar englez de televiziune – „*The Boy with the Incredible Brain*" (Băiatul cu un creier incredibil). Daniel însuşi a publicat o carte – *Născut într-o zi albastră* – în care îşi povesteşte experienţele.
Declaraţie. Călătoria în Lituania l-a marcat pe autist deoarece a învăţat mai multe despre oameni şi relaţii. Daniel povesteşte că documentarul şi cartea i-au schimbat viaţa şi nu şi-ar fi putut imagina succesul pe care avea să îl aibă. A început să

călătorească mult, ceea ce cu doar câțiva ani înainte părea inimaginabil. El afirma că *încrederea în sine crescuse mult*. Prelegerile sale recente din SUA au atras milioane de vizualizări.

Viață. În prezent, el trăiește în Kent, în sud-estul Angliei, are o viață „normală", este profesor de engleză, locuiește împreună cu partenerul lui și „este fericit cu viața lui". (*http://www1.folha.uol.com.br/folha/equilibrio/noticias/ult263u361929.shtml*, accesat pe 06/11/2012).

4. Integrare. În Brazilia se fac eforturi pentru a-i integra pe copii diagnosticați cu autism, folosindu-se terapia comportamentală. Părinții și terapeuții, alături de neurologi, psihiatri, psihologi și fonoaudiologi, dezvoltă tratamente multidisciplinare. (Bachalla, Anna Paula, "Salvați din solitudinea absolută", Revista Veja, ed. 1979, anul 39, N. 42, din 25/10/2006).

Autism și multidimensionalitate

Extrafizic. Potrivit *experimentologiei*, este pertinentă abordarea multidimensională a relației dintre conștiința intrafizică autistă și dimensiunea extrafizică.

Cercetări. Dincolo de studiile științifice convenționale, dintre care pe unele le-am citat anterior, există cercetători care adaugă variabila multidimensională și analizează modul în care este procesată influența conștiințelor deja desomate asupra comportamentului sau vieții conștiințelor intrafizice autiste.

Valoare. Unul dintre acești cercetători este Hermínio C. Miranda, un spiritist brazilian, care în cartea sa *Autismul* (2005), scrisă din perspectivă *spirituală*, realizează o profundă și detaliată analiză a autismului, trecând în revistă lucrări de specialitate, inclusiv autobiografii ale unor persoane autiste.

Relație. În general, relația conștiinței autiste cu conștiințele extrafizice (sau spirite) este strânsă, ajungând la dependență gânsenică (*psihică*), uneori cu caracter de subjugare.

Influență. Potrivit investigațiilor realizate de Miranda, înșiși autorii autiști au recunoscut că devin mai inteligenți sau mai comunicativi când se conectează cu o anumită conștiință extrafizică, căreia îi dau chiar și un nume.

Exemplu. Iată cum descrie Miranda (2005, p. 93) experiențele autistei australiene Donna Williams, pe baza celor două cărți scrise de ea: *Nobody nowhere*[9] și *Somebody somewhere*[10]:

> Donna Williams avea interesante capacități mediumnice. Încă din copilărie, grație parapsihismului ei, a început să perceapă alături de ea două entități – un băiat pe care ea îl numea Willie și o fată, Carol. Am spus că aceste două ființe împărțeau cu ea chiar și corpul fizic, dar trebuie precizat mai clar că ele dețineau succesiv controlul corpului, în timp ce Dona se afla „în afară”, ca și cum ar fi fost mai degrabă o spectatoare, conștientă, dar practic fără putere de comandă.

Cadru. Cu un profil mai intelectual, Willie era cel care acționa asupra Donnei „sigur, echilibrat și inteligent”, în timp ce Carol era extrovertită, oferindu-i dezinhibiție și comunicare cu ceilalți, mai ales cu psihiatrul.

Ipoteză. Această influență extrafizică directă, pozitivă sau negativă, observată în comportamentul autiștilor, care de multe ori sunt conștienți de ea, reprezintă fundamentul ipotezei lui Miranda atunci când demonstrează detaliat, folosindu-se de analiza critică, mecanismul de interconectare dintre conștiințele din diferite dimensiuni.

9 Nimeni, nicăieri; n.tr.

10 Cineva, undeva; n.tr.

BINOMUL AUTISM CONȘTIENȚIAL – DESCHIDERE CONȘTIENȚIALĂ

Neofilia – voința către deschidere

Notă. În această abordare conștientologică se utilizează adesea terminologia prescurtată autist sau autistă, atunci când este vorba, de fapt, despre *autist conștiențial* sau *autistă conștiențială*.
Autismologie. Specialitatea conștientologiei care se ocupă în mod specific de problematica *autismului conștiențial* este *autismologia*.
Definiție. Autismul conștiențial este comportamentul conștiinței închise, apriorice, nesociabile, cu deficiențe privind capacitatea de intercomunicare sănătoasă, care *fuge de realitate*, având dificultăți în inter-relaționări, auto-confruntări și reciclări intraconștiențiale pro-evolutive.
Colocvialism. În vocabularul popular[11], există mai multe sintagme care desemnează o persoană cu comportament autist: sălbatic, mut, posac, însingurat, urâcios.
Personalitate. În general, autistul conștiențial are dificultăți în stabilirea unui cerc social de prieteni și manifestă, cu rare excepții, personalism conștiențial (concentrat pe ego) și/sau vocație monahală (călugăr, sihastru).
Profil. Conștiințele intrafizice diagnosticate cu autism ușor se apropie de profilul autistului conștiențial datorită caracterului lor introvertit, încă patologic și egotic. Există excepții ale acestui comportament în momentele de introversiune manifestate punctual de *orice conștiință* care face eforturi pentru a se concentra pe realizarea unei anumite situații.
Avantaj. Potrivit profilologiei, în analiza comparativă dintre profilul extrovertit și introvertit, extrovertitul este avantajat, deoarece capacitatea acestuia de comunicare este favorizată atunci când ei îi sunt asociate empatia, inteligența emoțională și

11 În limba portugheză, autoarea scrie 3 exemple de expresii colocviale care desemnează o persoană autistă. Deoarece ele nu sunt relevante pentru cititorul de limbă română, traducătoarea le-a înlocuit cu sinonime adecvate contextului; n.tr.

socială sau factori precum poliglotismul și polimatia, ceea ce, în consecință, influențează interacțiunile și conviețuirea socială și dinamizează evoluția conștiențială. Introvertitul are un caracter rezervat, închis, mai puțin comunicativ, care îi defavorizează acțiunile pro-evolutive în conviețuirea socială.

Normovertire. Starea ideală este cea normovertită, de echilibru între extrovertire și introvertire, în funcție de moment, loc și situație (Vieira, 2012, verbetul *Categoria de conștiință*).

Simptome. Pentru analiza și înțelegerea comportamentului conștiințelor cu trăsături de autism conștiențial, prezentăm, în continuare, în ordine alfabetică, 13 simptome frecvente, clasificate de cercetătoarea Siomara Vicenzi (2008, p.102-103), fundamentale în propria sa cercetare:

1. **Anxietate**. Apare în situațiile neprevăzute.
2. **Apriorism**. Concentrarea obsesivă pe premise auto-stabilite, independente de factori externi.
3. **Lipsă de afecțiune.** Dificultăți auto și hetero-afective.
4. **Neîncredere.** Neîncrederea în relațiile cu alte persoane, din cauza dificultăților de interacțiune.
5. **Dispersare.** Înstrăinarea de cei din jur din cauza preocupării orientate către sine.
6. **Egocentrism.** Experimentarea egoului exacerbat, concentrat pe propriile gânduri și sentimente.
7. **Închidere.** Tendința parapatologică de autogânsenitate închisă față de cunoașterea propriei evoluții.
8. **Incomunicabilitate.** Dificultăți în a-i înțelege și auzi pe ceilalți.
9. **Insociabilitate.** Instabilitate în conviețuire.
10. **Interioroză.** Idei fixe și conservatoare, opuse deschiderii și renovării (recin).
11. **Neofobie.** Frica de nou.
12. **Superficialitate.** Aversiune față de intimitate și superficialitate în inter-relaționare.
13. **Victimizare.** Obiceiul de a se victimiza.

Definiție. *Binomul autism conștiențial – deschidere conștiențială* reprezintă o provocare pe care conștiința cu profil închis, necomunicativ trebuie să o depășească, să iasă din starea crispată şi antievolutivă şi să intre în starea expansivă, deschisă, neofilă, într-o permanentă mişcare *in crescendo* de auto-depăşire.

Comportament. În studiul binomului autism conştienţial – deschidere conştienţială se propune analiza manifestării conştiinţei din unghiul comportamental al inter-relaţiilor intrafizice şi implicaţiilor extrafizice.

Abordare. Binomul reflectă aspecte extreme de bipolaritate şi, utilizând tehnica in crescendo, se propune o abordare care pleacă de la comportamentul antievolutiv (autism conştienţial) pentru a ajunge la unul pro-evolutiv (deschidere conştienţială).

Sinonim. Prin sinonimie, noţiunea de autism conştienţial se asociază cu cea de închidere conştienţială.

Închidere. *Potrivit conştientometrologiei, conştin cu trăsături autiste puternice are nota zero la aspectele legate de sociabilitate şi maxicomunicabilitate* (Vieira, 1996, p.152-155).

Sindromul conştin-melc. Decizia unei conştiinţe de a se ascunde sub propria carapace, confortabilă şi primitoare, demonstrează un nivel de control represiv şi auto-castrator, conştiinţa simţindu-se ameninţată chiar şi când este protejată de propriul refugiu.

Grade. Autismul conştienţial are diferite grade de manifestare, de la foarte patologice, în care conştiinţa este complet necomunicativă cu lumea exterioară, nu interacţionează grupal, trecând prin diferite grade de dificultate privind comunicarea şi relaţionarea, până la niveluri subtile de manifestare a mecanismelor de fugă, distanţare şi izolare în intrafizic.

Motive. Fiecare conştiinţă are motivele sale pentru care manifestă comportamente autiste, deşi diferenţa constă în bazele pe care este construită realitatea sa intraconştienţială (Vezi Cap. Realităţi intraconştienţiale, Secţiunea IV – Asistenţiologia). De exemplu, cât reuşeşte autistul conştienţial să înţeleagă *binomul realitate – imaginaţie*?

Imaginaţie. Conştiinţa însăşi este singura care îşi poate evalua propriile gânduri şi sentimente, deosebindu-le în funcţie de auto-paraperceperea faptelor şi parafaptelor din jurul său. Un lucru imaginat poate sau nu poate să aibă corespondenţă în realitatea exterioară, de aceea este nevoie de luciditate majoră, discernământ şi hiperacuitate pentru a echilibra înţelegerea dintre realitatea exterioară și realitatea interioară.

Exemple. Vom analiza două posibile comportamente autiste, manifestate de autoare în adolescență, plecând de la logica universului intraconștiențial personal:

Situația 1. Utilizarea imaginației a favorizat fuga de realitatea intrafizică, considerată dificilă, amenințătoare, diferită de concepțiile sale și dislocată de necesitățile intraconștiențiale ale conștiinței intrafizice tinere, ceea ce a provocat devieri de conduită și comportament și a determinat reacții antisociale, contestatoare, cu un nivel ridicat de revoltă și rebeliune. Conștin cu profil de autism conștiențial preferă să trăiască *realitatea sa* interioară, după reguli și tipare convențional stabilite.

Situația 2. Conștin tânără sau adultă refuza frecvent să participe la evenimente familiale, școlare, profesionale și chiar sociale, sub pretextul studiului sau al serviciului. Acest comportament acoperea probabil motivul real: nu dorea să se expună în public, îi era rușine cu ea însăși, de modul diferit în care gândea și reacționa, se simțea implicit respinsă de ceilalți, așa cum deducea, echivoc sau nu, din mici detalii observate în atitudinea celorlalți. Conștiința prefera realitatea ei internă, deoarece o considera mai sigură, fără provocări pe care nu știa (încă) să le gestioneze.

Paradox. Realitatea inventată de ea i-a împiedicat accesul la lumea exterioară și adevăratul eu. Respingea orice informație nouă, nu cunoștea nicio modalitate de a înfrunta ceea ce era diferit sau contrar, contraargumentul, polarizarea, pe scurt, tot ceea ce paradoxal permeabiliza microuniversul conștiențial și macrouniversul.

Închidere. Închizându-se în microuniversul său manifesta dorința inconștientă de a se proteja de lumea exterioară și, paradoxal, de sine însăși, deoarece în lipsa contactelor și interacțiunilor, își bloca posibilitatea de a se vedea în oglindă, în ceilalți sau, altfel spus, de a își chestiona propriile sentimente și gânduri prin intermediul contrastării interactive.

Lume mică. Plăcerea de a se cocoloși în mica sa lume creată fantasmagoric pentru a nu avea grija relaționării a eliminat orice oportunitate evolutivă individuală și chiar grupală.

Duo evolutiv. Prin urmare, ieșirea din mica lume și decizia de a forma un duo evolutiv și de a trăi în doi a reprezentat o formă sănătoasă de depășire a izolaționismului.
Comparație. Așa cum lenea intelectuală este dușmanul înregistrărilor grafogânsenice, lenea comportamentală este dușmanul dezvoltării grupalității și al inter-relațiilor sănătoase.
Transformare. Trecerea profundă de la starea de închidere la cea de deschidere necesită efortul de a obține reciclări intraconștiențiale (recin).
Tehnici. Succesul personal în schimbarea comportamentului și a trăsăturilor care împiedică progresul evolutiv poate fi obținut prin aplicarea tehnicilor autoreciclatoare, ca de exemplu, autoconștientoterapia (Vezi în această Secțiune, capitolele Tehnica de oglindire conștiențială și Metoda de autoanaliză a emoțiilor).
Început. Încercarea de renunțare la autismul conștiențial inițiază procesul de autodepășire. Trecerea de la stadiul de autism conștiențial latent sau inconștient la autismul conștiențial recurent sau autoconștient necesită, ca primă condiție de bază a autodepășirii, acceptarea faptului, recunoașterea existenței unui anumit nivel al trăsăturilor în sine și propunerea de a privi din perspectivă asistențială procesul de îmbunătățire.
Revers. În acord cu studiile întreprinse, lecturile și propriile experiențe pentru inițierea inversării autismului conștiențial, sunt luați în considerare 3 factori determinanți: alegerea lucidă, disponibilitatea intimă și interacțiunea majoră cu echipa extrafizică de helperi (echipex).
Alegere. A ști să alegi lucid între diferite opțiuni de viață, proiecte și scopuri personale și a ști să experimentezi în mod autoconștient situații provocatoare de auto-confruntare, implică admiterea consecințelor firești ale acestor alegeri. Obstacolele care trebuie depășite necesită un comportament nou și o atitudine nouă față de situațiile care anterior nu au fost înfruntate.
Disponibilitate. În acest scenariu al alegerilor intime, opțiunile pro-evolutive sunt mai inteligente deoarece „apropierea simplă de oameni (*proxemica*) este de preferat distanțării autiste (*distantemică*)", de vreme ce „nimeni nu pierde pe nimeni" de-a

lungul procesului evolutiv (Vieira, 2007a, p, 997).

Grupalitate. Decizia de a ieşi din sine şi de a se îndrepta spre celălalt pentru a destructura trăsăturile autismului conştienţial creionează o grupalitate specifică. Acţiunea conştiinţei în grupul său evolutiv, în efortul continuu de a stabili contacte şi a relaţiona, ajutată şi stimulată de propriul grup, va transforma această stare.

Interacţiune. Grupul evolutiv cu care conştin autistă îşi propune să interacţioneze şi să se acomodeze devine fundamental pentru auto-depăşirea acestei trăsături.

Intenţie. Interacţiunea şi interesul arătat celorlalţi sunt suficiente pentru depăşirea acestei trăsături, însă este necesar să fie observată şi intenţionalitatea interacţiunii: dacă este egoistă (se interesează de celălalt deoarece asta îi poate fi de ajutor să iasă din izolare) sau asistenţială (se interesează sincer de celălalt deoarece doreşte să îl ajute în orice ar fi nevoie).

Saturare. În general, mişcarea de ieşire din autismul conştienţial are loc atunci când conştiinţa se satură de egoism şi priveşte spre lumea sa interioară, plictisitoare şi repetitivă, nu creativă şi renovatoare, ci cu carenţe de autocunoaştere şi auto-evoluţie.

Recin. Iniţiativele de reciclare intraconştienţială a autistului conştienţial nu sunt întotdeauna autodidacte. În multe cazuri este nevoie de ajutor exterior, de la familie, prieteni, colegi evolutivi şi chiar de la specialişti din sănătate, în funcţie de nivelul de comunicabilitate al conştiinţei, cu sine însăşi şi cu ceilalţi.

Helperi. Mişcarea de apropiere de conştiinţele intrafizice oferă şi posibilitatea exerciţiului de apropiere de helperii extrafizici. Intercomunicarea sănătoasă necesită efort şi implică multiple dimensiuni.

Corelaţii. Prezentăm în continuare 3 corelaţii dintre autismul conştienţial şi alte teme conexe:

1. Autismul conştienţial x visul diurn (fantezia)
2. Autismul conştienţial x afectivitatea
3. Autismul conştienţial x comunicarea interconştienţială.

1. Autismul conștiențial *x* visul diurn

Definiție. Visul diurn este acțiunea de a rătăci cu gândul și a te pierde în reflecții, fantezii, himere, imaginații, utopii, fără concentrare și focalizare pe analiză, cu deviere de la esențial.
Sindrom. Potrivit lui Vieira (1997a, p. 160), visul diurn este clasificat drept o caracteristică a *Sindromului Dispersiei Conștiențiale (SDC)*, fiind o manifestare a experienței personale patologice, o tulburare tipică a lipsei de auto-disciplină, un tipar de multe ori conștient al risipei și autocorupției.
Auto-boicot. A risipi timpul în visuri fără sfârșit, împrăștiind energia în eforturile în van, nu face decât să reducă oportunitățile de a înfrunta și depăși trăsăturile slabe (trasla, de multe ori megatrasla), într-un adevărat auto-boicot conștiențial.
Distorsiune. În timp ce *pierde timpul* cu himere imaginative, conștiința crede orbește în propria realitate inventată, distorsionând caracteristicile și detaliile neacceptate ale faptelor și parafaptelor, ale manifestărilor reale, din sfera conviețuirii sociale și interdimensionale.
Infantilism. Deliciile și plăcerile fantasmagorice ale visurilor diurne sunt vicii gânsenice, dezordine mentală și dificultate de a deosebi realitatea de fantezie. Conștiința se suspendă în lumea imaginară a unei *pretinse realități* pentru a nu intra în vârsta adultă și a nu se implica sănătos în maturitatea conștiențială.
Autoficțiune. În verbetul *Autoficțiune* din Enciclopedia de Conștientologie (2012), Vieira definește acest comportament ca fiind *autogânsenizare disfuncțională, nerealistă, fantastică, iluzorie, onirică, exagerată și megalomaniacă, în viața diurnă, intra și extrafizică.*
Frică. În cazul conștiințelor visătoare trebuie reflectat asupra *fricii de viață, care este ascunsă în spatele pseudosiguranței universului fantasmagoric.* Ele preferă să ascundă propria realitate decât să se confrunte cu adevărul care poate fi îmbunătățit, demonstrând imaturitatea paradoxală a conștiinței intrafizice autointruzate.
Lipsă de autenticitate. Odată autointruziunea instalată, din cauza lipsei de *autenticitate conștiențială*, conștiința pierde

noțiunea propriilor valori evolutive oferite de realitățile intrafizice și, trăind în propria lume închipuită, respinge orice interacțiune (autism conștiențial).

2. Autismul conștiențial *x* afectivitatea

Definiție. Afectivitatea este ansamblul de fenomene psihice capabile a se manifesta sub forma emoțiilor, sentimentelor și pasiunilor, acompaniate întotdeauna de senzația de durere sau de plăcere, de mulțumire sau nemulțumire, de satisfacție sau insatisfacție, de bucurie sau tristețe (Vieira, 2012, verbetul *Afectivitatea*).

Blocaj. Autistul clasic, diagnosticat cu Sindromul Asperger sau cu o patologie severă, are deficiențe în exprimarea afecțiunii, în special a empatiei, în înțelegerea emoțiilor și a relațiilor emoționale subiacente inter-relațiilor sănătoase, așa-zis „normale".

Afecțiune. În cazul autistului conștiențial, această trăsătură se manifestă în grade mai subtile, devenind de multe ori un punct nevralgic și blocant al interacțiunilor comunicative legate de afecțiune și, în consecință, al experiențelor afectivo-sexuale sănătoase.

Gânsenă. Prin urmare, potrivit *gânsenologiei*, specialitatea conștientologiei care studiază gânsenele, când există o tulburare a manifestărilor afective, se observă o reducere semnificativă în exprimarea sau dezvoltarea componentei *sen* (sentiment) din gânsenă. În cazurile mai severe ale autiștilor diagnosticați, gradul de manifestare emoțională este aproape zero.

Memorie. În mod ideal, în manifestarea gânsenică, ar trebui să existe un echilibru între *gân* și *sen*, dar atunci când una dintre componente este blocată funcțional, cealaltă se poate manifesta cu potențial amplificat. Acest lucru ar putea explica, în anumite cazuri, memoria foarte bună și abilitățile privind datele, numele, numerele, imaginile, în care predomină *gân* (gândul) din gânsenă. Primii specialiști în autism își numeau pacienții *idioții savanți*.

Necunoscut. Limitările de comunicare ale *idioților savanți*, legate de exprimarea afectivității și a microuniversului lor conștiențial, împiedică major și profund studiul și cercetările. Potrivit autocercetologiei, propria conștiință este cea care trebuie să se studieze pe sine, în căutarea cauzelor unei patologii sau ale unei trăsături ce trebuie reciclată. În cazul *idiotului savant*, de exemplu, este evidentă incapacitatea de autocercetare lucidă, cu discernământ, cu caracter matur și profund.

Inconștient. Chiar dacă este autoconștientă, orice conștiință poate avea dificultăți în a-și explica blocajele de exprimare ale afectivității sănătoase. Acoperirea unei traume experimentate într-o altă existență poate fi un indicator care marchează și traumatizează conștiința cu atâta forță încât, la resomare, îi anulează orice posibilitate de a rememora acea experiență, din cauza impactului și a consecințelor care ar putea decurge din acele emoții și senzații.

Catharsis. Următoarea afirmație a lui Vieira (2007a, p. 253) contribuie la înțelegerea acestui aspect:

> „în majoritatea cazurilor de autism conștiențial există un anumit factor subiacent, intraconștiențial, secular, ascuns, pietrificat, față de care conștiința încă nu este dispusă să își asume o provocare sau nu a găsit resursele pentru autoconfruntarea capabilă să genereze catharsis terapeutic".

Evoluție. Starea de autism conștiențial oprește sau întârzie evoluția deoarece conștiința nu reușește să își amplifice microuniversul conștiențial, reducându-l la cel deja cunoscut, fără a se deschide către nou, către analize și sinteze despre sine și despre lumea care o înconjoară.

3. Autismul conștiențial *x* comunicarea interconștiențială

Definiție. *Comunicarea interconștiențială* este capacitatea unei conștiințe de a comunica cu alta, de a-și exprima gândurile și sentimentele clar, inteligibil, sănătos, vizând interasistența intra și extrafizică prin acțiuni comunicative.

Divizie. Din punct de vedere al clarificării comunicative, există diferite stadii sau niveluri de autism conștiențial, începând cu aproape completa necomunicabilitate, care reprezintă lipsa maximă de comunicare dintre conștiințe, ajungând la o comunicare rezonabilă, dar cu simptome active de introversiune și închidere.

Alegere. Pentru acest studiu au fost selecționate niveluri sau stadii ușoare de autism conștiențial, deoarece permit o mai bună observare și analiză a efectelor comunicative dintre conștiințe și pentru că sunt mai apropiate de posibilitățile auto-conștiente de reciclare.

Variabile. Potrivit *comunicologiei*, în procesul comunicativ al conștiințelor există variabile decisive care, atunci când lipsesc, prejudiciază inter-relaționările, putând duce la autism conștiențial:

1. **Capacitatea asistențială.** Ca și procesul comunicativ, dinamica asistențială implică două sau mai multe conștiințe. Asistența implică donare de energie, cunoaștere, informarea celuilalt, elemente care caracterizează deschiderea conștiențială, disponibilitatea și dorința de a ajuta. Rezultatele sau efectele acestei interacțiuni sau intercomunicări dau valoarea capacității asistențiale prin utilizarea *comunicării parapsihice cosmoetice*.
2. **Capacitatea grafogânsenică.** Atunci când își conștientizează autoreleul conștiențial, conștin deschisă cercetează mai universalist, asistențial și pro-evolutiv. De exemplu, publicarea unei cărți promovează semnătura gânsenică perenă prin grafogânsenitate, oferind posibilitatea conștiinței de a realiza o legătură cu sine însăși, astfel putând să își aprofundeze teme științifice legate de autocercetare. Conștin închisă are tendință către cercetări autiste, particulare, convenționale și monodisciplinare. (Vieira, 2003, p. 125).
3. **Capacitate verbală.** În comunicare, a vorbi este o acțiune relevantă și constituie autoexprimarea conștiențială dincolo de propriul eu. Talentele manifestate prin abilitatea de *a ști să vorbești* califică dialogurile conștiinței. Dimpotrivă, incapacitatea de a vorbi sau de a se exprima prin semne nu contribuie la evoluția personală.

4. **Cosmoetică.** Stabilirea tiparului cosmoetic personal în intercomunicare relevă maturitatea conştienţială, deoarece *codul personal de cosmoetică* (CPC) orientează acţiunile comunicative – de a vorbi când trebuie şi unde trebuie şi de a transmite informaţia corectă. Închiderea autistă blochează utilizarea cosmoeticii.
5. **Eficacitate.** Potrivit *proexologiei*, conştiinţa lucidă concentrată pe realizarea eficace a proexisului spulberă prin efortul continuu impedimentele în evoluţia sa, ***devenind comunicativă şi accesibilă celorlalte conştiinţe***, în opoziţie cu conştin blocată, autistă şi insociabilă (Vieira, 2007, p. 492, verbetul *Autodeblocarea*).
6. **Prezenţă energetică.** Comunicarea prin energii poate fi măsurată prin prezenţa sau absenţa energetică a conştiinţei în inter-relaţiile sale. De exemplu, comunicarea energetică dintre amanţi este limitată în timpul sesiunilor sexosomatice în care partenerii sunt „absenţi" energetic. În cazul femeilor, disimularea participării sexuale şi chiar a orgasmului poate fi determinată de o anumită stare a ginosomei (Vieira, 2007, p.405, verbetul *Absenţa energetică*).

Distribuţie. Jena inhibă comunicarea. Potrivit distributologiei, au legătură cu autismul şi, în anumite cazuri, pot fi sinonime cu autistul: ruşinosul, timidul, sfiosul, super introvertitul, închisul, izolatul, persoana care se eschivează sau cea inaccesibilă sau conştin necomunicativă etc.

Reductori. Starea de a fi autist accentuează reducerea autodiscernământului, atât de necesar pentru auto-reflecţie, unealta de bază a auto-cercetării conştienţiale cosmoetice.

Auto-restricţie. Astfel, restricţia comunicativă impusă de către propria conştiinţă autistă limitează experienţa la ego sau, cum îl denumeşte Vieira, *super-ego* sau *ego exacerbat* (Vieira, 2007a, p. 759). Restricţia întăreşte polarizarea dintre lumea interioară şi cea exterioară, înconjurătoare, privilegiind lumea gândurilor, a reprezentărilor şi a sentimentelor personale.

Monoideism. Ataşarea de lumea interioară, fictivă, existentă numai în imaginaţie, fără interacţiunea cu alte conştiinţe, este reprezentarea caracterului sau trăsăturii infantile de imaturitate și de inflexibilitate gânsenică, limitată la gânsena unei idei unice, ca o parafrazare a cântecului *Samba într-o singură notă*, de Tom Jobin.

Batogânsenă. Gânsenitatea ciclică și auto-hipnotică creează dependență care duce la repetarea ei constantă, fără a întrezări ieșirea, stare care dezenergizează conștiința din cauza autofagiei permanente.

Autoapărare. Comportamentul autist de retragere sau de lipsă de comunicabilitate poate fi considerat uneori ca o autoapărare intraconștiențială care vizează protecția contra intruziunilor venite din lumea exterioară, în special a celor multidimensionale și anume a intruziunilor intraconștiențiale extrafizice.

Comportament. Autoarea a avut acest comportament în copilărie, dar nu l-a menținut și la vârsta adultă, ceea ce revelează starea de autism conștiențial *light*, o conduită-excepție, o tactică de protecție și menținere a echilibrului intraconștiențial împotriva eventualelor agresiuni intra și extrafizice.

Intensitate. Într-o asemenea stare, presiunea hologânsenică extrafizică, amplificată de autismul datorat dezordinii energetice și lipsei de conștiență privind procesul, se extinde dincolo de limita suportabilului și îngreunează comunicarea sănătoasă.

Radiografie. Realizarea unei radiografii și oglindirea momentului evolutiv actual al conștiinței poate fi cel mai bun lucru de făcut prin voință și autocercetare.

Chestionologie. Cititorule, ai realizat deja o radiografie a microuniversului tău intraconștiențial pentru a identifica eventualele simptome și niveluri de autism conștiențial?

Perspective. Din punct de vedere asistențial, greșeala autistului conștiențial este că el crede că „pierde" dacă optează pentru conviețuirea grupală în locul auto-conviețuirii. Conștiința se poate gândi că „pierde-câștigă", că „pierde" în conviețuirea cu propria sa lume (pe care o autoviciază și care este antireciclatoare), pentru a „câștiga" în conviețuirea cu grupul, prin interacțiunile interpersonale, reușind totuși, în mod paradoxal, să se îmbogățească intraconștiențial ca urmare a acestei decizii. În acest caz, relația asistențială ideală este de

„jumi-juma". Schimbul favorizează cele două aspecte ale inter-relaționării.

Auto-deschidere. Cititorule, cu câte realități conștiențiale, diferite de ale tale, poți interacționa, le poți asimila și înțelege, fără să fii afectat?

FLEXIBILITATE GÂNSENICĂ X RIGIDITATE GÂNSENICĂ

Potrivit gânsenologiei, natura intenționalității care caracterizează matergânsena personală devine superioară matergânsenei hologânsenei de grup. Cosmosul se schimbă începând cu egoul exacerbat. (Vieira, 1997, p. 100)

Temă. În general, studierea oricărei trăsături *slabe* (tra*sla*) implică dorința de autoconfruntare, iar cercetarea trăsăturii de *rigiditate gânsenică* a scos la iveală obstacolele în calea exercitării reale a comunicării eficiente și pro-asistențiale a acestei autoare.
Concentrare. Se urmărește confruntarea caracteristicilor rigidității gânsenice cu cele ale flexibilității gânsenice, având în vedere influența și repercusiunile trăsăturilor *puternice* (tra*fcr*) și respectiv ale trăsăturilor *slabe* (tra*sla*) în orice interlocuțiune care privește exprimarea conștiențială, prin limbaj verbal, non-verbal sau scris.
Profil. Intenția este de a propune unele corelații între *conștiința rigidă* și *conștiința flexibilă*, în încercarea de a sublinia ideea că trăsătura de inflexibilitate poate fi depășită, reciclată și folosită în favoarea unei calificări comunicative superioare.
Date. Pe lângă unele comportamente și atitudini proprii observate, vor fi prezentate și altele remarcate la alte conștiințe intrafizice (conștin), mai cu seamă în timpul întâlnirilor cu membrii familiei, colegii evolutivi, cu oamenii în general, care au scos în evidență modul de a vorbi (*loquutio*).

Rigiditate gânsenică

Definiție. *Rigiditatea gânsenică* este severitatea manifestărilor gânsenice ale conștiinței caracterizate de rezistență și inadaptare la moduri noi de a gândi, simți și acționa, asociate cu neofobia, insecuritatea și patogânsenitatea.
Condiție. În Psihologie, conceptul de *rigiditate* indică starea de a nu te putea elibera de moduri de gândire, acțiune și atitudini

cunoscute anterior (Dorsch *et. al.*, 2004, p. 838).

Tipuri. Potrivit cercetătorilor, „rigiditatea nu este numai o caracteristică generală, ci apare și în anumite zone specifice", ca de exemplu următoarele 4:

1. **Rigiditate motorie.** Stare tensionată a unui mușchi, inflexibilitatea (înțepenirea) musculaturii și articulațiilor.
2. **Rigiditate afectivă.** Perturbări afective.
3. **Rigiditate cognitivă.** Conexiuni neuronale defectuoase, potențial diminuat de creare de noi sinapse.
4. **Rigiditate recurentă.** Potrivit lui Cattell (*apud* Dorsch et. al., 2004, p. 838), este incapacitatea de restructurare a tipurilor de comportament asumate și dezvoltate de o persoană (*dispoziție rigidă*). Rigiditatea este diferită de incapacitățile rezultate din inerția proceselor psihice cu schimbare rapidă.

Holosomatologie. Zonele de motricitate, afectivitate și cogniție, afectate de rigiditate sunt corelate cu domeniul holosomatologiei și corespund rigidității somatice, psihosomatice, respectiv mentalsomatice.

Gânsene. Potrivit *gânsenologiei*, pot fi identificate cel puțin 4 tipuri de gânsene legate de *rigiditatea gânsenică*:

1. **Minigânsene**: gânsene mici, infantile, conectate cu o viziune restrânsă asupra realității, limitate la *mica lume* intraconștiențială.
2. **Patogânsene**: caracterizate prin patologii, vicii gânsenice anacronice, apriorisme, parohialisme, negativitate în atitudini și în viziunile asupra lumii.
3. Batogânsene: repetarea inutilă a gânsenelor, într-un proces de automimetism dispensabil, caracterizat prin vicii gânsenice.
4. **Monogânsene** (sau regânsene): monoideism, idei fixe, care adesea domină nesănătos microuniversul conștiențial.

Teorie. Prin urmare, în acest studiu, se propune clasificarea *rigidității gânsenice* pe baza *Teoriei gânsenei* (gând + sentiment + energie), prin înglobarea diferitelor manifestări ale conștiinței legate de comportamente și atitudini (*gân* de la gând), sentimente și emoții (*sen* de la sentiment) și percepții + acțiuni energetice (*ene* de la energie).

Etologie. Conform definiției propuse de această autoare, comportamentul caracteristic asociat *rigidității gânsenice*, amplificat prin utilizarea frecventă a mecanismelor de apărare a egoului, bazate pe temeri și nesiguranță, se suprapune peste utilizarea cosmoetică a atributelor conștiențiale. De aici rezultă tentativa de abordare psihosocială a mediului gânsenic și comportamental, pentru a analiza caracteristicile personalității rigide.

Trăsături ale personalității inflexibile

Neologism. Cercetătoarea Thaís Lima propune neologismul *consrigidus* pentru a identifica *conștiința rigidă*, definită ca fiind ca „o conștiință inflexibilă din perspectiva principiilor și manifestărilor ei conștiențiale, care folosește mijloace anticosmoetice pentru a asigura supremația adevărurilor și intereselor sale asupra celorlalți, în scopul menținerii siguranței și recunoașterii proprii." (2011, p. 130).

Autochestionări. Conștiința interesată să se cunoască pe sine din punctul de vedere al inflexibilității își poate aprofunda autocercetarea prin investigarea frecvenței de manifestare a *rigidității gânsenice* în viața de zi cu zi, pornind de la următoarele autochestionări:

- **Tip**. În diferite situații de grup, care implică interacțiunea multidimensională constantă, ce tip de rigiditate gânsenică apare cel mai frecvent?
- Origine. Care este rădăcina caracteristică a acestei trăsături?
- **Istoric**. Ce aspecte deja identificate ale inflexibilității se manifestă în comportamentul inter-relațional?

Compilație. Prezentăm în continuare, în ordine alfabetică, cel puțin 10 caracteristici ale personalității inflexibile, concentrându-ne pe modul în care ele influențează procesul comunicativ:

1. **Control**. Persoana rigidă limitează faptele intrafizice pentru a le controla mai bine, crezând că astfel conduce evenimentele. Când crede că deține controlul, chiar dacă este vorba doar despre pseudo-putere, se simte în siguranță, mulțumită, capabilă, eficientă și competentă.

La baza unui astfel de comportament se află frica, întărită de stima de sine scăzută, și necunoașterea sau ascunderea propriilor talente și atribute conștiențiale (tra*for* = trăsături forte).

2. **Ego**. „L'ombelico del mondo" susține frica excesivă de autoexpunere. Preocupată de sine și de păstrarea imaginii sale, persoana care deține un ego exacerbat își blochează posibilitatea de a-și percepe deficiențele, lipsurile și incapacitatea afectivă. Deși are talente și afecțiune de oferit, îi este rușine sau nu știe cum să le exprime sau să le manifeste.
3. **Emoționalism**. Datorită incapacității de a le face față, persoana inflexibilă preferă să compartimenteze emoțiile și sentimentele și să folosească o modalitate unică, cunoscută și sigură pentru a experimenta astfel orice situație nouă, care provoacă bucurie, durere sau orice emoție necunoscută, în loc să le exploreze, exprime sau să se expună la ele.
4. **Frică**. Conștiința intrafizică rigidă își menține inflexibilitatea gânsenică și de autoexprimare, în general, din cauza *fricii de a resimți durere*, provocată de sentimente de furie, tristețe sau frustrare. Dificultatea sa de a face față acestor emoții blochează reciclările intrafizice (recin) necesare maturizării sale. Frica de nou (neofobia), de necunoscut, de necontrolabil prin mecanismele viciate ale autocontrolului, restrânge experiențele.
5. **Monoviziune**. Personalitatea rigidă are o viziune unică, limitată, care lucrează cu puține variabile, pentru a simplifica autogestionarea și stăpânirea trăsăturilor cu care are încă de lucrat: mai puține variabile, mai puțină complexitate și o pseudo-viziune asupra întregului.
6. **Perfecționism**. Structura mentală și emoțională a personalității inflexibile se bazează pe dorința de perfecțiune, manifestată dintr-o idee preconcepută despre imaginea de sine și despre diferitele niveluri de relaționare cu mediul și cu celelalte conștiințe. Se străduiește să fie o persoană „corectă" și să îi

mulțumească pe toți, pentru a minimiza blocajele, dizabilitățile și dificultățile dintr-un anumit domeniu al acțiunilor inter-relaționale. Contra-fluxurile zilnice sunt văzute ca „probleme", iar contrarietatea o rănește („nu s-a întâmplat așa cum mi-am dorit sau am prezis").

7. **Putere**. Se observă o relație strânsă între rigiditate și putere, atât de necesară pentru mecanismul de control care implică atât auto-controlul, cât și hetero-controlul. Puterea se stabilește prin dominarea câmpului energetic și gânsenic al celuilalt, prin manipulări explicite, anticosmoetice, chiar dacă inconștiente.
8. **Previzibilitate**. Persoana funcționează după un *modus operandi* deja cunoscut și previzibil, evitând imprevizibilul, surprizele sau așteptările. Astfel se obține o viziune iluzorie de siguranță și de control asupra situației, incluzând rapid noua emoție în tipare preexistente, deja cunoscute. O asemenea formă hologânsenică creată de sine pentru sine se bazează pe o referință sau pe un model extern (*loc extern*), persoanei fiindu-i de obicei frică să întrezărească și să își perceapă emoțiile, sentimentele și comportamentele *reale*.
9. **Încăpățânare**. Există mai multe fațete ale manifestării sau exprimării profilului de inflexibilitate. Cea mai cunoscută și mai evidentă dintre ele se exprimă prin încăpățânare. Atunci când conștiința insistă pe o anumită idee, agățându-se de o anumită viziune sau atitudine, confirmă existența unei trăsături slabe (trasla). „Alții greșesc, eu am dreptate". Această atitudine exacerbează criza existențială, iar conștiința continuă să nu fie conștientă de apariția ei și să o ignore. Ea insistă cu încăpățânare să-și creeze rădăcini cât mai adânci, să nu renunțe la părerea și la atitudinea ei, prejudiciindu-se pe sine și pe colegii săi evolutivi.
10. **Victimizare**. În comportamentul inflexibil, există tendința persoanei de a se considera *victimă a universului* și a nu sesiza propria dorință de a controla lumea și tot ceea ce se întâmplă, transformând responsabilitatea în

nemulţumire şi frustrare. Ieşirea din ego, amplificarea perspectivei generale, dispoziţia de a înţelege relaţia dintre evenimente şi propria atitudine gânsenică declanşează autoconfruntarea.

Analiza şi managementul rigidităţii gânsenice.

Panoramă. În continuare, vom realiza o analiză a rigidităţii gânsenice din punct de vedere holosomatic. Vor fi analizate diferite tipuri de comportament în funcţie de componentele predominante ale fiecărui corp al holosomei (gând, sentiment, energii şi soma).
Componente. Va fi precizată şi evidenţiată gestionarea fiecărui element din manifestarea responsabilă pentru rigiditatea gânsenică:

1. **Gestionarea mentalsomei**: centrată pe gând (gân).
2. **Gestionarea psihosomei**: bazată pe sentiment (sen).
3. **Gestionarea energosomei**: a energiilor (ene): legată de folosirea energiilor conştienţiale care se manifestată în orice dialog.
4. **Gestionarea somei**: concentrată pe stăpânirea corpului fizic (soma).

Metodă. Ideile prezentate se bazează pe două aspecte: primul aspect este auto-cercetarea, prin auto-observare şi auto-experimentare; al doilea este heterocercetarea, prin observarea comportamentului altor conştiinţe intrafizice cu aceleaşi trăsături şi preocupări care au legătură cu subiectul.
Orchestraţie. Viaţa în intrafizic implică orchestrarea unei serii de elemente conjugate în holosoma, pe care orice conştiinţă intrafizică le primeşte la renaştere. Gestionarea unei astfel de responsabilităţi conştienţiale necesită cunoştinţe şi abilităţi specifice.

Gestionarea mentalsomei (*gân*durilor)

Automatism. Structura gândirii sau a modului de gânsenizare a conştiinţei rigide îi influenţează comportamentul, având repercusiuni asupra comunicării. Reacțiile automate determină mimetismul conștiențial prin repetări necugetate, condiționate de mezologie, de obiceiurile înrădăcinate și inutile. Acestea sunt exemple obișnuite de bază gânsenică, din perspectiva *gân*.

Inadaptare. Se observă dificultăți în interacțiunea cu grupul, inadaptabilitate la medii noi și, în special, inadaptarea la situații de schimbare bruscă a planului stabilit inițial, cum ar fi modificări ale orarului, locurilor sau echipei de lucru. Astfel de schimbări determină situații stresante, evidențiind inflexibilitatea gânsenică sau incapacitatea de *adaptare mentală agilă necesară* reconfigurării.

Reacții. Inadaptabilitatea la schimbări bruște poate avea două motive: primul se referă la faptul că schimbarea locului, a orei sau a echipei este esențială din motive care uneori nu sunt percepute extrafizic și, în consecință, sunt de neînțeles pentru conștiința rigidă; al doilea poate fi legat de propria omisiune deficitară de a nu spune grupului sau celor implicați că o astfel de modificare bruscă poate reprezenta, de fapt, o lipsă de organizare și planificare a persoanelor implicate în acel eveniment. Neexprimarea gândului sau a opiniei față de grup, la momentul potrivit, relevă incapacitatea de comunicare și omisiunea asistenței.

Viciu gânsenic. Gânsena viciată, repetată fără simț critic, indică contaminarea patologică, irațională a gândirii, dezvăluind un scenariu intraconștiențial gestionat necorespunzător de mentalsoma. Lipsa de logică face dificilă corectarea viciului din mai multe motive: comoditate, lașitate, necunoaștere de sine și, în primul rând, autocorupție.

Autoritarismul. Un exemplu clasic de rigiditate gânsenică legată de *gân* este manifestarea autoritarismului în diferite interacțiuni cotidiene, frecvente în sfera politică și de conducere, când conștiința își bazează deciziile și acțiunile pe o viziune unilateral-egotică, fără a reflecta și a medita asupra altor opinii, impunând exclusiv *propria* voință.

Neautenticitate. Conștin autoritară atinge neautenticitatea conștiențială deoarece, preocupată să își protejeze modul de gânsenizare și să-l plaseze în prim-plan, este posibil să nu perceapă lipsa de autenticitate a propriilor intenții și senzații. Este posibil ca această caracteristică să conducă la practicarea autocorupției sau rămânerea în autointruziune, fără să manifeste niciun fel de autocritică.

Recidive. Propria inflexibilitate întărește un tipar gânsenic vicios, mai ales în momentele de dezechilibru, declanșând autointruziunea zilnică și contaminând calitatea comunicării.

Gestionarea psihosomei (*sen*timente și emoții)

Alexitimie. Un posibil exemplu legat de rigiditatea cronică, asociat cu *sen,* este *alexitimia*, termen creat de psihiatrul Peter Sifneos. Datorită acestei tulburări, conștiința devine incapabilă de a-și identifica și articula emoțiile: „lipsa unui vocabular adecvat pentru a exprima și descrie propriile sentimente, șdificultatea de a-și diferenția clar senzațiile corporale, precum și o predispoziție impresionantă pentru fantezii" (Vieira, 2012, verbetul *Alexitimia*).

Vorbire. Persoana își pierde capacitatea de comunicare, în primul rând de utilizare a limbajului verbal, ceea ce indică un *analfabetism emoțional*, strâns legat de personalitatea și temperamentul acumulate multiexistențial, necesitând o reciclare urgentă.

Frână. În general, manifestările patologice și alexitimice predominante sunt frâne evolutive, care creează experiențe limitate, fără contact cu alte conștiințe.

Inteligență. „Potrivit *mentalsomatologiei*, emoțiile sunt foarte atașate de corpul uman, de holochakra [energosoma] și de psihosoma, de aceea *inteligența emoțională* este doar unul dintre multiplele tipuri de inteligență de care conștiința dispune" (Vieira, 2012, verbetul *Alexitimia*). Incidența alexitimiei la conștiințele intrafizice se poate datora preponderenței psihosomei asupra mentalsomei, dovada a unui nivel inadecvat de inteligență emoțională.

Ipoteză. Ipotetic, în universul *somatologiei*, poate fi luată în considerare o relație între tulburările somatice ale alexitimicului și ale autistului, datorită faptului că ambele tipuri prezintă modificări comportamentale generate de tulburările de comunicare dintre cele 2 emisfere cerebrale. Aceasta este încă o ipoteză care necesită să fie în continuare cercetată (vezi capitolul Binomul Autism conştienţial / Deschidere conştienţială).

Inaccesibilitate. Inaccesibilitatea sau dificultatea de a se lăsa accesată de ceilalţi este inerentă profilului conştiinţei intrafizice inflexibile. A rămâne inaccesibilă şi indisponibilă în diferite interacţiuni zilnice poate da o pseudo-siguranţă rigidă. Însă pentru alţii, această atitudine poate fi tradusă prin dorinţa de a nu-şi împărtăşi talentele şi teama ca ceilalţi să nu aibă acces la sine folosindu-se de fisurile pe care personalitatea le are.

Fragilitate. Preferă să se închidă şi să expună numai aspecte pe care le poate controla (circuit intern cunoscut), evitând provocarea de a se expune excesiv şi intimidant. Conştiinţa nu îşi poate păstra concentrarea în faţa unei noi situaţii sau condiţii imprevizibile şi necontrolate, care ar putea necesita autoanaliză fără menajamente şi autoconfruntare prin expunerea fragilităţii sale şi dezvăluirea trăsăturilor slabe (trasla) şi a trăsăturilor lipsă (tralip).

Ruşine. Ruşinea provocată de această frică de expunere (a-i arăta celuilalt slăbiciunile tale) blochează fluxul de manifestare sau amplifică lipsa de eficienţă a conştiinţei inflexibile. Acest obstacol exacerbează criza, crescând *cuantumul* de energie care trebuie aplicat pentru a realiza auto-confruntarea respectivă. Pentru ca o conştin să depăşească această stare, trebuie să aplice o anumită doză de curaj conştienţial în schimbarea comportamentului, pentru a „întoarce situaţia" şi a părăsi un mod de viaţă pentru altul nou, diferit.

Frustrare. În universul emoţiilor resimţite şi neînţelese în adevărata lor esenţă, o altă emoţie asociată adesea rigidităţii este *frustrarea* derivată din furie. Potrivit lui Antonio Pedreira, în cartea „Ora şi rândul competenţei emoţionale – conducând inteligenţa către emoţii" (1998, p. 48), frustrarea rezultă dintr-o furie prost elaborată şi necorespunzător înţeleasă, deghizată sau ascunsă. Persoana simte această emoţie ca urmare a unei interacţiuni în care nu se dialoghează şi nu se discută; ea păstrează pentru sine ceea ce nu a fost spus, astfel blocând exprimarea originală și spontană a acelui sentiment.

Acumulare. Când se acumulează și se repetă de-a lungul vieții, această atitudine creează frustrare și poate conduce, la vârsta adultă, la învinuire și auto-pedepsire. În mai multe cazuri, acest obicei dobândit încă din copilărie și adolescență, prin nemanifestarea emoțiilor prin dialoguri sănătoase, se sedimentează și creează straturi energetice (cheloide *emoționale*), hologânsenice, parapatologice, contaminate, care trebuie curățate și autoasistate de către deținătorul lor (Balona, 2003).

Interacțiune. Conștiința rigidă, preocupată ca tot ceea ce face să fie perfect, supraevaluând succesul și neînțelegând rolul erorii, ratează situațiile noi, oportunități de interacțiune și poziționare, alegerile, manifestările de afecțiune și abordările asistențiale îndreptate către conștiințele cu care interacționează. Ceea ce ratează însă, în principal, este posibilitatea maturizării personale.

Omisiune. Capacitatea asistențială a conștiinței rigide este compromisă de închiderea și rigiditatea gânsenică și comportamentală, scoțând în evidență interprizonieratele din trecut prin omisiuni deficitare, fără a mai menționa faptul că, la un moment dat, ele pot genera urme antievolutive.

Fixație. Fixația voluntară obsesivă pentru un anumit proces neprioritar (sedentarism dispensabil) îngreunează și blochează realizarea programelor existențiale personale și de grup, planificate la cursul intermisiv.

Robotizare. O astfel de fixație mentală, numită și încăpățânare, nu numai că favorizează menținerea unei posturi rigide, fără discernământ și luciditate, dar și accentuează comportamentul inflexibil, determinând monoideismul, motorul robotizării existențiale.

Workaholic. Exemplu de robotizare existențială: a se dedica exclusiv, fără luciditate, unui singur scop – munca – devenind *workaholic*, uitând de echilibrul somatic și energetic, de perioadele de odihnă și interrelaționare. Pentru a te reechilibra este necesar să te relaxezi, să te deconectezi de la muncă, să ieși din rutină, să uiți de obligații și îndatoriri.

Reacție. Potrivit *psihosomatologiei*, iritarea este o emoție normală în viața intrafizică, dar, de exemplu, nervozitatea continuă se

încadrează în patologiile conștiențiale și necesită studiu.
Irascibilitate. Irascibilitatea recurentă este rezultatul lipsei de autoorganizare și de igienă conștiențială, ducând, la un moment dat, conștiința intrafizică în starea patologică de melancolie intrafizică (melin) (Vieira, 2012, verbetul *Irascibilitate*).
Depresie. Este obișnuit ca cei care experimentează melancolia intrafizică să o confunde cu depresia. Simptomele sunt similare, iar cauzele sunt personale, pluriexistențiale, trebuind să fie analizate cu hotărâre și în detaliu.
Corelație. In general, trăsătura conștiinței intrafizice rigide de a insista în același mod vechi și cunoscut și de a folosi încăpățânarea se regăsește și la conștin depresivă. Această trăsătură face dificilă ieșirea din depresie și, în consecință, interacțiunea comunicativă cu cei apropiați.
Incapacitate. Se poate concluziona că lipsa igienei conștiențiale, a stăpânirii energetice și a ortogânsenității față de intemperiile vieții accentuează pierderea dorinței celor inflexibili de a reacționa și inversa o situație antagonică sau provocatoare.

Chestionologie. Dacă o conștiință inflexibilă cedează și se lasă pradă fiecărei stări de „iritare" experimentată zilnic, cum ar putea reacționa ea la reciclările personale, care sunt cu mult mai provocatoare?

Gestionarea energosomei (*ene*rgiilor)

Energosoma. Caracteristica rigidității asociată lui *ene* (energia) din gânsenă se poate manifesta prin blocajele chakrelor, prin dificultatea de a realiza mobilizarea de bază a energiilor (MBE) și prin insensibilitate în perceperea fluxului de energii purtate de anumite chakre, ceea ce indică dezechilibru sau decompensare energetică.
Cască groasă. Această insensibilitate energetică, numită și *cască groasă*, reduce posibilitățile de autopercepție în situațiile de manifestare a comportamentului inflexibil. În general, aceste conștiințe se plâng că nu-și percep propriile energii și nici pe cele din mediul înconjurător și sfârșesc prin a sta departe de orice cunoaștere privind evenimentele extrafizice și intrafizice.

Antrenament. Un stil de viață sedentar și lipsa antrenamentului energetic duc la inactivitatea energosomei și accentuează lipsa (auto)percepției parapsihice.
Sinalectică. Cu ajutorul exercițiilor bioenergetice conștiința intrafizică își poate aprofunda cunoașterea despre propria sinalectică energetică și identifica frecvența blocajelor, localizarea și semnificația lor în raport cu funcția chakrei blocate.
SV. Practicarea zilnică a stării vibraționale (SV), tehnică ce ajută la deblocarea energiilor, asigură rezultate pozitive, cu efect aseptic în psihosfera personală și curăță energiile persistente și stagnante.
Laringochacra. În cazul persoanelor cu dificultăți de comunicare, în general, laringochakra este una dintre chakrele vulnerabile, indicând necesitatea majoră de a investi în energie prin exerciții bioenergetice. Dificultățile de comunicare pot fi asociate și cu sexochakra și cardiochakra, de unde imperativul ca cercetătorul să își concentreze analiza pe interconexiunile energetice și emoționale.

Gestionarea somatică (corp fizic)

Tensiune. Alexander Lowen (1975, p. 148) afirmă că sursa caracterului rigid poate fi respingerea parentală experimentată de copil. Atunci când nu este rezolvat, un astfel de sentiment dezvoltă la adulți orgoliu și rigiditate corporală, manifestată prin tensiunea mușchilor spatelui, rezultat al efortului de a menține autocontrolul și a rămâne în poziție defensivă în eventualitatea unui atac extern.
Respingere. Urmând raționamentul lui Lowen, pe parcursul dezvoltării personalității copilului, pe fondul respingerii parentale pronunțate, individul rigid va căuta soluții în jurul lui pentru a echilibra manifestarea iubirii cu dorința de intimitate fizică și cu plăcerea erotică. *Respingerea iubirii sexuale este un atac la adresa mândriei sale și, în consecință, respingerea iubirii îi va insulta mândria* (idem).
Postura corpului. Vom prezenta două exemple de rigiditate motorie, care pot fi subtil observate în postura sau expresia corporală a conștiinței intrafizice inflexibile:

1. Poziția corporală reținută sau politicoasă afișată de prototipul masculin de *gentleman* și cel feminin de *lady*. O astfel de postură include maniere speciale, rafinament verbal, gesturi suave și delicate, îmbrăcăminte sobră și accesorii sofisticate, timiditate punctuală manifestată într-o situație specifică de grup, în funcție de anumite teme/trăsături. O astfel de persoană poate fi descrisă ca fiind „membră a nobilimii sau monarhiei", ea păstrând intacte reziduri pluriexistențiale pe care le utilizează inconștient în existența actuală, ca un mecanism intraconștiențial automimetic.
2. Tipul autoritar, militar, scorțos, uneori încruntat, sever, adesea auster. Are o musculatură rigidă, vizibilă, poartă cravatele strânse la gât, sacouri impecabile, la dungă, foarte asemănătoare uniformelor militare.

Transformarea personalității inflexibile.

Autoconștientizare. Criza personalității inflexibile apare atunci când *status quo*-ul se destramă și auto-conștientizarea trăsăturii iese la suprafață, în general ca urmare a impactului cu un fapt extern neașteptat (impactoterapie), dincolo de controlul personal, sau prin intervenția unei alte conștiințe mai lucide.
Auto-cunoaștere. Dacă conștiința intrafizică inflexibilă vrea cu adevărat să se cunoască pe sine, analiza profundă a inflexibilității în sine este prima acțiune care trebuie întreprinsă. Observarea celor mai mici detalii comportamentale, atitudini și reacții automate este importantă și necesită ruperea de atitudinea statică, cristalizată, a autogânsenității viciate și practicarea dinamicii adevărurilor relative de vârf (aderev) despre sine însăși.
Mecanism. În general, conștiința intrafizică inflexibilă (încă) minimalizează inflexibilitatea, încercând să se eschiveze, să ascundă sau să nege sentimentul pe care i-l provoacă percepția acestei trăsături. Ea se închide, se încapsulează, fuge de confruntare, pretinde că are dreptate, că felul ei de a fi și de a gândi este coerent, logic și că ceilalți sunt părtinitori, viciați, că

nu o înțeleg profund și complet. Își proiectează teama de auto-confruntare asupra grupului pentru a se simți mai ușurată și a se distanța de „problema ei".

Pluriexistențialitate. Rigiditatea gânsenică se naște ipotetic din condiția milenară, multiexistențial cronicizată, revelată de comportamentul convențional, tradițional, vechi, al conștiinței, refractar la schimbări și la nou (neofobie). Acestui aspect i se asociază posibilele traume pluriexistențiale care ranforsează o astfel de personalitate.

Inter-**relații.** În inter-relațiile de grup, diverse și continue, se configurează situații trăite în dimensiunea intrafizică în sincronie cu dimensiunea extrafizică, extinzându-se numărul de actori dincolo de conștiințele intrafizice interlocutoare. Astfel de situații sunt numite și *teatre multidimensionale* (Balthazar ș.a., 2005, p. 59) care permit oglindirea conștiențială, generatoare de crize, conflicte, ciocniri, etape inițiatoare și necesare pentru reciclările intraconștiențiale (recin) (Vezi. Cap. Tehnica de oglindire conștiențială).

Pânză. Proexurile personale sunt împletite cu cele de grup, ca într-o pânză multidimensională. Mișcarea pro-evolutivă a unei conștiințe intrafizice interferează propria evoluție și evoluția grupului.

Legături energetice. Gânsenitatea inflexibilă atrage conștiințe intrafizice și extrafizice asemănătoare. Acțiunea pro-evolutivă și pro-comunicativă presupune tăierea legăturilor energetice interconștiențiale învechite, pentru a nu mai putea retro-alimenta gânsenic buzunarul extrafizic al conștiințelor extrafizice cu aceeași trăsătură, grup în care conștiința intrafizică a participat activ în trecutul său pluriexistențial.

Conexiune. Acele afinități gânsenice se realizează prin fisurile de personalitate. Este important să cartografiem și să percepem scenariile multidimensionale experimentate pentru a corecta și inversa fluxul gânsenic viciat, prevenind reactivarea mecanismului mimetic. De exemplu, nostalgia se naște din aceste aspecte determinate de legăturile gânsenice.

Înțelegerea. Blocarea în atitudini rigide prejudiciază viața conștiinței, amenințându-i propriile realizări. Riscă incompletismul existenţial. Ieşirea din *status quo* începe atunci când conştin decide să-şi transforme melinul (melancolia intrafizică) în acţiune pro-evoluţionară, prin reciclare intraconştienţială (recin) şi prin flexibilitate gânsenică sănătoasă.

Relaxare. Când îşi relaxează holosoma în căutarea de soluţii, persoana flexibilă învaţă despre diversitate şi diferenţe. Abandonarea severităţii, austerităţii, renunţarea la încăpăţânarea imatură pot echilibra deciziile şi alegerile unor fapte noi, neaşteptate, conducând la destructurarea tiparului conservator şi metodic.

Flexibilitatea gânsenică

Definiţie. *Flexibilitatea gânsenică* este capacitatea conştiinţei de a se adapta, a se restructura, a-şi recicla comportamentele, atitudinile şi tiparul gânsenic, într-un mod lucid şi matur, în raport cu impredictibilitatea faptelor şi parafaptelor Cosmosului, prin interacţiune sănătoasă şi cosmoetică.

Referinţă. Potrivit lui Richard Sennett (2000, p. 53), un sociolog englez, cuvântul *flexibilitate* a intrat în limba engleză în secolul al XV-lea. Semnificaţia sa a derivat iniţial din simpla observaţie că, deşi copacul se îndoaie în vânt, ramurile lui revin întotdeauna la poziţia lor normală. Flexibilitatea desemnează această capacitate a arborelui de a se înclina şi a se redresa pentru a reveni la poziţia iniţială.

> *„Fii flexibil ca bambusul, care atunci când bate vântul, se îndoaie,*
> *şi nu rigid ca stejarul, care când bate vântul, se rupe.”*
> *(proverb chinezesc)*

Bambus. Potrivit proverbului chinezesc, comportamentul ideal pentru fiinţele umane este asemănător cu cel al bambusului, care, atunci când bate un vânt puternic, se îndoaie, absorbind impactul forţei vântului în „efortul” de a nu se rupe şi se adaptează la schimbarea „impusă” stării sale verticale naturale. A se îndoi şi a rămâne ferm şi cu rădăcinile fixate în pământ denotă durabilitate, uşurinţă, rezistenţă şi adaptabilitate.

Profilaxia rigidității gânsenice

Autocercetare. În faza de autocercetare, conștin este paralizată de descoperirea *efectului* (reacție inflexibilă) și nu investighează cauza profundă a acestui comportament. De exemplu, în cazurile foarte grave de traumatism pluriexistențial, ajutoarele extrafizice indică efectul și nu cauza, din cauza incapacității conștiinței de a susține cunoașterea faptului sau parafaptului, a cauzei originare, a rădăcinii traumei.

Exemplu. Pentru o mai bună înțelegere a relației cauză-efect, iată un exemplu generic: o conștin care trăiește o situație stresantă în timpul unei relații, dacă este provocată de interlocutor într-un moment delicat, chiar dacă încă este conștientă de sine, se enervează și reacționează agresiv, țipă sau își „pierde cumpătul".

Investigare. Analiza *efectului* ar presupune ca această conștin să perceapă că este dezechilibrată după eveniment și să îi fie rușine de un astfel de comportament. Reacția funcționează ca un indicator al trăsăturii ce trebuie cercetate: de ce s-a destabilizat? Cauza, în schimb, se referă la situația trăită, „creată" în scenariul multidimensional instalat sincron de către helperii extrafizici, pentru a expune trăsătura de inflexibilitate necesar a fi studiată și reciclată.

Concentrare. Situația „creată" care provoacă pierderea controlului, manifestată în mod inconștient prin mecanismul automat de reacție, îi permite conștiinței să perceapă aspectul de reciclat, evidențiat de către helperi cu intenție asistențială.

Aprofundare. Astfel, autocercetarea efectului determină conștiința intrafizică să lanseze ipoteze despre cauza sau cauzele de natură mai profundă și pluriexistențială.

Ortogânsenitate. Investirea în autogânsenizare pozitivă devine cea mai inteligentă atitudine.

Autenticitate. Observați-vă autenticitatea reacțiilor și comportamentelor în relații, verificând intenționalitatea și calitatea propriei intenții. Aplicarea autocercetării pentru a anatomiza intenționalitatea personală deschide ușa către alte evaluări raționale ale reacțiilor intraconștiențiale ale oricărei conștiințe.

Continuitate. Reciclarea constantă a trăsăturii și ratificarea schimbării consolidează noi sinapse, echilibrând lucid comportamentul flexibil, determinând conștiința intrafizică să se lase asistată atunci când este necesar, ceea ce generează continuism existențial.

Minipiesă. Reciclarea inflexibilității gânsenice implică o înțelegere lucidă a rolului de mini-piesă în maximecanismul interasistențial.

Studiu de caz

Exemplu. Următoarea experiență exemplifică mecanismele de raționament ale conștiinței rigide, care în fracțiuni de secundă, dacă ne raportăm la timp, o determină pe aceasta să devină conștientă de sine.

Fapt. Pe 10.06.2005, între 13.00 și 14.30, m-am aflat în laboratorul de Stare Vibrațională din *campusul* ARACÊ. Înainte de a începe experimentul, îmi oprisem niște mâncare pentru prânz, pe o farfurie pe care pusesem o etichetă cu numele meu. Când m-am întors și am dorit să mănânc, am descoperit că mâncarea nu mai era acolo. Am întrebat-o pe chelneriță despre misterioasa „dispariție", dar ea nu știa nimic și am descoperit că eticheta de pe farfurie fusese schimbată. Cine a mâncat mâncarea a crezut că îi aparține.

Dinamica parapsihică. Instantaneu m-au năpădit patogânsene împotriva celui care mi-a mâncat mâncarea și a angajaților de la bucătărie. Am perceput imediat acea gânsenitate și am avut un *insight*, o idee care m-a alertat să îmi amplific deschiderea personală, flexibilitatea și să reduc exigențele. Am contragânsenizat mental cu luciditate și m-am concentrat pe voința de a face altfel decât de obicei: de a nu mai proiecta asupra altuia totala responsabilitate pentru „greșeală", ci a avea disponibilitatea de a reacționa diferit, discutând cu calm și propunând soluții.

Rezultat. Mi-am dat seama că simpla contragânsenizare, datorată schimbării personale de atitudine, a creat auto și heteroasistență, în principal pentru conștiințele extrafizice, dar și pentru cele intrafizice (bucătarul, chelnerița, colegii de curs, echipa de profesori și susținere a evenimentului).

Reafirmare. Autoconștientizarea ideii de a nu fi fost „singură" în proces a ratificat faptul că orice atitudine mimetică de „răzvrătire" sau de „victimă" ar fi antiasistențială și ar irosi oportunitatea evolutivă de a face lucrurile diferit, de a recicla trăsătura de rigiditate gânsenică.

Înțelegerea. Pe baza acestei constatări, cu o gânsenitate mai calmă și înțelegând teatrul asistențial multidimensional (Balthazar *ș.a.*, 2005, p.59) instalat pentru a înlesni procesul de învățare, am înțeles lecția și am ajuns la concluzia că detaliile gânsenității rezidă în oportunitățile de reciclare ale modului de utilizare a comunicării și autoexprimării.

Reacții. În această experiență, în câteva minute, a fost remarcată o succesiune de reacții automate (a și b) și o reacție mai lucidă (c) privind situația creată:

a) Inițial, senzația de enervare determinată de faptul că farfuria cu mâncare dispăruse și de preocupare exclusivă pentru potolirea foamei (egoism).
b) În al doilea moment, patogânsenizare privind presupusa dezorganizare a personalului din bucătărie, neatenția angajatului care a permis schimbarea etichetelor de identificare, proiectând asupra chelneriței răspunderea pentru ceea ce se întâmplase, judecând negativ modul în care ea își făcea treaba pentru care era plătită, exigență născută din perfecționism (dificultatea de a face față propriilor greșeli și ale greșelilor celorlalți). Patogânsenizare împotriva celor care mi-au mâncat din neatenție mâncarea.
c) În al treilea moment, autoperceperea instalării teatrului multidimensional și înțelegerea oportunității de autoconfruntare cu rigiditatea. Autoconștientizarea greutății de a face față neprevăzutului, noutății, tuturor lucrurilor care depășesc planificarea, rutina și controlul personal. Autotest de flexibilitate și neofilie.

Emoționalitate. Învățarea autopercepției asupra aspectelor psihosomatice:

a) Emoţii ieşite la suprafaţă: furie, egoism, explozie, senzaţia de a fi dispreţuită, sentiment de respingere, desconsiderare, devalorizare, lipsă de respect.
b) Mecanism intraconştienţial de apărare: reacţie automată de proiectare a responsabilităţii pentru „greşeală”, fără a lua în considerare propria trăsătură de personalitate.

Explicaţie. Pentru autocercetare a fost importantă explicarea comportamentului determinat de circumstanţe, identificarea neacceptării „erorii” de schimbare a farfuriilor, şi ulterior, schimbarea de atitudine, cu autocritică, dintr-o perspectivă deschisă, cu accent pe asistenţă şi pe o atitudine fraternă.

Euforin. Renunţarea, prin autoconfruntare, la inflexibilitate (rigiditate gânsenica) a generat autosatisfacţie, datorită schimbării rapide a atitudinii şi comportamentului.

Paradigmă. A avut loc o schimbare a paradigmei personale privind înţelegerea modului şi a momentului în care acţiunile şi reacţiile gânsenice de rigiditate să fie flexibilizate, prin asimilarea rapidă a „erorii” şi prin propunerea unei alternative.

Trecut. În situaţiile anterioare, reacţia era centrată pe încăpăţânare, pe eroarea celuilalt, pe critică sau lamentare, pe ruminarea gânsenică prelungită, cu o atitudine oarbă, închisă noilor abordări, care împiedicau înţelegerea propriului rol în scenariul multidimensional.

Ucenicie. Odată cu înţelegerea acestui mic experiment autoconştient (printre altele), a ieşit la suprafaţă oportunitatea de deschidere conştienţială, care permite o mai mare reflecţie şi percepţie privind comportamentele legate de „erorile” celorlalţi şi nivelul de exigenţă personală, control şi perfecţionism.

Instantaneitate. Potrivit verbetului Instantaneitatea Evolutivă (Vieira, 2012), în câteva minute, a avut loc o efervescenţă gânsenică, tahipsihică, generată de *insight*-uri apărute în timpul procesului şi de disponibilitatea de a învăţa din experienţa respectivă, nu doar a acumula pur şi simplu un alt eveniment intraconştienţial patogânsenic.

Cronemică. Experienţa relatată poate fi un contrapunct al faptului că o conştiinţă inflexibilă tinde să se fixeze pe o idee sau emoţie specifică un timp îndelungat şi cu puţină relevanţă evolutivă. Înţelegerea faptului că timpul semnalează oportunităţile evolutive este o atitudine inteligentă.

Deschidere. Mai mult, denotă un exemplu de succes în ceea ce priveşte deschiderea conştienţială care se asociază confruntării personale asociate cu rigiditatea gânsenică şi, în consecinţă, cu trăsături precum încăpăţânarea, monoideismul şi neofobia.

TEHNICA OGLINDIRII CONȘTIENȚIALE

Permanent, în jurul nostru se află conștiințe extrafizice care sunt cu paraochii pe noi. Suntem adepții exemplarismului practic oriunde ne-am afla, chiar și inconștient.
(Vieira, 2003, p. 168).

Propunere. Potrivit *conviviologiei*, conștiința poate utiliza diferite tehnici de auto-cercetare privind inter-relaționarea. În acest capitol este propusă *tehnica oglindirii conștiențiale*, o unealtă utilă perceperii trăsăturilor implicate în contactul cu ceilalți, în timpul unei discuții, trăsături la care trebuie lucrat.
Definiție. *Oglindirea conștiențială* este tehnica de a te oglindi pe tine în altcineva, în mod conștient și rațional, întrezărind în celălalt, prin oglindire, propriile trăsături, comportamente și atitudini și folosindu-l pe cel din oglindă pentru reciclarea conștiențială personală.
Antecedente. Cuvântul *oglindă* este folosit ca și tehnică în următoarele domenii:

1. **Psihologie**: studiază conceptul de *oglindă* în formarea personalității în copilărie, când, în general, are loc identificarea fiului cu tatăl și a fiicei cu mama. În întâlnirile terapeutice, terapeutul se comportă ca o oglindă, pentru a-i semnaliza pacientului anumite emoții care trebuie identificate, prin procesul de empatie.
2. **Psihodrama**: în sesiunile de Psihodramă (Jacob Levy Moreno, 1889-1974) sunt utilizate diferite tehnici, printre care tehnica *oglinzii*, care îl ajută pe pacient să își înțeleagă anumite comportamente *oglindite* în actorul-terapeut.
3. **Teatru**: sunt utilizate jocuri teatrale în antrenamentul și exercițiile cu actori, în care un actor este *oglindirea* celuilalt și repetă ceea ce acela face: mișcări, gesturi, expresii faciale și corporale.

Interacțiuni. Aplicarea *Tehnicii Oglindirii Conștiențiale* este posibilă numai în grup, în conviețuirea socială, pornind de la interacțiunea a cel puțin 2 persoane.

Empatie. Potrivit *psihologiei* (Falcone, 2008), în timpul oricărei interacţiuni poate să apară empatia, caracterizată prin procesul prin care un individ se identifică cu un altul atunci când se pune în locul lui şi, ca urmare a propriilor sale supoziţii sau impresii, încearcă să înţeleagă comportamentul interlocutorului său. Psihanaliza utilizează frecvent termenul „empatie" ca fiind sinonim cu incorporare şi introiecţie.

Dezvoltare. Potrivit psihologului american Goleman (1995, p.111), empatia este sentimentul dezvoltat încă din copilărie, odată cu primele inter-relaţionări cu mama. Cu cât sintonia este mai mare, cu atât mai mari sunt şansele ca un copil să devină un adult empatic.

Absenţă. Lipsa armonizării părinte-copil îi poate bloca exprimarea spontană a emoţiilor de bază (bucurie, tristeţe, nevoie de confort) şi chiar îi inhibă manifestările.

Cheie. Înţelegerea empatiei este influenţată de aptitudinea socială a individului (Goleman, 1985) şi tradusă prin capacitatea de a înţelege sentimentele celorlalţi, de a adopta perspectiva lor, şi, desigur, de a respecta diferenţele fireşti prin prisma cărora fiecare îşi înfruntă viaţa.

Perspective. Această aptitudine socială include cunoaşterea eului social, revelat prin 3 aptitudini: 1) a te vedea din perspectiva altuia; 2) a-i vedea pe alţii din perspectiva altora; 3) a-i vedea pe alţii din perspectiva lor. De aici derivă categoriile de *antipatie* şi *simpatie*.

Exploatare. Senzaţiile experimentate în interacţiunea empatică (antipatie şi simpatie) pot fi autocercetate.

Identificare. Uneori, în inter-relaţionarea empatică, emitentul se identifică cu receptorul, ajungând să simtă şi să gândească la fel, şi astfel putând să înţeleagă modul în care interlocutorul său înţelege lumea.

Fapte. Astfel, în timpul inter-relaţionării apar identificările şi empatia, care pot îngreuna sau facilita manifestările intrafizice. În sens amplu, prin *identificare*, observatorul se identifică cu celălalt în unul sau mai multe aspecte, în timp ce prin *empatie*, observatorul se poate identifica cu interlocutorul şi are, în principal, capacitatea de a simţi şi înţelege ceea ce celălalt simte şi gândeşte, punându-se în locul lui.

Mecanism. *Mecanismul de identificare conștiențială* apare pornind de la unitatea de grup (două conștiințe sau mai multe), când participanții la grup au trăsături comune, mai cu seamă trăsături puternice comune. Identificarea prin trăsături slabe implică dificultăți de constituire a unor duouri sau grupuri.
Evitare. Participanții dintr-un grup care se identifică patologic evită apropierea, apărându-se și reacționând antiasistențial.
Imaturități. Conflictele și neînțelegerile decurg, în general, din lipsa de maturitate cu care interlocutorii nu au lucrat încă.
Exercițiu. Experiența în grup evidențiază importanța grupalității și oportunitatea evolutivă de creștere personală, deoarece favorizează *mecanismele de identificare conștiențială.*
Provocări. Există obstacole în inter-relaționările grupale: conflicte, lucruri nespuse, incompatibilități, animozități, destabilizarea mediului și minidizidențe. De fapt, aceste provocări permit reciclări și restructurări personale și de grup.
Expunere. Forma de tratare a acestor fapte implică dispoziția personală de a expune și vorbi deschis despre orice aspect incomod, explicând câmpurile patogânsenice (Stédile, 2005; Balthazar *ș.a.*, p. 355). O asemenea atitudine permite interasistența multidimensională.
Consecințe. În anumite posibile inter-relaționări, prezența unei anumite persoane poate incomoda interlocutorul, perturba mediul și chiar declanșa un conflict. În contrapartidă, afinitatea sănătoasă stabilește o legătură pozitivă, personală sau grupală.
Bioenergii. Potrivit *energosomaticii*, inter-relaționarea empatică parapsihică oferă posibilitatea fenomenului de *cuplare aurică* și de *asim* (*asimilare simpatică*), atunci când conștiințele implicate interacționează, schimbând informații și energii. Atât emitorul, cât și receptorul pot promova lectura energetică (utilizând parapsihismul personal), realizând o hartă a tiparelor gânsenice reciproce.
Colocvialism. Prin analogie, procesul empatic poate fi comparat cu expresii colocviale precum: „a te pune în locul altuia”, „a simți pe propria piele”, „*to put oneself in somebody else's shoes*”.
Mecanism. Cel care se cercetează pe sine vede în celălalt, ca într-o *oglindă*, trăsături asemănătoare cu ale sale care trebuie

îmbunătățite (tra*sla* și traf*or*). Acest mecanism, inițial inconștient, este acționat în majoritatea cazurilor automat, la fel ca mecanismul de apărare a egoului.

Reacții. Atitudinile și comportamentele străine pot provoca în cercetător reacții de autoapărare automată sau de heterocritică patologică (proiecții, negare, acuzare, fugă, omisiune), manifestată prin rezistența de a se percepe în *oglindă* și a accepta un asemenea fapt.

Fugă. Evitarea sau negarea obișnuită, conștientă sau nu, a mecanismului de *oglindire conștiențială*, și depășirea trăsăturilor slabe manifestate în acest proces, sunt provocatoare.

Autorecunoaștere. Specialistul în *coaching* Coaracy (2005, p.307) afirmă că prima persoană care are nevoie să își recunoască propriile calități este ea însăși. „Dacă nu faceți asta, va fi dificil pentru ceilalți să își dea seama ce există bun în voi, deoarece persoanele funcționează ca o *oglindă* care reflectă modul în care voi vă vedeți pe voi înșivă". Același raționament aplicat calităților puternice (trafor) poate fi aplicat și atributelor care trebuie îmbunătățite (trasla).

Descrierea *Tehnicii Oglindirii Conștiențiale*

Etape. Aplicarea *tehnicii de oglindire conștiențială* cuprinde, în mod fundamental, 4 (patru) etape, enumerate în ordine funcțională:

1. **Autoacceptare.** Prima etapă constă în acceptarea trăsăturii în sine de către conștiința autocercetătoare, recunoașterea utilizării mecanismului de apărare prin proiecție, cel mai utilizat mecanism în aceste situații. A accepta trăsăturile slabe incoerente și incompatibile cu actuala cunoaștere și momentul evolutiv curent este prima provocare. Mișcarea de asumare și acceptare a existenței trăsăturii în sine, disponibilitatea de a se privi pe sine în mod asistențial, înseamnă autoacceptare.
2. **Autoconfruntare.** Cea de a doua etapă implică acțiunea și angajarea necesare pentru a înfrunta, a face în mod diferit, a acționa, a recicla o trăsătură existentă, ceea ce necesită efort, concentrare și atitudine asistențială. În această fază

pot fi utilizate, pentru a obţine rezultate notabile, şi alte tehnici, cum ar fi *Tehnica Binomului admiraţie-discordanţă*[12] (Vieira, 2007a, p.537), *Tehnica Doar 1 an de viaţă intrafizică*[13] (Vieira, 1994, p.607), *tehnica autogânsenometriei*[14].

3. **Autodepăşire.** În cea de a treia etapă - autodepăşirea, cercetătorul obţine rezultate ca urmare a eforturilor sale şi autoconfruntării, demonstrate prin schimbarea de atitudine şi comportament, prin modificarea perspectivei privind scopurile sale, prin schimbarea perspectivei de ansamblu asupra lumii şi prin transformări privind inter-relaţiile. Această etapă necesită perseverenţă şi continuism.
4. **Interasistenţă.** Consecinţa firească a autodepăşirii este auto şi hetero asistenţa, fiind a patra şi ultima etapă a *oglindirii conştienţiale*. Inter-relaţiile sănătoase, mature şi autentice oferă celor implicaţi şi interesaţi auto şi heterochestionările necesare reciclării. Simpla prezenţă energetică a unui element în grup poate fi asistenţială, depinzând de utilizarea mecanismului de *identificare conştienţială* şi de disponibilitatea pentru autocercetare.

Extindere. Aplicarea *tehnicii oglindirii conştienţiale* poate fi utilizată şi pentru autoinvestigarea trăsăturilor puternice ale conştiinţei intrafizice care deţine talente şi abilităţi adormite şi subutilizate din cauza ignoranţei, inconştienţei sau a stimei de sine scăzute.

---

12 - *Tehnica binomului admiraţie-discordanţă* constă în recunoaşterea şi valorificarea trăsăturilor forte ale interlocutorului şi evidenţierea lor cu prioritate, chiar dacă există puncte de vedere discordante privind alte aspecte sau trăsături.

13 - *Tehnica Doar 1 an de viaţă intrafizică* este o tehnică prin care conştiinţa intrafizică simulează că mai are doar 1 an de viaţă, perioadă în care trebuie să practice acţiuni pro-evolutive, reconciliatoare, să rezolve disputele grupkarmice şi multe altele necesare pentru a-ş putea judeca priorităţile pentru autoevoluţie.

14 - Vezi detalii despre *tehnica autogânsenometriei,* propusă de această autoare, în Secţiunea II – Comunicologia, capitolul Autogânsenitate şi, în această secţiune, capitolul Metode de autoanaliză a emoţiilor.

Studiu de caz

Început. În ianuarie 2005, în timpul voluntariatului într-o instituție conștientocentrică, am avut o discuție cu un grup de voluntari despre un curs care urma să aibă loc.
Tipar. Tiparul gânsenic personal era caracterizat de iritare, lamentare, invidie, toate proiectate asupra grupului, insatisfacție de a nu fi fost aleasă pentru a face parte din echipa de profesori a acelui curs.
Decizie. Întâmplarea a declanșat autocercetarea necesară înțelegerii invidiei apărute într-o anumită inter-relaționare și a sentimentului de lipsă de încredere și antifraternitate. Am luat decizia de a aplica *tehnica de oglindire conștiențială*, pentru a analiza aspectele conștiinței intrafizice interlocutoare care au declanșat în mine mecanisme de apărare.
Autoconfruntare. Începutul reciclării sentimentului de invidie a început cu inversiunea gânsenică zilnică, prin utilizarea, în mod sincer, a *tehnicii binomului admirație-discordanță*. La fiecare întâlnire am încercat să gânsenizez pozitiv despre acea conștiință intrafizică, încercând să mă concentrez pe dorința ei de a ajuta, pe voința sa de a se schimba și de a contribui la activitatea de grup.
Sincronicitate. După 5 luni de schimbare și de maturizare intimă, mi-am îmbunătățit tiparul gânsenic și am primit invitația de a participa în echipa de profesori ai cursului. Ipotetic vorbind, atitudinea intimă, chiar tăcută, de deschidere gânsenică a favorizat noua oportunitate.
Continuitate. În mod sincron, mai apar foarte rar, piese multidimensionale pe această temă și odată cu experiența dobândită se impune reiterarea alegerii intime de a acționa diferit și a oferi o șansă reciclării, practicând exemplarismul.
Învățături. Aplicarea *tehnicii oglindirii conștiențiale* a oferit posibilitatea de:

1. **Trăsătură.** A înțelege trăsătura *oglindită* și aspectele emoționale implicate (invidie, furie, respingere, rană, excludere) și rezistența de a le accepta.
2. **Autoexpunere**. A experimenta autoexpunerea și autoexprimarea prin traducerea gânsenelor în cuvinte,

înțelegând că, în dinamica gânsenică, patogânsena își avea originea într-o autogânsenă.

3. **Autocercetare**. A aprofunda autocercetarea celorlalte trăsături asociate: stima de sine și încrederea în sine. Înțelegerea acestor două trăsături a oferit posibilitatea perceperii lor profunde și îmbunătățirea ambelor.

Consecințe. Pe baza voinței de ajustare, prin automotivare și interasistență, repercusiunile care au decurs din teatrul multidimensional experimentat au oferit posibilitatea:

1. Schimbării comportamentului.
2. Deschiderii conștiențiale.
3. Autosalvării, prin asumarea activității de predare.
4. Ieșirii din izolarea conștiențială și încercării de amplificare a stimei de sine și a încrederii în sine, precum și a exercițiului de comunicare prin predarea conștientologiei.

Manifestare. Repercusiunile acestor experiențe au fost și sunt vitale pentru îmbunătățirea manifestărilor actuale legate de comunicarea personală.

METODA AUTOANALIZEI EMOȚIILOR

Autocercetarea: autodescoperirea fisurilor emoționale.

Manifestare. Exprimarea sentimentelor și emoțiilor fiecărei conștiințe este singulară și unică. Mai multe studii diferențiază emoțiile și sentimentele.

Diferență. Potrivit lui Vieira (1999, p. 635*), emoțiile sunt biologice, mai animalizate, în timp ce sentimentele sunt gânduri conectate cu emoțiile, în care intervin raționalitatea și judecata autocritică. (...) Sentimentele derivă mai mult din mentalsoma conștiinței.*

Inabilitate. Conștiința deține diferite tipuri de inteligență, dintre care inteligența emoțională merită un studiu aprofundat. Trebuie remarcat că multe conștiințe își folosesc neadecvat propriile emoții, ceea ce se poate constitui în frână evolutivă.

Implicații. Într-o discuție se manifestă sau uneori se ascund emoțiile simțite de conștiințele implicate. Această afișare sau ascundere a emoției reale revelează, chiar în mod inconștient, profilul personalității și temperamentul.

Autocunoaștere. Prin autocercetare este posibilă identificarea aspectelor importante, care ușurează sau îngreunează autoexprimarea matură a emoțiilor și sentimentelor.

Incapacitate. Totuși, nu toți oamenii știu să își concilieze gândurile cu emoțiile și să descrie exact ceea ce simt în legătură cu anumite experiențe.

Alexitimie. Starea persoanelor care duc lipsă de vocabularul necesar pentru a-și exprima sentimentele și emoțiile poartă numele de *alexitimie*, care este considerată de către specialiști, așa cum a fost deja prezentat în capitolul „Flexibilitate gânsenică x Rigiditate gânsenică", o patologie psihosomatică. Alexitimicul poate fi considerat *analfabet emoțional.*

Ipoteză. Potrivit lui Vieira (1999, p. 636), se presupune că incapacitatea de a descrie propriile experiențe se datorează unei tulburări de comunicare dintre cele două emisfere cerebrale.

Anatomia şi fiziologia emoţiilor

Sistem. Potrivit neurobiologiei, emoţiile îşi au originea în sistemul limbic, format din hipotalamus, hipocampul, fornixul, girusul cingular, nucleul anterior al talamusului şi amigdalei.
Amigdala. Cercetările profesorului Joseph le Doux de la universitatea New York (SUA) au demonstrat că amigdala funcţionează similar unui declanşator al emoţiilor, fără ca impulsul nervos să treacă înainte prin cortexul cerebral (Pedreira, 1998, p.79-80).
Răspuns. În practică, pentru a răspunde unei ameninţări, amigdala declanşează un răspuns asemănător unei fugi grabnice de un prădător. Amigdala neurală participă în procesul de deflagraţie a emoţiilor de furie, mânie, iritare, frică, anxietate, panică etc.
Reptile. Pe scala zoologică, amigdala este prezentă începând cu reptilele şi, datorită funcţiei sale adaptive importante, se regăseşte şi la mamifere şi inclusiv la specia umană, ca fiind vitală din punct de vedere funcţional.
Problemă. Problema intervine atunci când creierul reptilian este activat fără intervenţia cortexului cerebral, deoarece în milionimi de secundă poate să apară o reacţie intempestivă şi violentă, fără ca gândirea logică sau raţională să apuce să schiţeze vreo reacţie.

Exemplu: studiu practic al furiei

Autoconştienţa. Pentru studiul emoţiilor este ideală conştientizarea manifestării în timpul propriei experienţe.
Timing. În general, după izbucnire, se evaluează sau se analizează faptul, rememorând în detaliu personajele, gândurile, sentimentele şi energiile experimentate în scenariul experienţial.
Ulterior. Chiar dacă ulterioară, înţelegerea îmbogăţeşte autocunoaşterea, dar adevărul este că, în situaţia respectivă, iniţial s-au manifestat manifestările psihosomatice şi de-abia ulterior au aparut mecanismele automate personale.
Chestionologie. Care este *timingul* de autoconştientizare a celor două reacţii: înainte, în timpul şi după eveniment?

Indicator. A şti cum să ajustezi indicatorul de reglare fină pentru a obţine autocontrolul emoţional şi a bloca reacţiile automate devine o o mega-provocare pentru conştiinţele aflate în starea de pre-serenissimus.

Autocontrol. Sentimentul de *furie* se poate datora iritării provenite dintr-un eveniment neaşteptat, ofensiv, frustrant, violent şi chiar din heterocritica sinceră, deschisă, cu conţinut sarclarist şi cosmoetic. *Furia este sentimentul de a se simţi iritat, ofensat, dat la o parte, molestat, inoportun, înfuriat, „înfierbântat". Persoanele se înfurie când sunt rănite* (Viscott, 1982, p. 69).

Origine. Este important să înţelegem originea furiei, să identificăm punctul de referinţă sau obiectul furiei: pe cine sau de ce eşti supărat? Furia îşi poate avea originea într-un fapt recent sau unul vechi, legat de o emoţie în suspensie sau un aspect încă nerezolvat intim de către conştiinţă.

Rană. *Furia reprimată nu face decât să amplifice rana care a determinat-o. Formele de apărare care împiedică furia să fie eliminată natural o canalizează spre înăuntru, îndreptându-o către tine* (Viscott, 1982, p. 72).

Autocercetare. În timpul rememorării faptelor şi respectivelor reflecţii ale autocercetării, conştiinţa se poate confrunta cu descoperirea unui sentiment de furie împotriva sa – un embrion al autodistrugerii, autosabotajului, autoînvinovăţirii şi al autoeşecului.

Boli. Sentimentele negative împotriva conştiinţei însăşi generează boli psihosomatice din cauza neînţelegerii, a abordării şi tratamentului inadecvat în momentul în care evenimentul declanşator a avut loc şi a fost tratat superficial.

Reprimare. În cazul profilului introspectiv, timid, ruşinos, sentimentele negative sunt reprimate, înăbuşite şi, în general, se manifestă sub formă de boală (săptămâni, luni sau ani, mai târziu).

Consecinţe. Consecinţele bolilor psihosomatice, relevante pentru mecanismul de funcţionare intraconştienţial, indică momentul în care trebuie mers la medic, luarea de medicamente, urmarea anumitor tratamente pentru a avea grijă de sănătatea fizică, deoarece simptomele se manifestă suficient de puternic pentru ca persoana să perceapă ce i se întâmplă. Este un strigăt de ajutor al organismului, aflat la limita de suportabilitate a presiunii puse de conflictul nerezolvat.

Psihosomatică. Iată câteva exemple de atitudini psihosomatice care, atunci când sunt susținute în mod continuu, declanșează dezechilibre holosomatice și, în consecință, boli psihosomatice: te supără foarte ușor atitudinile celorlalți sau evenimentele neprevăzute, te simți foarte ușor rănit, simți invidie și gelozie, te lamentezi, ai comportamente infantile, te autovictimizezi, te subapreciezi, te autoboicotezi, te înfurii, gândești rău despre alții, ai comportamente agresive etc.

Conviviologie. Potrivit lui Vieira (2012, verbetul *Iritare*),

> în viața intrafizică, iritarea poate fi diminuată sau redusă, dar nu putem să o excludem complet, de aceea este foarte important să conviețuim cu contra-fluxurile, să ne *relaxăm* și să ne *bucurăm*, folosind întotdeauna principiul conștientologic sau trinomul *automotivare-muncă-timp liber*.

Umor. Nu este un secret că este mai bine să trăiești permanent bine dispus, cu momente de parasincronicitate patronate de helper, indiferent dacă acestea sunt plăcute sau spinoase. Această sarcină, provocatoare pentru viața umană din punctul de vedere al oportunității evolutive, conferă avantajul că te ajută să atingi starea de completist existențial.

Predominanța rațiunii

Domeniu. Scopul celor interesați de autoevoluție trebuie să fie domeniul emoțiilor patronate de mentalsoma.

Căutare. Căutarea ortogânsenității personale este consensuală pentru conștiințele interesate de autoevoluție. Parcursul implică atribute mentalsomatice cum sunt rațiunea, logica, discernământul și prioritizarea zilnică.

Evitare. Pentru acest motiv, fisurile de personalitate și izbucnirile emoționale care aduc prejudicii deciziilor majore pe care conștiința le ia cu privire la proexisul ei trebuie să fie evitate.

Prioritizare. Prin urmare, acţiunea prin care mentalsoma (corpul discernământului) are prioritate pentru a înţelege psihosoma (corpul emoţiilor) reprezintă una dintre cele mai importante reciclări conştienţiale ale intermisiviştilor.

Victimizare. Conştiinţa este frecvent nemulţumită de sine şi de viaţă şi se lamentează, astfel încât ajunge să se autovictimizeze permanent, să se autointruzeze şi să proiecteze asupra altora insatisfacţia ei.

Înţelegere. Înţelegerea acestei dinamici este una dintre cele mai mari dificultăţi întâmpinate de conştiinţa obişnuită de milenii să acţioneze şi să îşi asume starea de victimă, ignorând faptul că, în trecutul pluriexistenţial îndepărtat, ea însăşi este posibil să fi fost călău şi să fi făcut parte dintr-un grup anticosmoetic din care astăzi doreşte să se elibereze.

Autoanaliză. Prin autoanaliză, conştiinţa înţelege funcţionarea sa intraconştienţială sau modul în care acţionează, reacţionează, interacţionează, se comportă, decide, realizează şi asistă (sau nu) alte conştiinţe.

Confruntare. Nu există argumente împotriva faptelor. Confruntarea este modul cel mai eficace prin care conştiinţa se cunoaşte şi se examinează, fără amăgeli, autoiluzionări, autopăcăleli, autocorupţie sau orice alt mecanism care ar putea să ascundă *realitatea*[15] conştienţială actuală.

Saturaţie. Motivele care o determină pe conştiinţă să reflecte la sine însăşi sunt disconfortul intim - la limita saturaţiei şi repetările şi reluările din viaţa ei, care o provoacă să părăsească zona de confort. Astfel ajunge să înţeleagă că cel mai bine este să se confrunte cu sine însăşi şi să abandoneze automimetismul milenar.

Oportunităţi. Când nu este iniţiată de conştiinţa însăşi, schimbarea apare datorită unor forţe exterioare, ca de exemplu viaţa, universul, evoluţia naturală. Atunci se creează anumite scenarii evolutive şi situaţii propice (oportunităţi evolutive) care sprijină studiul şi analiza unei anumite teme care care atrag atenţia asupra aspectelor nerezolvate.

---

[15] În textul original, autoarea face un joc de cuvinte. În limba portugheză, *realitate* se spune *realidade*, iar *idade* este *vârstă*; scriind cuvântul *real+idade* autoarea face trimitere la *realitatea* conştienţială a *vârstei* conştiinţei.

Accelerare. Profilaxia, prevenția sau anticiparea corectării imaturității conștiențiale sunt necesare pentru renovarea conștiențială. Maxima populară „cine speră, reușește întotdeauna" este antievolutivă. Ar fi mai bine și cu mai multă aplicabilitate în logica accelerării evolutive a istoriei personale să se spună „nu lăsa pe mâine ceea ce poți face azi".

Raționament. Busola conștiențială orientată către reciclări rezultă din voința fermă, asociată cu logica noilor acțiuni adoptate prin raționament și rectiliniaritatea gândirii, nu prin precipitare, impulsivitate sau emoție.

Idei. Acuitatea parapsihică este inteligent să fie dezvoltată prin concentrarea pe captarea de idei originale și utile, precum și prin predominanța facultăților mentale și evitarea emoțiilor dispersate. Astfel, se promovează logica interdimensională în favoarea antiemoționalității cosmoetice.

Predominanța Mentalsomatică	Predominanța Psihosomatică
Raționalitate	Iraționalitate
Antiemoționalitate	Emoționalitate
Autodiscernământ	Emoții nelucrate
Recin	Blocaje
Autovindecare	Autointruziuni
Evoluție	Frână evolutivă

Tabelul 2 – Diagrama fluxului emoționalității

Fluxogramă. În Tabelul 2 se află schematizată diagrama fluxului emoționalității, evidențiindu-se două posibile căi pe care conștiința se poate manifesta: 1) cu predominanță

mentalsomatică; 2) cu predominanță psihosomatică.
Atribute. S-a demonstrat că ajustarea fină a autogânsenității sănătoase este realizată prin capacitatea de utilizare a atributelor mentalsomei, cu predominanță pe *gân*, ca de exemplu serenitatea, luciditatea, discernământul, fraternitatea, intenționalitatea sănătoasă, cosmoetică. Astfel comunicarea interconștiențială capătă o calitate superioară, iar comunicarea strict emoțională și sentimentală este evitată.
Serenism. Această stare semnalizează calea către desperticitate și ulterior către Serenissim.

Prezentarea Metodei de Autoanaliză a Emoțiilor

Propunere. Pentru sprijinirea clarificării procesului de reciclare comunicativă eficace și fără interferențe, care să limiteze capacitățile de exprimare a emoțiilor, se oferă metoda de autoanaliză a emoțiilor.
Inspirație. Metoda care urmează a fi prezentată a fost inspirată de cunoștințe oferite de socin (psihologie, psihanaliză, psihoterapie, în general) și de alte tehnici și instrumente create și diseminate de Comunitatea Conștientologică Cosmoetică Internațională (CCCI), ca de exemplu conștientograma, autoconștientometria, autoconștientoterapia și conștientoterapia.
Intenție. Deși conținutul metodei trimite la aspecte de tratare a emoțiilor care țin de *psihosomatologie*, intenția acesteia este de a ajuta cititorul să reflecteze și să raționeze pentru a înțelege scenariul situațional și să își amplifice atributele mentalsomatice în raport cu emoțiile conținute în comportamentele și atitudinile manifestate în timpul inter-relaționărilor.
Integrare. Pentru o bună analiză a modului în care conștiința se manifestă și comunică, este necesar efortul de a integra *gândurile*, *sentimentele* și *energia* (gânsenele) care sunt indisociabile; totuși, în anumite momente se vizează înțelegerea izolată a unei anumite emoții și realizarea unei analize detaliate specifice.
Auto-observare. Scenariul propus pentru auto-analiza emoțiilor se bazează pe teopractica personală de sistematizare a

rezultatelor experiențelor obținute prin inter-relaționări, punând accent pe auto-observarea comportamentelor, reacțiilor și atitudinilor dificil de a fi măsurate și cuantificate.
Proces. Procesul de autoanaliză a emoțiilor începe cu faptele selectate din experiențele cotidiene ale conștiinței, insistându-se pe auto-observarea și analiza impactului emoțional cauzat de aceste fapte asupra cercetătorului.
Beneficiu. Câștigul acestui proces este amplificat atunci când există un grup interesat să ajute și să facă schimb de idei, sugestii, opinii și păreri despre faptul relatat, amplificând viziunea de ansamblu și aprofundând abordările.
Tehnicitate. O privire mai tehnică asupra faptelor și parafaptelor îmbogățește mai mult decât o privire „emoțională", solitară, concentrată numai pe senzațiile și percepțiile emoționale retrăite stagnant și patologic.
Logică. Logica faptelor este ceea ce interesează în analiză, observându-se succesiunea logică și punându-se accentul pe ideea centrală, fără înflorituri și excese, fără dramatizări sau emoții, căutând esența a ceea ce se întâmplă.
Autodiscernământ. Pentru a înțelege emoțiile este necesar ca ele să fie trăite intens, **prin mentalsoma**, adică cu discernământ. Fluxul simțurilor trebuie să urmeze comanda rațiunii, fără de care nu ar fi decât autorepresiune.
Provocare. O primă provocare pentru o conștiință este să accepte că deține o anumită trăsătură emoțională, încă imatură, sau o caracteristică care o împinge să acționeze în mod antievolutiv și mimetic, anacronic față de actualul său nivel evolutiv cosmoetic.
Descriere. Vom prezenta succesiunea simplificată a *Metodei de autoanaliză a emoțiilor*, pe care o vom condensa în 3 faze:

FAZA 1 – AUTOINVESTIGARE:
- 1.1. Identificarea faptelor și parafaptelor.
- 1.2. Nominalizarea sentimentelor.
- 1.3. Înregistrarea în *Harta experiențelor*.

FAZA 2 – AUTOACCEPTARE:
- 2.1. Analiza și asocierea de idei.
- 2.2. Reflectare și înțelegere.
- 2.3. Autoacceptare.

FAZA 3 – AUTOCONFRUNTARE:

3.1. Destructurare/autoconfruntare.
3.2. Acţiune neofilă.
3.3. Recin.

FAZA 1 – AUTOINVESTIGARE

Colecţie. Această primă fază reprezintă momentul de colectare a datelor autocercetării. Corespunde cufundării conştiinţei intrafizice în sine însăşi, în căutare de fapte şi parafapte experimentate, în special a acelora care i-au blocat propria evoluţie şi gestaţiile conştienţiale.
Disponibilitate. Pentru a înainta în universul *emoţiilor*, în primul rând, este necesar să îşi permită să *simtă* faptele, parafaptele, experienţele, chiar şi pe cele numite „nedorite" şi incomode, ceea ce o ajută pe conştin cercetătoare-cercetată să dispună de istoricul personal şi de profilul conştienţial.
Retrospectivă. Recuperarea posibilă a holomemoriei, accesată în prezent, scenele de dezechilibru, alterările, alunecările, deviaţiile, nebuniile, izbucnirile (mai mari sau mai mici), exploziile, răbufnirile, dezlănţuirile, invidiile, neînţelegerile, ruşinea simţită, divergenţele fără cauze evidente etc., enumerarea şi analizarea amintirilor jenante.
Listă. Realizaţi o listă a scenelor pe care vi le amintiţi, pe o fişă ca cea numită *Harta experienţelor* (Tabelul 3, pagina 113), putând folosi exemplul completat cu datele personale ale autoarei (Tabelul 4, pagina 124).
Informaţii. Ideea este de a detalia amplu esenţa scenelor experimentate pentru a facilita conexiunile şi asocierile mentale. În proces, este posibilă retrăirea senzaţiei, dar propunerea este de a le retrăi cu *autodiscernământ cosmoetic* şi *reflecţie.*

Explicarea etapelor:

1.1. Identificare. Primul pas este identificare esenţei faptelor experimentate, examinând componentele emoţionale pe care ele

le dețin, principale sau secundare, dar decisive în înțelegerea faptelor în sine.
1.2. Numire. Încercarea de a numi aceste emoții identificate. De exemplu, posibilitatea de a simți: furie, ură, invidie, frustrare, tristețe, disperare, dezamăgire, respingere, abandon, lipsă de afecțiune, excludere etc.
Înregistrare. Înregistrarea datelor în Harta experiențelor (Vezi modelul – Tabelul 3), care ajută la autoconștientizarea emoțiilor ce aparțin subsolului conștiențial, multimilenar, cu care trebuie să se lucreze și care trebuie reciclate. În această etapă, cercetătorul poate fi ajutat în autocercetarea sa de către alte persoane interesate.

***Harta experiențelor* – studiul faptelor și ipotezelor**

Legătura dintre conținutul faptelor și aspecte (emoții, trafor, trasla) și descrierea reacțiilor avute la respectivele fapte.

Fapt	Aspecte			Reacție	Ipoteze
	Emoții	Trasla	Trafor dorită		
1					
2					
3					
4					
5					
6					
7					
8					
9					
10					

Tabelul 3 - *Harta experiențelor – model*

Detalierea procedurilor de la Faza 1

Proces. În timpul aplicării etapelor din Faza 1 pot apărea adesea situații incomode, dorința de a renunța, lipsa de disciplină sau alte impedimente cu caracter emoțional. De aceea, vom expune anumite sugestii privind procedurile legate de această metodă.
Răbdare. Fiți calmi, tratați cu răbdare și delicatețe o emoție, deoarece incapacitatea de a stăpâni o anumită emoție provoacă,

de multe ori, durere, frică, suferință, fugă sau frustrare.

Colaps. Lipsa de auto-organizare gânsenică minimă poate determina colapsul emoțional și mental. Propria percepție privind o emoție incomodează, indicând necesitatea ca ea să fie aprofundată.

Fugă. Reacția cea mai frecventă în aceste cazuri este fuga de detalierea emoției simțite și de autoconfruntare, deoarece acestea par insuportabile și inutile. Fără insistență și fără utilizarea voinței în dorința de a investiga și a înțelege, vor lipsi pregătirea și cunoașterea necesare reciclării și depășirii unei astfel de condiții.

Explorare. Explorați și identificați emoția principală, rădăcina stării emoționale nepotrivite. Există exemplul de completare a *Hărții experiențelor* – Tabelul 4, de la pagina 124.

Verificare. Exemple de întrebări care ajută la explorare: „Reușesc să identific emoția simțită?”, „De ce sunt implicat(ă) în asta?”, „Reușesc să percep care este emoția-centrală?”, „Accept această emoție sau încă fug de ea?”, „Mi-e rușine că simt acea emoție?”. Dacă ai dificultate în identificarea unei emoții, notează pe coloana „emoție”: dubiu.

Întrebări. Înfruntați emoția/emoțiile cu discernământ, întrebându-vă ce aspecte identifică punctul central al acestei autocercetări.

Mentalsoma. Deși este de origine emoțională, este fundamental ca emoția să fie analizată în mod rațional, reflectiv, cu discernământ și rațiune, pentru a găsi ipoteze, idei, soluții și profilaxii.

Cercetare. În Faza 1 sunt utile propriile resurse și atribute mentalsomatice, dar și *aplicarea tehnicilor auxiliare* (vor urma) – cercetări folosind cărți, reviste specializate, *site*-uri, ziare, dicționare, enciclopedii și alte mijloace de informare care sprijină și amplifică asocierile mentale privind tema principală cercetată.

Heteroajutor. În plus, conștiința poate conta și pe colegii evolutivi și asistențiali care o pot ajuta să își amplifice reflecțiile și asocierile de idei. De multe ori, acest dialog și interacțiunea cu cei interesați să ajute favorizează și accelerează construirea structurii logice a temei cercetate, înțelegerea și rezolvarea rapidă a problemei.

Tehnici ajutătoare

Sugestie. Pentru etapele 1.1 şi 1.2 se sugerează aplicarea a două tehnici care ajută la identificarea şi nominalizarea trăsăturilor autocercetate: A. *Tehnica „de ce"-urilor* şi B. *Tehnica urzelii traslaiste*.

A. Tehnica „de ce"-urilor

Întrebări. Se elaborează întrebări succesive, utilizând „de ce"-uri plecând de la afirmaţii sau constatări. Răspunsul dat va contribui la formularea următoarei întrebări.
Sunt furios/furioasă.
De ce sunt furioasă?
R. Pentru că am greşit cumpărând o maşină.
De ce această greşeală mă face să mă simt aşa?
R. Pentru că nu îmi place să risipesc.
De ce nu îmi place să risipesc?
R. Pentru că vreau să am controlul banilor.
De ce vreau să am controlul banilor?
R. Pentru că nu îmi place să simt nesiguranţă.
De ce nu îmi place să simt nesiguranţă?
R. Pentru că nu am încredere în mine însumi/însămi.
De ce nu am încredere în mine?
R. Pentru că nu îmi place de mine.
De ce stima mea de sine este scăzută?
R. Pentru că...

Întrerupere. Întrebarea fără răspuns (ezitarea conştiinţei) reprezintă miezul investigaţiei. În acest exemplu, tema care trebuie studiată este *stima de sine*.
Puteri. Succesiunea de întrebări este interminabilă, ajungând până la limita cognitivă şi la cât îl ţin puterile pe cercetător. Cu cât îţi pui mai multe întrebări, cu atât te apropii mai mult de emoţia principală (rădăcina) cu care trebuie lucrat.
Posibilitate. Se poate ajunge în situaţia în care te poţi învârti în cerc cu întrebările, ca de exemplu în următoarea situaţie: nu am încredere în mine pentru că sunt furios/furioasă pe mine însumi/însămi. Acesta este scopul cercetării în sine – investigarea

motivelor şi condiţiilor gânsenice care scad stima de sine şi provoacă furia.

A. Tehnica urzelii traslaiste

Urzeală. Vom prezenta *Tehnica urzelii traslaiste*, propusă de autoare, şi utilizarea sa pro-evolutivă în scopul accelerării reciclării personale

Inspiraţie. Ideile care au condus la realizarea acestei tehnici au venit în timpul practicii penta a acestei autoare, în ziua de 25.06.2005, la ora 07.20. Ideile despre procesele inter-relaţionale au venit în bloc. În dialogul mental cu helperul tehnic de funcţie al practicii penta a fost realizată schema unor anumite sentimente şi emoţii relevante pentru inter-relaţii şi implicaţiile lor în confruntarea cu sine.

Trasla. Scriem pe o foaie de hârtie diferite trăsături slabe personale corelate, realizându-se un desen asemănător unei urzeli, a unei pânze de păianjen.

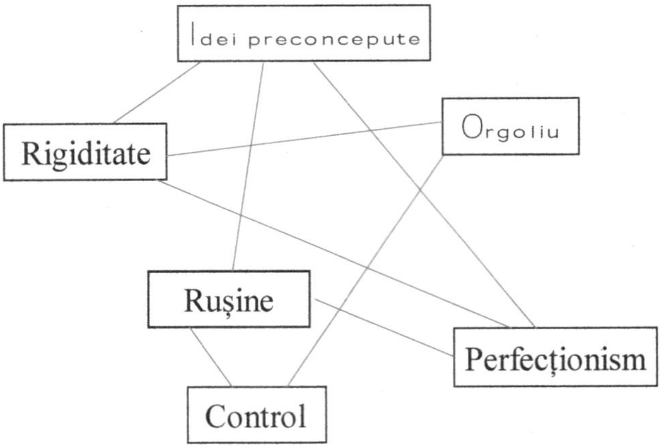

Figura 1 – Urzeala traslaistă

*Desenul formează o ţesătură, asemănătoare pânzei de păianjen, denumită **urzeala traslaistă a microuniversului conştienţial** – o paralelă sau analogie cu reţeaua multidimensională a macrouniversului*

Alegere. Se alege una dintre trăsăturile slabe pentru a fi aprofundată prin autocercetare, propunându-se întrebări. Pentru fiecare cercetător vor exista diferite grupe de trăsături slabe interconectate, putând fi creat un criteriu, ca de exemplu, de afinitate, proximitate, implicare etc.

Exemplu. Din *urzeala traslaistă* prezentată se alege *orgoliul*: *În ce comportamente și atitudini se manifestă orgoliul?*

Ipoteza 1: Orgoliul se manifestă, de exemplu, când *există exigențe* ale cuiva față de altcineva (cerere excesivă).

Ce aspect ascuns în mine acționează atât de exigent? Acest comportament îmi defavorizează relațiile? În ce măsură?

Ipoteza 2: Orgoliul se manifestă în omisiunea deficitară care supervalorifică propria capacitate? De exemplu, vedetismul, personalismul, vanitatea excesivă, însoțite de risipirea oportunității asistențiale.

Când sunt orgolios/orgolioasă, cât din energiile mele transmit anticosmoetică și antifraternism?

Ipoteza 3: Egoismul excesiv reduce performanța asistențială a conștiinței, închiderea conștiențială blocând acțiunea neofilă, clarificatoare și sănătoasă.

Acțiune antievolutivă. Negarea respectivei trăsături contribuie la menținerea structurii egoului orgolios, care realimentează negativ celelalte trăsături ale *urzelii traslaiste*: rigiditatea, ideile preconcepute, controlul, perfecționismul, care rămân intangibile până când unele dintre ele sunt înfruntate.

Acțiunea proevolutivă. Recunoașterea orgoliului prin autoacceptare favorizează autoconfruntarea, ceea ce permite renunțarea la egocentrismul infantil și deplasarea centrului atenției de la ego (egoul exacerbat) către o viziune de ansamblu mai amplă, care oferă posibilitatea îmbunătățirii inter-relațiilor pe bază asistențială.

Efect. Când conștiința se confruntă cu una dintre trăsături sau cu noduri intraconștiențiale, aceasta situație reverberează asupra celorlalte trăsături. Acțiunea asupra unei trăsături le modifică pe celelalte prin *efectul de domino*.

Reverberare. Înţelegerea proceselor interne care trebuie transformate şi depăşite se constituie în reciclarea uneia dintre trăsături care reverberează într-un mod oarecare asupra celorlalte, scoţându-le din zona de confort.
Recin. Reciclarea intraconştienţială presupune perceperea acestor noduri/ puncte de ştrangulare sau obstacole, ceea ce o ajută pe conştiinţă să îşi îmbunătăţească performanţa evolutivă şi, în consecinţă, să îşi îndeplinească programul existenţial.

FAZA 2 – AUTOACCEPTARE

2.1. Analiza şi asocierea ideilor.

Viziune. Când se află în posesia hărţii completate a experienţelor, conştiinţa deţine fişa detaliilor şi datelor despre sine, care constituie un punct maxim al cunoaşterii de până în acel moment şi conţine o viziune de ansamblu a actualului său moment evolutiv referitor la anumite trăsături de personalitate.
Realitate. Inevitabil, conştiinţa va intra într-o nouă fază: se va uita (fără să fugă) în acea hartă intraconştienţială detaliată, fără retuşări şi machiaje, formată din fapte şi trăsături realiste şi clare despre sine, cu trăsături puternice şi slabe identificate de către ea însăşi.
Linie. Fiecare linie a hărţii experienţelor înregistrează un fapt asociat unei emoţii care generează o reacţie automată a conştiinţei.
Autopercepţie. Care este reacţia pe care o ai când analizezi faptele conţinute în harta experienţelor? Propriul nivel de rezistenţă la o anumită temă sau trăsătură reprezintă un termometru de evaluare, care are o anumită semnificaţie ce trebuie analizată.
Asociere. Cum se asociază aceste fapte între ele? Tehnica asocierii ideilor explorează dicţionarul cerebral analog, ajutând la conectarea ipotezelor elaborate logic.
Întrezăriri. Lecturarea datelor obţinute din fişă anunţă încă de la început posibilitatea de percepere a caracteristicilor propriilor trăsături de personalitate şi a repercusiunilor sale asupra comportamentului.

Ipoteze. Ipotezele sunt lansate pornind de la diferite abordări și premise, ele putând ajuta în procesul reflexiv și multiplicarea asocierii de idei necesare construcției fișei detaliilor care trebuie analizate.
Holomemorie. Relația logică dintre un fapt sau o trăsătură și alta are loc pe baza istoriei personale a conștiinței, potrivit experiențelor sale pluriexistențiale. Elementul care pentru o anumită conștiință se poate asocia și relaționa în mod firesc, logic și conectat cu altul, pentru o altă conștiință poate avea o cu totul altă semnificație.

2.2. Reflectare și înțelegere

Interconectare. Interconectarea faptelor și parafaptelor este supusă unei logici interne, intraconștiențiale unice, care depinde de propria viziune pluriexistențială.
Aderev. Acesta este modul în care se construiesc adevărurile relative de vârf. Materializarea acestei asocieri mentale în cuvinte, fraze și conținuturi inteligibile facilitează înțelegerea sentimentului sau a temei analizate.
Parcurs. Pentru a ajunge la autoacceptare, conștiința are nevoie să parcurgă diferite trasee mentale și logice până când ajunge ea însăși să concluzioneze: „accept, eu sunt așa".
Realități. Cu toate acestea, până a ajunge la acceptare, există două realități care intră în conflict în intimitatea persoanei: propria sa imagine despre sine și imaginea percepută din afară. Între aceste două extreme se întinde un câmp conflictual, deoarece conștiința pierde momentan noțiunea deja cunoscută despre ea însăși, din cauza perturbării provocate sistemului său intern de referință, ca urmare a analizei datelor din *harta experiențelor*.
Materie primă. *Feedback*-urile interlocutorilor, observarea propriului comportament, studiul faptelor și trăsăturilor (trafor și trasla) reprezintă materia primă pentru autoanaliză.
Șoc. În urma *feedback*-urilor, apare șocul realităților: externă și internă. Este momentul potrivit pentru a continua și a aprofunda autoobservarea și a evalua cu maxim discernământ care este *locul* pe care *controlul* personal îl predomină, *locul interior* sau *locul*

exterior.

Dependență. Conștiința autocercetătoare va identifica dacă depinde mai mult de ceilalți pentru formarea imaginii de sine (*loc exterior*) sau dacă autoconceptul se naște în sine însăși (*loc interior*), cu o viziune despre sine amplificată.

Ajustare. Chiar dacă unele conștiințe sunt refractare, una dintre consecințele benefice ale *feedback*-urilor este ajustarea interioară a imaginii de sine, care îi oferă conștiinței intrafizice o nouă aliniere a propriei viziuni despre modul de a fi și a se comporta.

Euristică. Conflictul interior face să reverbereze natural un fapt în altul, potrivit legii universale a acțiunii/reacțiunii, ceea ce generează cea de a treia imagine despre sine, încă ignorată, dar care poate fi construită voluntar prin recin. Această fază poate fi inedită în euristica personală, ea reprezentând auto-descoperirea conștientă a schemei propriei personalități, mai apropiate de imaginea reală și de momentul evolutiv.

2.3. Autoacceptare

Cedare. Această tensiune generată de conflictul intim se va disipa și va dispărea când conștiința se va calma, eliberând strânsoarea războiului intim și acceptând realitatea faptelor analizate.

Auto-pacificare. Auto-acceptarea generează pacificarea intimă care, la rândul ei, permite rezolvarea problemei, inițiind autoconfruntarea conținută de etapa următoare.

FAZA 3 – AUTOCONFRUNTARE

3.1. Destructurare/autoconfruntare.

Timp. În general, această etapă este cea care durează cel mai mult și îi cere cercetătorului să facă eforturile necesare schimbării, ca de exemplu, dispoziția de a repeta noile acțiuni și de a le face diferit, renovarea modului de a fi și de a acționa, schimbarea comportamentului și a atitudinilor, care se pot dovedi imprevizibile pentru conștiințele (intra și extrafizice) din coexistența sa zilnică.

Social. Oportunitatea de a recicla și de a dovedi voință pentru schimbare prin autoconfruntare apare în grupul familial, profesional sau de prieteni.

Auto-sustenabilitate. A acționa și/sau a reacționa în mod diferit decât înainte sau în mod obișnuit va necesita menținerea zilnică a acestei decizii, a efortului constant, testând auto-sustenabilitatea noului comportament și a deciziei de „a face lucrurile diferit". Este momentul în care conștiința va demonstra potențialul ei de a da o șansă unei reciclări intraconștiențiale.

Destructurare. Pentru a construi din nou este nevoie să se dărâme ceea ce era vechi. Un comportament automat și repetitiv („întotdeauna a fost așa", „întotdeauna am făcut așa", „întotdeauna m-am gândit așa") va fi reconfigurat, va dobândi o nouă structură, pentru a produce o nouă formă gânsenică. Dispoziția intimă și atitudinea conștiențială favorabilă noului, proevolutivă, revelează neofilie conștiențială.

3.2. Acțiune neofilă.

Renovare. Acțiunea neofilă implică insistența de a se comporta diferit, în pofida faptului că reacțiile vechi se resimt la fel ca și dorința de a acționa pe pilot automat.

Inversare. Acțiunea constă în transformarea conștientă, lucidă și cu discernământ a trasla în trafor.

Scop. Păstrează în minte scopul propus la începutul procesului de reciclare personală a cărui realizare presupune obținerea trăsăturii forte dorite prin transformarea unei anumite trăsături slabe, potrivit *hărții experiențelor.*

Unelte. Utilizează determinarea, perseverența, forța voinței pentru a prevala noul comportament, un nou răspuns la un stimul vechi care provoca o reacție patologică conectată la o trăsătură slabă.

Acuitate. În Faza 3 se acutizează capacitatea de autopercepție atât a propriilor gânduri și sentimente, cât și a diferitelor sinalectici energetice asociate noului stil de comportament.

Creativitate. Inovează atitudinile și manierele de a acționa, vorbi și trata persoanele, creând noi formule de autoexprimare bazate pe un *modus operandi* renovat.

Egocid. În cazurile de schimbare profundă a comportamentului, depășirea trăsăturii slabe poate însemna uciderea egoului, în care abandonul definitiv al unui anumit aspect al propriei personalități se manifestă mai contondent și eliberator.
Impact. O asemenea transformare intimă ajunge să fie percepută de prieteni și de familie, iar calitatea relațiilor grupale, inclusiv relațiile cu partenerul duplist, se va îmbunătăți.

3.3. Recin.

Rezultate. Această etapă reflectă rezultatul eforturilor angajate și este efectul reciclării intrafizice (recin).
Consolidare. În noile teatre de experiențe, reacția (emoțională) se va schimba, prin menținerea constantă a ratificării noului comportament, ceea ce consolidează recin.
Auto-**satisfacție.** În general, senzația de succes determinată de depășirea unei anumite trăsături îi oferă conștiinței intrafizice satisfacție de sine, chiar stări naturale de euforie intrafizică (euforin).
Menținere. Complexitatea fiecărui microunivers conștiențial cere ca fiecare cucerire și autodepășire a unei trăsăturii de personalitate, de orice natură și dimensiune, să necesite menținerea sa continuă, zilnică, pentru a evita recăderile și revenirea la vechiul comportament.
Neosinapse. Finalizarea acestor 3 faze reflectă noile sinapse ale conștiinței, care îmbunătățesc interacțiunea în grup, iar examplarismul manifestat față de ceilalți o poziționează pe conștiința intrafizică pe un nou nivel evolutiv.

Exemplu de aplicare a metodei

Harta de experiențe. Vom prezenta, în continuare, un model de fișă denumită *hartă de experiențe* (tabelul 4), completată cu datele obținute de autoare ca urmare a propriei cercetări care a vizat înțelegerea și descoperirea trăsăturilor determinante ale comportamentelor cu bază emoțională sau psihosomatică.
Rezultate. Aplicarea metodei propuse a adus multă cunoaștere, motivând reciclările necesare schimbării comportamentului, cu o

ameliorare evidentă a nivelului de manifestare a emoțiilor implicate în faptele și parafaptele cercetate. Mai mult, a oferit o conștientizare superioară a trăsăturilor forte și în consecință o utilizare superioară a atributelor conștiențiale personale.

Analiza Hărții experiențelor

Comentarii. Ne propuneam să comentăm câteva aspecte evidențiate de harta experiențelor, pentru a ilustra utilizarea acestei fișe: A. Faptul 6 – „Dorința de a deține controlul"; și B. Trăsătura „patogânsenizare".
Element. Pentru a exemplifica o posibilă abordare a faptelor legate de fiecare rând, a fost ales faptul 6 pentru a-l comenta în mod specific și pentru a amplifica interpretarea și legătura lui cu auto-confruntarea și respectiv auto-depășirea.
Alegere. În analiza și interpretarea informațiilor, s-a observat că trăsătura patogânsenizării se regăsește în toate faptele conexe și din acest motiv a fost aleasă pentru o detaliere superioară și aprofundată.

A. Articolul 6 – „Vreau să dețin controlul"

Fotografie. Exemplele din *Harta experiențelor* au demonstrat anumite aspecte privind profilul conștiențial al autoarei, ele reprezentând un *modus operandi* în diferite inter-relaționări. Acest mod de a opera este, înainte de orice altceva, o sursă de identificare a *modus*-ului *cogitandi*, revelând tipul mimetic și viciat de gânsenizare.
Mod. Unul dintre *modii operandi* derivă ipotetic din perfecționismul dominator, care dorește să controleze totul prin diferitele ramificații pe care și le creează. Principalele aspecte apărute în inter-relaționări, în special cu partenerul unui presupus duo evolutiv, se manifestă pornind de la dorința de a *deține controlul* asupra situației (faptul 6 din hartă).

Tabelul 4 – Harta Experiențelor – Evidențierea faptelor și parafaptelor

Faceți legătura dintre fapte și emoții (emoție, trafor, trasla) și descrieți reacția la faptul respectiv

Fapt	Aspecte			Reacție	Ipoteze
	Emoție	Tra*far*	Tra*for* dorită		
1.Eroarea altcuiva	furie	heterocritică imatură; intoleranță	toleranță; răbdare; critică cosmoetică	acuzare; judecată necritică; apriorism; patogânsenizare	imaturitate; intoleranță la greșelile altora; teama de a accepta că te-ai înșelat; aroganță; superioritate
2.Nu își face prieteni	frică	complexul respingerii	stimă de sine ridicată și sănătoasă	tristețe; autovictimizare; îmbufnare; infantilism; comportament mofturos; patogânsenizare	nesiguranță emoțională; stimă de sine scăzută; închidere conștiențială; neîncredere patologică
3.Nu primește oferte de a fi condusă (acasă)	furie	aroganță; orgoliu	discernământ; maturitate; inteligență evolutivă	tristețe; comportament retras; autovictimizare; patogânsenizare	incapacitatea de a stăpâni furia; egocentrism în exces; utilizarea și identificarea aroganței; oglindire conștiențială; lipsa capacității de a cere să fie condusă (acasă).
4.Nu primește invitația de a participa la proiecte de grup	tristețe	respingere; aroganță; orgoliu	stimă de sine sănătoasă, echilibrată; cooperare; disponibilitate	iritare; proastă dispoziție; grabă; îmbufnare; ostilitate; autovictimizare; mecanism de protecție; patogânsenizare	pasivitate, comoditate; utilizarea și identificarea aroganței; sentiment de superioritate; lipsa disponibilității asistențiale
5.Situație care necesită auto-expunerea	frică	neîncredere	încredere în sine	comportament retras; mutism; dispoziție inabordabilă; comportament agresiv sau ironic; patogânsenizare	neîncredere patologică în alții; sentiment de viitoare manipulare de către ceilalți prin utilizarea informațiilor date ; sentiment de a fi trădat(ă) în viitor; nesiguranță
6.Dorința de a deține controlul	frică	nesiguranță; sentiment de incompetență	cosmoetică; flexibilitate	iritabilitate; bravură; atitudine autoritară; închidere conștiențială; egoism; intoleranță; patogânsenizare	autoritarism; autocrație; imaturitate; anticosmoetică; egocentrism; "a găsi avantaje"; aroganță
7.Practica predării conștientologiei	bucurie	(risc de) egocentrism	rol asistențial	autorealizare; ego întărit; satisfacție de sine; plăcere cosmoetică; ortogânsenizare	aliniere proexologică personală

Trăsături. Controlul devine „necesar" când conştiinţa este nesigură, cu stimă de sine redusă, nu îşi cunoaşte propriile trăsături puternice (trafor). Cu alte cuvinte, pentru a-şi compensa nesiguranţa îi controlează pe alţii, pentru a se simţi mai bine şi aparent echilibrată. Este o păcăleală sau o mascare a tristeţii şi furiei, pornite din sine şi îndreptate către sine (Pedreira, 1998). Pentru cel rigid, nimic nu poate fi altfel decât îşi doreşte el.
Exemple. Manifestarea controlului prin mici acţiuni cotidiene cum ar fi: 1. Stabilirea poziţiei mobilei în casă. 2. Opinii privind hainele pe care partenerul ar trebui să le poarte. 3. Decizia privind destinaţia pe care economiile lunare ar trebui să o aibă. 4. Centralizarea bugetului cuplului. Acesta sunt coar câteva.
Manipulare. Controlul este agravat de c anumita încetinire a procesului de gândire (obnubilaţie), fenomen care duce la apariţia manipulării anticosmoetice. Manipularea anticosmoetică înseamnă să îi iei celuilalt oportunitatea de alegere evolutivă, cu intenţia de a îndeplini interesul celui care manipulează. Este un profit secundar explicit. Când exagerează cu controlul, conştiinţa dezvăluie un gust patologic pentru exercitarea puterii (privitor la această temă, vezi Referinţe nr. 76 şi 87).
Cosmoetică. Conceptul de reţea multidimensională ajută la înţelegerea relaţiei dintre acţiunile şi reacţiile noastre şi impactul lor evolutivo-multidimensional. Dacă o alegere făcută conţine un filigran anticosmoetic, rezultatele sau răspunsurile obţinute de conştiinţă vor fi afectate negativ.
Detaşare. Variabila cosmoetică modelează manifestarea presiunii hologânsenice, cu o intensitate proporţională cu detaşarea, disponibilitatea şi diminuarea rezistenţei conştiinţei în faţa faptelor. De exemplu, cu cât conştiinţa se victimizează mai puţin, cu atât mai rapid ea va găsi rezolvarea „problemei".
Voinţă. Voinţa de a asista intensifică ortogânsenitatea în raport cu cel asistat. Concentrarea asistenţială şi dorinţa de a ajuta diminuează patogânsenitatea.

B. Trăsătura „patogânsenizare"

Autogânsenitate. În exemplele prezentate predomină prezența unor persoane care își acordă lor însăși puțină valoare și au stimă de sine scăzută, generând autogânsenitate patologică și anticomunicativă. Pentru a completa și a îmbunătăți înțelegerea acestei tematici, în Capitolul următor – Comunicologia – vor fi aduse mai multe elemente necesare analizei datelor conținute de *harta experiențelor*.

Tipuri. Gânsenizarea produsă de o conștin despre altă conștiință (alte conștiințe) poate fi de două tipuri: *orto*gânsenitate și *pato*gânsenitate.

Retroalimentare. Ruminația unor patogânsene îndreptate către altă conștiință (alte conștiințe) pentru o perioadă mai îndelungată retroalimentează tiparul gânsenic patologic personal, transformându-l, prin efectul escaladat constant, într-unul auto și heterointruziv. Psihosfera personală, încărcată, nosografică și autoviciată atrage conștiințe extrafizice cu aceeași gânsenitate, care îi amplifică gânsenitatea patologică.

Autostăpânirea. Acțiunea terapeutică inițială și primară constă în aplicarea *Tehnicii Stării Vibraționale – SV*, care însă atunci când nu este făcută suficient poată să îngreuneze obținerea echilibrului personal și autostăpânirea gânsenității.

Imperturbabilitate. Obținerea imperturbabilității hologânsenice personale se bazează pe atingerea stării de desperticitate.

Sinteza metodei prezentate

Analogie. Potrivit etologiei, comportamentul animalelor primate, în principal al cimpanzeilor, a fost observat continuu pentru a identifica și evalua organizarea vieții lor sociale și a comportamentului. În mod similar, orice conștiință preserenisimă poate studia și evalua comportamentele umane și subumane în viața intrafizică.

Logică. Dacă o patogânsenă se naște dintr-o auto-patogânsenă, atunci cercetarea autogânsenelor presupune analiza rădăcinii problemei, ceea ce indică nivelul inteligenței evolutive.

Mecanism. Autodescoperirea mecanismului gânsenic de funcționare personală a evidențiat comparativ 7 situații tra*foriste* (cu încărcare pe *gân*) și 7 tra*slaiste* (cu încărcare pe *sen*), în generarea autogânsenelor:

Autogânsene traforiste	Autogâsene traslaiste
Acceptarea experienței de a fi conștin-lider.	Frica de responsabilitate.
Autocritica sănătoasă.	Proiecția și autovictimizarea.
Concentrarea pe recin.	Încăpățânarea și rezistența la recin.
Reamintirea markerilor evolutivi și extrapolări cosmoetice experimentate.	Cufundarea patologică în sentimentul de incapacitate, incompetență și renunțare.
Valorificarea succeselor și talentelor.	Stima de sine scăzută, autodevalorizarea, autoboicotul.
Grupalitatea sănătoasă.	Frica de competiție grupală.
Voința de experimentare și încrederea reciprocă.	Lipsa de auto și heteroîncredere.

Tabelul 5 – Tipuri de autogânsenitate

Gânsenizare. Rădăcinile recurenței tiparului gânsenic viciat se află în generarea gânsenelor: 1) *Autopatogânsenitate* – a gândi rău de sine, a se considera incapabil(ă), incompetent, într-un anumit domeniu, privind o anumită trăsătură; a se autovictimiza din cauza unor trăsături lipsă (tralip). 2) *Patogânsenitate* – a gândi negativ, cu tendință defetistă, a gândi rău despre cineva. Creează dificultăți în rezolvarea problemelor cotidiene.

Atitudine. Decizia de a renunța la un asemenea scenariu comportamental inter-relațional a determinat începutul autodepășirii și în consecință slăbirea nodurilor trăsăturilor deficitare ale profilului și temperamentului personal.

Ideal. Conștin previne simptomele psihosomatice prin concentrarea pe principalele acțiuni tehnice, în 3 faze prezentate în *metoda de autoanaliză a emoțiilor*: 1. Autoinvestigare; 2. Autoacceptare; 3. Autoconfruntare. Trecerea prin această fază necesită efort, disciplină, curaj și autodeterminare.

Susţinere. Succesul acestei acţiuni este condiţionat de capacitatea conştiinţei de a reuşi să îşi *susţină procesul de autodepăşire*, evitând astfel simptomele şi bolile psihosomatice, care indică dezechilibrul holosomatic şi patologie.
Comunicare. În situaţia în care comunicabilitatea conştienţială depinde de utilizarea, manipularea şi managementul emoţiilor şi sentimentelor, atunci studiul inteligenţei emoţionale, al inter-relaţiilor empatice şi al modurilor de gânsenizare influenţează dezvoltarea comunicativă.
Contribuţie. Metoda prezentată îşi propune să contribuie la cunoaşterea manifestărilor conştienţiale care vizează echilibrul emoţional.
Autoevoluţie. Eforturile dedicate reciclării trăsăturilor asociate emoţiilor asigură puncte pozitive în *Fişa Evolutivă Personală (FEP),* ca urmare a cuceririlor obţinute în timpul vieţii intrafizice, prin *verificarea a posteriori* de către însăşi conştiinţa în cauză, după resomare.

II. COMUNICOLOGIA

Orice conștin sănătoasă are nevoie să comunice prin rostirea de cuvinte. Conștientologul ideal este acea persoană capabilă că comunice oral, grafic și parapsihic.
(Vieira, verbetul *Autoconștiența verbală)*

INTRODUCERE ÎN COMUNICAREA CONȘTIENȚIALĂ

Limitele limbajului meu reprezintă limitele lumii mele.
Wittgenstein

Divizare. Această secțiune este împărțită în 2 blocuri de abordare: 1) Comunicarea intraconștiențială și 2) Comunicarea interconștiențială.

Detaliere. Posibilitățile de comunicare pe care orice conștiință intrafizică le poate stabili sunt reprezentate didactic astfel:

1. Conștin ↔ cu sine însăși (comunicare intraconștiențială sau autocomunicare multidimensională).
2. Conștin ↔ conștin (comunicare interconștiențială în dimensiunea intrafizică).
3. Conștin ↔ conștiex (comunicare interconștiențială, interdimensională, în stare proiectată sau nu).

Chestionare. Plecând de la presupunerea că procesul comunicativ este un act multifațetat, bazat pe diferite forme, instrumente, utilizări și metode, apare următoarea întrebare: De fapt, ce înseamnă a comunica?

Semne. Pentru cele mai multe cercetări din această zonă, chestiunea se situează în principal în zona exprimării verbale, tradusă prin semne lingvistice (cuvinte), coduri convenționale, create de oameni pentru a denumi obiecte, lucruri, persoane, senzații, locuri și medii exterioare.

Limbaje. Dincolo de limbajul verbal, scris, gestual, corporal, pictorial, imagistic, mediatic, există şi alte forme pe care omul le foloseşte pentru a comunica în lumea contemporană, globalizată, care utilizează tehnologii avansate. Mijloacele de comunicare sunt ample şi diversificate, dând alte valenţe înţelegerii relaţiei dintre lumea exterioară şi universul intern al fiecărei conştiinţe.
Interese. Acest studiu este interesat de înţelegerea modului în care se procesează comunicarea dintre conştiinţe, independent de dimensiunea în care se află. Şi dacă ne referim la existenţa unei singure conştiinţe, deja există cel puţin un dialog – cel cu ea însăşi, fapt tradus printr-un monolog.
Viziune. Astfel, cele două tipuri de comunicare, *intra*conştienţială şi *inter*conştienţială, vor fi detaliate în următoarele capitole, pentru a amplifica viziunea a ceea ce se numeşte generic comunicare conştienţială.

COMUNICAREA INTRACONȘTIENȚIALĂ

Autoacceptarea: autocomunicare calificată.

Intraconștiențialitate. Relația conștiinței cu sine se procesează în interiorul microuniversului intraconștiențial, care constituie intraconștiențialitatea sa proprie. Cu alte cuvinte, în comunicarea intraconștiențială cei doi interlocutori coincid: emitentul și receptorul sunt una și aceeași conștiință.

Autocomunicare. Acest proces comunicativ interior implică, printre alte aspecte, reprezentarea organizată a autogânsenității, scoțând în evidență importanța autolucidității pe care conștiința trebuie să o dețină privind existența autocomunicării, de multe ori nerecunoscută și devalorizată.

Axiomă. „***Dacă conștiința este autogânsenitate, realitatea conștiinței este definită de autogânsene!***" (Vieira, 2003, p. 66) (textul este scris în *bold* de către autoare).

Interpenetrare. Potrivit lui Vieira, studiul autogânsenei este studiul propriei conștiințe și invers, una confundându-se cu cealaltă. Potrivit *comunicologiei*, studiul autocomunicării, spre deosebire de comunicarea interconștiențială, alunecă în limita subțire dintre câmpul autogânsenelor și cel al autoexprimării, care se contopesc în cel de al treilea câmp de studiu: realitatea intraconștiențială, temă care va fi tratată în capitolul Realități intraconștiențiale, Secțiunea IV – Asistențiologia.

Fațete. Actul comunicativ începe cu autogânsenitatea, care își are originea în autogânsene, și cu autoexprimarea în momentul în care actul este rostit sau scris.

Detaliere. Aceste două fațete sunt tratate în două capitole – Autogânsenitatea și Autoexpresia – ambele în finalul acestei secțiuni. Pentru a ușura înțelegerea subiectului, am căutat un mod didactic de prezentare. Examinarea minuțioasă a gânsenității de către orice conștiință este o sarcină provocatoare, dacă nu imposibilă. Prin urmare, înțelegerea propriului mod de gânsenizare aparține universului autocercetării.

Rectiliniaritate. Aprofundarea acestei tematici ajută la rectiliniaritatea gândului, în scopul echilibrului holosomatic al

conştiinţei în inter-relaţiile care vizează comunicarea asistenţială.
Embrion. Baza comunicării intra şi interconştienţială este în gânsenă sau, mai exact, în autogânsenă şi, în consecinţă, în autogânsenizare, prin acţiunea singulară a fiecărei conştiinţe de a gânseniza.
Calificare. Potrivit *gânsenologiei*, autogânsena este generată constant şi întotdeauna observabil, chiar dacă majoritatea conştiinţelor sunt inconştiente de acest flux al gânsenelor. Caracteristicile evolutive ale conştiinţelor se măsoară prin calitatea şi cantitatea gânsenelor produse.
Holomaturitate. Calitatea autogânsenelor demonstrează gradul de autoluciditate conştienţială, aceste două elemente fiind cele care măsoară holomaturitatea integrală.

SOLILOC

Monologul necesită linişte.
(Vieira, 2013, verbetul *Silenţiologia)*

General. În sens general, solilocul este definit de dicţionar (Houaiss, 2001) ca fiind actul prin care cineva vorbeşte cu sine însuşi. Dicţionarul oferă de asemenea termenul de monolog ca fiind unul dintre sinonimele solilocului. Există totuşi diferenţe clare între semnificaţiile profunde ale celor două cuvinte.
Origine. Termenul *soliloc* derivă din limba latină – *sololoquium* - adică din solus (singur) şi *loquium* (eu vorbesc). *Solilocviul, solilocul* sau *monologul* a fost inventat de sfântul Augustin (354-430 î.e.n.), în opera sa *Liber Soliloquium*, iar sensul său a fost consolidat în secolul XV.
Arte. În literatură şi în teatru, există o resursă dramatică sau literară care constă într-un personaj sau un actor unic care, aflat pe scenă, verbalizează, la persoana I-a, ce se întâmplă în conştiinţa personajului fictiv. Această formă artistică este foarte aproape de monologul interior. Discursul este exprimat în mod fluent şi deschis, într-o relativă succesiune de idei, fără compromisuri sau îngrijorare în ceea ce priveşte desfăşurarea logică şi rectilinie.
Amendament. Pura şi simpla practică a monologului poate genera monoideism, în cazul în care nu există o expansiune a ideilor privind abordarea tematică aleasă.
Reflecţie. Sensul profund, foarte utilizat de către conştientologie, al termenului soliloc se referă la auto-reflecţie sau la comunicarea conştiinţei cu sine însăşi, în mod articulat şi secvenţial, cu o desfăşurare logică şi coerentă, cu scopul de a înţelege problema supusă analizei.
Spirală. Mişcarea gânsenică a solilocului reprezintă o spirală crescândă de idei şi progrese realizate în procesul de autoconştientizare, autoluciditate şi autodiscernământ. Favorizează rectiliniaritatea gândului odată ce pretinde a avea un anumit scop al tematicii pe care o analizează, ceea ce îl face diferit de simplul monolog interior.

Endoconsistență. Dincolo de aceasta, solilocul favorizează coerența cu care conștiința își exprimă și evaluează elementele interne ale intraconștiențialității sale, cu scopul de a-și îmbunătăți autenticitatea și verbacțiunea.
Exemplu. Obiceiul din copilărie și adolescență al acestei autoare de a crea dialoguri mentale, în care era creatoarea și personajul propriilor scenarii fictive și imaginare, favorizau exercițiul de asociere de idei, fapte și acțiuni într-o singură direcție. Acest exercițiu de dialog mental a asigurat o anumită linearitate a gândirii, datorită faptului că ea vorbea cu sine însăși pe parcursul întregului fir narativ.
Mental. Procesul mental era efervescent, chiar dacă subiectiv, emoțional, pasional și izolat. Ideile se contopeau cu emoțiile; rețeaua sentimentală și fantastică predomina, în ciuda faptului că faptele și consecințele acestora erau articulate logic și era evidențiată relația cauză-efect.
Problematică. Dezavantajul creării și utilizării excesive a dialogurilor interne nesănătoase și neproductive consta în posibila viziune incompletă și distorsionată a realității externe a conștiinței, a faptelor și parafaptelor, ceea ce genera în mod foarte probabil, o imagine ideală asupra lumii și crearea unei *insule fantastice*.
Realizări. În viața cotidiană, orice conștin exercită activități cognitive și cerebrale cum ar fi imaginația, somnul, fantezia, elucubrația, solilocul și cuvintele mentale. În practică, ele sunt manifestări fetale ale autoconștiențialității. Ceea ce are mai multă importanță în evoluția conștiențială este realizarea cosmoetică a acestui microunivers intraconștiențial.
Incubator. În cazul acestei autoare, de exemplu, resursa imagistică utilizată în timpul copilăriei și adolescenței era asemănătoare unui incubator, care asigura mecanismele, sentimentele și ideile ce aveau să devină obiecte de studiu și autocercetare la vârsta adultă. Acele experiențe au fost ideile fetale din microuniversul conștiențial care au fost descoperite de cercetătoare însăși prin utilizarea autodiscernământului.
Hologânsenă. Hologânsena personală este formată din gânsene și morfogânsene. Asemănarea hologânsenică se referă la

afinitățile dintre conștiințe.

Explicație. Aceste afinități gânsenice firești explică realitățile intraconștiențiale ale fiecărei conștiințe, care atunci când sunt descoperite permit corectarea traseului sau transformarea unui stadiu în altul (unul patologic într-unul homeostatic).

Morfogânsenă. *Morfogânsena este formațiunea mentală modelată și organizată de energia și dinamismul gândirii (autogânsene), ghidată de voință și îmbogățită de imaginația conștiinței atât intrafizice, cât și extrafizice* (Vieira, 2003, p. 252).

Autonomie. Deoarece este produsă de imaginație, morfogânsena nu are o viață a sa proprie, deși este alimentată și promovată de gândurile conștiinței creatoare.

Reeducare. Morfogânsenele sunt reflectate în diferite medii din dimensiunile troposferice și paratroposferice, având proprietăți și caracteristici specifice. Morfogânsenele pot trece de la antiasistențial și anticosmoetic la asistențial și cosmoetic, prin reeducarea conștiențială și schimbarea direcției busolei intraconștiențiale.

Deținuți. Pentru deținuții din închisorile supraaglomerate, solilocul, introspecția, reflecția pot reeduca conștiențial. Totuși, din păcate, este cunoscut că sistemul penitenciarelor nu este organizat și pregătit pentru a susține recuperarea pentru viața în interiorul societății intrafizice (socin) a deținuților, după ce aceștia și-au ispășit pedeapsa (anul de referință 2013).

Imaginație. Diferența dintre imaginație și morfogânsene se face cu din ce în ce mai multă acuratețe, odată cu amplificarea intensității gânsenei asupra unei anumite *imagini*. Pentru Vieira (1999, p.752):

> Imaginile mentale sunt reconstrucții ale unor experiențe senzoriale și se formează plecând de la informații depozitate în banca de memorie, cu precădere elemente subiective utilizate de și pentru conștiință, care constituie baza visurilor obișnuite, a coșmarurilor și halucinaților, 3 diferite stări modificate de conștiință ale coștin . Imaginea mentală este prima fază a morfogânsenei, care există numai pentru conștiință.

Morfogenia. De exemplu, viciul gânsenizării imaginative din adolescența acestei autoare a favorizat, la vârsta adultă, studiul pentru descoperirea genezei propriilor morfogânsene (morfogenie) și al imaginației exacerbate. Forța gândirii imaginative a potențat, în acest caz, pseudocredința într-o lume reală controlabilă, ajustabilă pentru a răspunde nevoilor personale, exprimate prin scenarii și personaje imaginate.

Creativitate. Trebuie evidențiat aspectul pozitiv al acestei activități mentale juvenile care a oferit idei, concepte, acțiuni, principii, a favorizat sau a determinat un proces creator, inventiv și ludic. Creativitatea a fost satisfăcută temporar. Satisfacția intimă, chiar dacă ficțională, s-a contrapus unei realități exterioare opuse, formate de contextul familial.

Beneficii. Studiul morfogânsenelor a ajutat la înțelegerea inducerii, influenței și consecințelor viciului gânsenizării imaginative, a căror morfogânsene create sau materializate au întărit izolarea și închiderea în sine în timpul adolescenței. Un alt beneficiu adus de soliloc în tinerețe a fost sprijinul pentru autoreflecție, exercițiu mental util aprofundării de calitate, care să favorizeze autogânsenitatea sănătoasă și scufundarea pro-evolutivă în microuniversul intraconștiențial.

Scris. Mai mult, în adolescență, la 13 ani, a apărut obiceiul de a ține un jurnal personal, care se păstrează până astăzi, acțiune inspirată de lectura Jurnalului *Anei Frank*. Autoarea olandeză, fiica unui evreu neamț, a scris jurnalul pe când se afla într-o ascunzătoare în timpul celui de Al Doilea Război Mondial, de la 13 ani până când a fost asasinată.

Gescon. Când este folosit ca formă unică de comunicare, evitând orice interacțiune, solilocul conduce la izolaționism și autism conștiențial. Auto-cercetarea, desfășurată pe parcursul a douăzeci de ani, a determinat ieșirea din starea de *autism conștiențial* și adoptarea stării de *deschidere conștiențială*, odată cu gesconul realizat prin această carte.

Închidere. Izolarea și dialogul numai cu sine, fără interschimburi sănătoase între conștiințe și microuniversuri conștiențiale, denotă un egocentrism ridicat și distanțarea de realitățile multidimensionale.

Profilaxie. Înțelegerea scrisului de la o vârstă foarte fragedă, ca act comunicativ, asistențial și pro-evolutiv, o ajută pe conștiință să acorde prioritate scrisului față de alte sarcini comunicative din viața intrafizică, evitând în acest fel solilocul patologic din tinerețe. Autoconștiența privind grafogânsenitatea confirmă evoluția personală și reciclarea intraconștiențială.
Prioritate. Tema scrisului este aprofundată în verbetul *Prioritatea scrisului*, din Enciclopedia de conștientologie (Vieira, 2007, p. 1.784),, din care desprindem următorul pasaj:

> **Supremația**. Potrivit *autocercetologiei*, există 3 atitudini privind supremația în interiorul microuniversului conștiențial, dispuse aici în ordine logică:
> 1. **Soliloc**. Supremația reflecției sau solilocului poate reprezenta o atitudine autistă și egocentrică.
> 2. **Verboragia**. Supremația vorbitului sau a oratoriei și a retoricii poate fi verboragică sau logoreică.
> 3. **Evoluție**. Supremația scrisului poate fi potențatorul evolutiv al *comunicării intelectuale durabile*. Prin urmare, scrisul dobândește astfel prioritate față de alte forme de comunicare, prin interasistențialitate (sublinierile îi aparțin autoarei).

Interasistența. Câștigul evolutiv obținut ca urmare a inter-relaționărilor sănătoase constă în amplificarea cosmoviziunii și a posibilității efective de interasistență, unul dintre stâlpii evoluției conștiențiale.
Autoconfruntare. Cel mai bine pentru introspectiv, autist, izolaționist, meditativ, contemplativ este, paradoxal, să își înfrunte lipsa de curaj și să recicleze această stare. Pentru ca acest lucru să se întâmple, este nevoie să se investească în forța voinței și să se evite contrariul, abulia.
Iraționalitate. Potrivit *mentalsomaticii*, lipsa voinței și abulia se bazează pe un comportament irascibil și inconștient.
Autoreflecție. Vindecarea de abulie este posibilă folosind în mod sistematic un timp de autoreflecție profundă cum ar fi solilocul și exercițiul filosofic de gândire, asociat cu auto-organizarea, ca terapie și profilaxie. Fără un bun management al timpului, alegerile prioritare sunt prejudiciate.

Contextualizare. Legat de primele reflecții experimentate, îmi amintesc că pe la 13 ani obișnuiam să citesc cu voce tare, plimbându-mă prin curte, „Dialogurile” lui Platon. Mult mai târziu, ca adult, am aflat că în epoca lui Aristotel filosofii greci obișnuiau să se plimbe și să predea în același timp. Cunoscuți sub numele de peripatetici, ei se plimbau în timp ce filosofau prin dialogurile pe care le aveau. Oare această formă de soliloc, dialogul cu mine însămi, manifestată ca un comportament inconștient, ar putea fi retrocognitivă?

COMUNICARE INTERCONŞTIENŢIALĂ

Comunicabilitatea conştiinţei intrafizice necesită, în primul rând, comunicarea intraconştienţială sănătoasă, reciclarea intraconştienţială, cu scopul de a determina, în consecinţă, manifestarea şi exprimarea conştienţială.
(Vieira, 2003, p. 325)

Definiţie. *Comunicarea interconştienţială* reprezintă orice act comunicativ în timpul unei interlocuţiuni sau inter-relaţionări ale unei conştiinţe cu alta, constând în diverse forme de manifestare şi exprimare conştienţială.

Extra. Conştiinţa deţine diferite maniere de a realiza comunicarea în afara sa, în exteriorul său, diferite de soliloc şi autoreflecţie.

Comunicare. Comunicarea umană este o chestiune istorică. Cea mai comună formă de exprimare şi comunicare în dimensiunea intrafizică este prin intermediul limbilor. Originea limbilor pe planetă ne conduce cu multe milenii in urmă, fiind cunoscută existenţa limbilor antice datorită scrierii cuneiforme şi a hieroglifelor.

Tiparul. Apariţia tiparului lui Gutenberg, în secolul XV, a revoluţionat existenţa informaţiilor şi a cunoaşterii acumulate de către umanitate, făcându-le să fie mai durabile. Oamenii puteau să cunoască idei noi, să afle ce gândeau, cum trăiau şi ce credeau popoarele mai vechi sau mai noi.

Spiritualitate. Din punctul de vedere al misticismului sau al religiei, actul de comunicare cuprinde în principal latura spirituală, uneori profundă, alteori densă a sufletului uman, denotând un act mistic, aproape divin de intersectare cu Dumnezeu, cu Universul sau cu „forţa superioară". Această categorie înglobează textele religioase, considerate sacre de către adepţii lor (Biblia, Coranul, Tora, Bhagavad-Gita şi altele).

Baze. Comunicarea extrapolează scrisul şi derivatul lui – lectura. Pentru cei care au studiat comunicarea (Berlo, Garcia şi Penteado), există cel puţin 4 tipuri sau modalităţi de bază de stabilire a comunicării umane: 1) modalitatea de a auzi; 2) modalitatea de a vorbi; 3) modalitatea de a citi; şi 4) modalitatea de a scrie.

Abilităţi. Pentru fiecare dintre aceste modalităţi, vom discuta despre diferite informaţii utile care să vă ajute să vă îmbunătăţi diferite aspecte, indicând tehnici, reflecţii, chestionări şi teste de abilităţi.

Ştiinţe. Aceste modalităţi de bază ale comunicării corespund ştiinţei şi abilităţilor utile oricărei conştiinţei resomate. Cu cât o conştiinţă este mai lucidă, cu atât mai mare este necesitatea de a investi cât mai devreme în comunicabilitatea cât mai avansată (una dintre componentele triînzestrării conştienţiale: intelectualitate – parapsihism – comunicare), utilă în desfăşurarea proexisului, prin valorificarea învăţăturilor oferite de cele 4 ştiinţe: *a şti să asculţi, a şti să vorbeşti, a şti să citeşti* şi *a şti să scrii.*

Propunere. Datorită aprofundării celor 4 tipuri de ştiinţe şi căutării unei mai bune înţelegeri paradigmatice a comunicării în studiile conştientologice, autoarea a lansat o propunere neologică referitoare la alte două abilităţi: *a şti să traduci* şi *a şti să gânsenizezi.*

Parapsihism. *A şti să traduci* se referă la abilitatea unei conştiinţe de a stăpâni *comunicarea parapsihică*, care în esenţă este transmisă prin intermediul energiilor.

Gânsenitate. *A şti să gânsenizezi* corespunde modului în care conştin îşi produce gânsenele, un subiect studiat de *gânsenologie*, care include conceptul ştiinţelor convenţionale de a şti să gândeşti. *A şti să gânsenizezi* se referă la mânuirea simultană a trinomului ***a gândi – a simţi – a manifesta.***

Ansamblu. Prin urmare, propunem conceptul de *ştiinţe comunicative*, care se definesc ca „ansamblul celor 6 abilităţi comunicative – *a şti să asculţi, a şti să vorbeşti, a şti să citeşti, a şti să scrii, a şti să traduci* şi *a şti să gânsenizezi*, indispensabile pentru desfăşurarea proexologică, în diferite interlocuţiuni şi manifestări intrafizice şi extrafizice, care vizează interasistenţa sarclaristă" (Seno, verbetul *Ştiinţele comunicative*, tertulia din 24/02/2012).

Important. Principala abordare necesară înţelegerii a ceea ce înseamnă să fii o persoană comunicativă într-un mod pro-evolutiv constă în stăpânirea simultană şi optimă a acestor 6 abilităţi de bază.

Nivel interlocutor	Nivel grafic	Nivel gânsenic
A şti să asculţi	A şti să citeşti	A şti să traduci
A şti să vorbeşti	A şti să scrii	A şti să gânsenizezi

Tabelul 6 – Cele 6 abilităţi de comunicare conştienţială

Niveluri. Didactic, ştiinţele comunicative se divid în 3 niveluri potrivit criteriului resurselor prioritare implicate în fiecare ştiinţă, descrise după cum urmează:

1. **Nivelul interlocutorului**: abilităţile de a *auzi* şi a *vorbi* se realizează în principal în interlocuţiuni, în dialogul dintre două conştiinţe, vocea fiind vehiculul de transmitere şi recepţie a mesajului, necesitând o bună funcţionare a aparatelor auditiv şi fonator.
2. **Nivelul grafic**: abilităţile *de a citi* şi *a scrie* se exprimă în special prin semne grafice, coduri lingvistice convenţionale într-o anumită limbă (litere, silabe, cuvinte, fraze, texte). Sunt necesare alfabetizarea conştiinţei şi păstrarea în bună funcţionare a simţului vederii.
3. **Nivelul gânsenic**: abilităţile de a traduce şi a gânseniza, inclusiv a şti să gândeşti, cuprinde 4 abilităţi simultane, care sunt vehiculate în principal prin gânsenă (gând + sentiment + energie), unitatea minimă de manifestare a conştiinţei. Operaţiunile mentale, cognitive şi sinaptice sunt procesate şi traduse/exprimate prin energiile conţinute în hologânsena fiecărui interlocutor. Cu cât mai mare este triînzestarea conştienţială (intelectualitate + parapsihism + comunicare), cu atât comunicarea va fi mai eficace.

Detaliere. În următoarele capitole, aceste ştiinţe vor fi detaliate, subliniind ceea ce este esenţial şi arătând cum fiecare poate fi îmbunătăţită şi de asemenea cum poate fi îmbunătăţită utilizarea lor inteligentă şi asistenţială.

A ȘTI SĂ ASCULȚI: COMUNICAREA AUDITIVĂ

Ascultând, învățăm.
(Whitaker Penteado)

Audiție. În capitolul despre „Teoria și practica audiției", Whitaker Penteado (1976, p.155) afirmă că „A asculta înseamnă a renunța. Este cea mai înaltă formă de altruism, în sensul în care acest cuvânt înseamnă iubire și atenție pentru aproape. Poate din acest motiv, majoritatea persoanelor aud atât de prost sau pur și simplu nu aud deloc."

Esență. Esența a ceea ce autorul spune este foarte actuală și centrată pe actul comunicativ: *cum să îl auzim bine* pe interlocutor?

Statistică. Donald E. Laird a publicat în *Jurnalul de comunicare* rezultatele cercetării realizate *la Stephens College* (Columbia, SUA), o școală americană exclusiv pentru femei, care se referă la timpul dedicat de către eleve fiecăreia dintre cele patru abilități fundamentale ale comunicării umane:

A asculta	42%
A vorbi	25%
A citi	15%
A scrie	18%
Total	100%

Tabelul 7 – Timpul alocat celor 4 abilități

Patrimoniu. „Credem că cel puțin o treime din timpul vieții noastre este dedicat ascultării. Din 60 de ani, 20 îi petrecem ascultând sau, cel puțin, *comportându-ne ca și cum am asculta*. Începând de la școală, până la întâlnirile cu prietenii, la discuțiile din familie, la serviciu, la ședințe sau dezbateri, ni se cere să *ascultăm*. Numai prin *ascultare*, informațiile se transformă, în mintea noastră, în *cunoștințe*. Patrimoniul nostru cultural depinde mult de ascultat" (Penteado, 1976, p. 155-156) (sublinierile în italic îi aparțin autoarei).

Psihoterapie. Psihoterapia, ca multe alte metode din domeniul sănătății mentale, se bazează pe teoria și practica ascultatului explicit, în care rolul psihoterapeutului este acela de *ascultător* „disponibil", care îl ajută în rezolvarea dificultăților sale pe pacient, emitentul informațiilor.
Preferință. În general, persoanele preferă să vorbească mai mult decât să asculte, deoarece vorbind își transmit altora propriile idei, în timp ce ascultând „își deschid mintea la ideile altora" (Penteado, 1976, p. 59).
Distorsiune. În general, există o înțelegere greșită potrivit căreia să vorbești este mai important, că o persoană devine mai importantă când vorbește, deoarece se află în centrul atenției generale, ceea ce denotă o trăsătură egocentrică. Ascultând, renunți să mai fii în centru și îți dizolvi personalitatea în grupul care formează publicul (Penteado, 1976, p. 59).
Fapt. Realitatea este că ascultatul este deficitar. Ascultatul este neglijat, ceea ce prejudiciază asimilarea de cunoștințe, idei și, mai ales, de multe ori se pierde oportunitatea de a ajuta pe cineva.
Dezinteres. În viața de zi cu zi, majoritatea se comportă autocentrat, fără interes față de lumea exterioară, auzind puțin, în timp ce este cufundat în preocupările individuale și în robotizarea existențială (robexis).
Alternanță. În orice dialog, poziția de vorbitor și ascultător alternează. Fiecare vorbitor își ajustează mesajul pe răspunsul receptorului. Interlocuțiunea se dovedește mai sănătoasă atunci când există atitudinea intimă de a îl asculta pe fiecare interlocutor.
Interdependență. Pentru a-l *înțelege* pe vorbitor, este nevoie să *asculți*. Răspunsul va depinde de *înțelegerea a ceea ce ai auzit*. Apoi, înțelegerea depinde de ascultare și invers.
Antagonisme. Una dintre cele mai simple și eficiente mijloace de a rezolva antagonismele personale este aceea de a așeza „adversarii" față în față și a îi cere fiecăruia să își expună punctul de vedere.
Exercițiu. După ce fiecare interlocutor vorbește, i se cere să repete ceea ce a spus celălalt. Prima reacție este de obicei de protest, acuzându-l pe celălalt că nu vrea să asculte sau, mai mult, că numai el are dreptate. Totuși, după încercarea fiecăruia de a reproduce

ceea ce interlocutorul a spus, ei încep să înțeleagă punctul de vedere al celuilalt, chiar dacă nu ajung în final la o concordanță totală sau parțială a elementelor *acum ascult și înțeleg*.

Dezbatere. Este bine știut că participanții la o discuție nu se aud unul pe celălalt. De aceea, acest exercițiu care îi obligă să reproducă fidel opinia „adversarului" îl ajută pe interlocutor să *perceapă* că de fapt antagonismul nu exista sau că era mult mai mic decât părea.

Analogie. Când sunt conflictuale și anti asistențiale, discuțiile și dezbaterile seamănă cu liniile de cale ferată: nu se întâlnesc, pentru că *nu se aud unul pe altul*.

Ego. În acest context, argumentele nu se nasc din conținutul a ceea ce interlocutorul încearcă să demonstreze. Argumentele, demonstrarea de idei, faptele, dovezile și opiniile contrare sunt ignorate. Procesul de ascultare este prejudiciat pentru că aparatul auditiv utilizat este excesiv de egocentric (l'ombelico del mondo).

Căutare. De ce majoritatea oamenilor nu este dispusă să se asculte unul pe celălalt? Care este mecanismul implicat în procesul comunicativ care împiedică realizarea satisfăcătoare a comunicării între doi sau mai mulți interlocutori?

Ipoteză. Credința personală, revelată prin comportament, potrivit căreia *propriul* microunivers este mai interesant decât microuniversul *altuia*, îngreunează comunicarea asistențială. *Viziunea egotică* asupra lumii îngreunează interlocuțiunile sănătoase și constructive.

Avantaje. *Ascultătorul atent* dispune de cel puțin 10 avantaje date de un dialog:

01. O mai bună informare.
02. Excluderea intermediarilor.
03. Economia de timp.
04. Certitudinea că mesajul este perceput.
05. Stimularea interlocutorului să vorbească.
06. Prevenirea înțelegerilor greșite.
07. Oportunitatea de a-l ajuta pe interlocutor.
08. Crearea mediului propice dialogului fratern și matur.

09. Evaluarea momentului oportun pentru sarclar (sarcina de clarificare).
10. Autodescoperirea determinată de autocunoaștere.

Stimul. În general, modul de a asculta este guvernat de interesul care există în procesul dialogului. Auzi mai bine când *există stimulare*.

Motive. Acest stimul diferă în funcție de interesul personal al ascultătorului, care afectează modul de a auzi. Principalele rațiuni pentru a dori să asculți mai bine sunt:

01. Necesitatea de a înțelege, dacă subiectul este de interes personal.
02. Trezirea curiozității.
03. Este vorba despre un subiect care îl afectează personal pe ascultător.

Interferențe. Se remarcă 7 interferențe fizice și mentale în predispoziția auditivă din timpul unei interlocuțiuni sau a unui dialog:

Fizice	Mentale
• Locul	• Dispersie
• Condițiile de sănătate	• Nerăbdare/anxietate
• Deficiențele auditive	• Indiferență
• Forma de prezentare	• Rezistență/încăpățânare
• Iluminatul	• Poziție/statut
• Zgomotul	• Preconcepții
• Temperatura	• Preocupări

Tabelul 8. Interferențe în actul de ascultare

Detalii. Interferențele în actul de ascultare sunt subevaluate. Crearea condițiilor favorabile, cum ar fi grija pentru loc, respectiv - zgomotul, iluminarea, temperatura - ajută interlocutorii să audă mai bine și să evite scuzele celor implicați, legate de cauze exterioare. Pe de altă parte, interferențele mentale sunt cele mai banale și frecvente impedimente ale acțiunii de a asculta pe deplin. Provocările cresc atunci când intervin aspecte subtile, uneori inconștiente (de exemplu: preconcepții, dispersie, încăpățânare), care blochează capacitatea auditivă *de facto*.

Ideal. Pentru a deveni un bun ascultător, pentru un interlocutor este ideal să investească în autocercetarea trăsăturilor personalității sale sau a atitudinilor care limitează libertatea de a auzi în timpul oricărei interacțiuni.

Abordarea conștientologică

Condiție. Particularitatea conștientologică este dată de posibilitatea participării conștiințelor extrafizice la comunicarea interconștiențială, formând trei niveluri de interacțiune: conștin + conștin, conștin + conștiex, conștiex + conștiex.
Dimensiune. Astfel, subiecții interlocuțiunii, vorbitorul și ascultătorul sau emitentul și receptorul, sunt capabili să relaționeze numai considerând interacțiunea din dimensiunea intrafizică, dacă nu sunt conștienți de realitatea multidimensională.
Parapsihism. Pe de altă parte, interlocuțiunea dintre conștin + conștiex poate fi determinată de momentul de interacțiune lucidă dintre două conștiințe, în funcție de nivelul de parapsihism al conștiințelor intrafizice interlocutoare.
Interlocuțiune. Pentru Vieira (2003, p. 324), comunicarea dintre două sau mai multe conștiințe se bazează pe *tehnica interlocuțiunii*: discuție, dialog, colocviu, dezbatere, discurs sau orice interacțiune verbală. Acestea sunt mijloace ale interacțiunii intrafizice.
Moduri. Comunicarea conștiențială în dimensiunea extrafizică poate fi condusă, dintr-o anumită perspectivă, prin mijloace verbale, asemănătoare procesului uman conversațional și de asemenea prin mijloace telepatice, de la conștiință la conștiință, în mod direct, mentalsomatic.
Telepatia. În comunitățile extrafizice mai avansate există comunicarea telepatică, fără articularea cuvintelor, sunetelor, dincolo de limbajul verbal. Ideile sunt transmise telepatic de la paracreier la paracreier.
Conținuturi. Paracomunicarea este un domeniu de cercetare foarte amplu și este deja acceptat că ceea ce este transmis prin telepatie deține conținuturi asemănătoare limbajului uman obișnuit, utilizat în diferite limbi existente, însă fără o

reprezentare a formei (semn semnificativ). Semnele sunt învățate în bloc, nu cuvânt cu cuvânt.

Mentalsoma. Putem să abordăm comunicabilitatea corespunzător vehiculelor de manifestare a conștiinței. Potrivit lui Vieira, „psihosoma permite conștiinței articularea extrafizică a dialogului transmental *mecanicoid.* Mentalsoma facilitează telepatia pură, inclusiv *conștientesa*, și niciun alt proces de comunicare" (Vieira, 1999, p. 338).

Relevanță. Mai important decât a ști să vorbești, este să știi să asculți un interlocutor. Mesajul tău deține o complexitate inerentă oricărei conștiințe (conștin sau conștiex). Procesul de a asculta necesită tehnică, disponibilitate, atenție, atitudine asistențială bazată pe voința sinceră de a penetra universul intraconștiențial al interlocutorului. Așa cum a spus Rubem Alves, necesită un curs de „ascultare".

Dificultate. Să îi asculți pe alții vorbind despre un subiect oarecare este relativ simplu, în comparație cu cât de dificil este să știi să asculți pe cineva care vorbește despre complexitatea oricărei conștiințe, chiar și atunci când subiectul este despre noi înșine. Orice idee emisă permite diferite niveluri de înțelegere din partea ascultătorului.

Cunoștință. În general, un ascultător aude ceea ce repertoriul său cognitiv îi permite să audă și să înțeleagă, fiind supus propriei sale procesări mentale, interpretării și capacității cognitive și sinaptice.

Tehnică. Despre *tehnica interlocuțiunii* necesare unei comunicări sănătoase, Vieira (2003, p.325) spune că ea necesită să auzi și să știi să *asculți* și scoate în evidență 20 de moduri de a asculta un interlocutor, chiar o conștiință extrafizică, prin *telepatia extrafizică*:

01. **Abstracțiune**. Nu-l asculta pe *cel care* gândește în *termeni diferiți*, într-o altă direcție.
02. **Alienare**. Nu asculta și nu inventa ceea ce celălalt nici măcar nu *a exprimat*.
03. **Acord**. Nu transforma spusele *celuilalt* într-un *obiect al acordului*. Această resursă se numește argumentarea primară a *eșecului pasiv*.

04. **Dialog**. Ascultă-l pe *celălalt* printr-un *dialog atent și educat*.
05. **Discordanță**. Nu transforma spusele *celuilalt* într-un *obiect al discordanței*. Această resursă este argumentarea primară a eșecului activ.
06. **Egocentrism**. Nu auziți de la *celălalt* numai ceea ce confirmă sau infirmă propria *gândire* sau mod de a înfrunta faptele.
07. **Fosilizare**. Nu auziți la *celălalt* numai ceea ce deja ați gândit despre discursul său (preconcepții stagnatoare, apriorismoză).
08. **Lipsă de logică**. Nu scoate în evidență din discursul *celuilalt* numai aspectul emoțional, agreabil sau dezagreabil pentru tine, în funcție de posibilul monopol al *subcreierului abdominal*.
09. **Imaginație**. Nu asculta la *celălalt* numai ceea ce este imaginabil pentru tine.
10. **Impulsivitate**. Nu asculta la *celălalt* numai ce este adaptabil la *propriile impulsuri* de iubire și afecțiune sau de repulsie și mânie, pe care deja le-ai simțit personal, fie că ești interlocutor, conștiință intrafizică sau conștiință extrafizică, în orice conjunctură sau moment evolutiv.
11. **Intraconștiențialitate**. Nu asculta la *celălalt* numai *acele puncte* adecvate propriilor idei sau moduri de a vedea lucrurile, care te ating mai direct. Egoul este întotdeauna cel care perturbă cel mai mult comunicabilitatea interconștiențială.
12. **Manipulare**. Nu asculta la *celălalt* numai ideile pe care speri să le *auzi* în mod special de la acesta.
13. **Monologuri**. Nu-l asculta pe *celălalt* și forma 2 *monologuri* paralele simultane (statice și zgomote mentale), în loc să stabilești un dialog firesc cu acesta.
14. **Neofobie**. Nu asculta la *celălalt* numai ce deja ai mai auzit.
15. **Personalism**. Nu utiliza din discursul *celuilalt* numai *părțile care te privesc* și îți sunt utile în mecanismul de apărare a egoului sau de selectivitate egotică.

16. **Preconcepții**. Nu-l asculta pe *celălalt* numai cu intenția de a auzi ceea ce deja ți-ai propus.
17. **Senzație**. Nu-l asculta pe celălalt numai din perspectiva reacției pe care o simți (fără să spui ceva).
18. **Subevaluare**. Nu forța introducerea ideilor *celuilalt* în ceea ce ești *deja obișnuit să gândești*, nu realiza subevaluări laterale sau analize părtinitoare.
19. **Surditate**. Nu stabili un *dialog al surzilor*, fără comunicare cu *celălalt*.
20. **Tendențiozitate**. Nu asculta la *celălalt* numai ideea deja stabilită să fie spusă ulterior, în timpul dezbaterii constructive (autoapărare primară).

Discernământ. Potrivit lui Vieira, *din întreaga listă numai **articolul** 4 indică o manieră corectă de a **asculta cu discernământ***. Celelalte indică aspecte care trebuie evitate.

Abandon. În dialogul sănătos, atitudinea unui ascultător cu discernământ implică momentul de autoabandon, eliberarea de ego, cu scopul de a se concentra pe discursul celuilalt și pe ceea ce el vrea să comunice. Acest abandon favorizează succesul comunicativ, pe baza relației asistențiale reciproce (interasistență).

Sarclar. Această atitudine de abandon nu implică pasivitatea sau acceptarea acritică a conținutului spus de interlocutor. Devine important să discernem ceea ce auzim fără gurulatrie, venerație, autocenzură, autoreprimare sau omisiune deficitară, cu scopul exercitării sarcinilor de clarificare (sarclar).

Egocentrism. Multe conștiințe intrafizice adoptă atitudinea egocentrică în procesul comunicativ deoarece aud numai ce le interesează, captează un cuvânt sau altul, (pre)judecă, trag concluzii precipitate despre interlocutor sau despre ideea manifestată. Din această atitudine se nasc preconcepțiile. Conștiinței obișnuite să gândească din egoul propriu îi este greu să gândească din punctul de vedere al interlocutorului. De aici pornesc așa-numitele „zgomote în comunicare”.[16]

---

[16] Zgomotele în/de comunicare sunt acele elemente interioare sau exterioare care intervin în procesul de transmitere a informației între emitentul și receptorul acesteia; n.tr. potrivit https://www.conteudoinbouncmarketing.com.br/ruidos-de-comunicacao/

Selecție. Receptorul sau ascultătorul care alege ideile (ascultare selectivă) este concentrat pe sine însuși. O asemenea atitudine întărește concepțiile apriorice, închiderea conștiențială și îndepărtează interlocutorul de empatia necesară oricărei interlocuțiuni.
Personalism. O altă variabilă care se manifestă în timpul ascultării se numește selectivitate egotică, în care ascultătorul selecționează o parte a discursului care se referă la el însuși și îl folosește antifratern și antiștiințific în mecanismul de apărare a egoului. Ideile expuse de interlocutor sunt considerate ca fiind împotriva ascultătorului, care se simte ofensat și rănit în amorul propriu și se apără căutându-și justificări în loc să își concentreze atenția pe conținutul mesajului.

„Egoul exacerbat este cel care perturbă
cel mai mult comunicabilitatea
interconștiențială".
(Vieira, 2003, p. 325)

Evoluție. Orice conștiință are nevoie de un ego în structura sa de bază, ca ființă singulară și inteligentă. De aici provine interesul prioritar al conștientologiei de a se concentra, în mod conștient, din perspectiva evoluției conștiențiale, pe studierea conștiinței umane, deși ea studiază întregul spectru al existenței, începând cu ființele microscopice (viruși, bacterii, protozoare), continuând cu starea de pre-animal și animal (plantă, animal subuman, animal uman), până la conștiințele libere, cele din urmă reprezentând starea post-serenissimus.
Parasinapse. Din perspectiva evoluției și a parageneticii, în actualul scenariu al conștiințelor resomate pe planetă nu s-a observat încă consolidarea parasinapselor pentru comunicarea interasistențială efectivă (neegocentrică), de înalt nivel, cu excepția câtorva conștiințe lucide evoluate (helperi, desperți, evoluțiologi etc). Provocarea actuală este îmbunătățirea calității medii sinaptice a majorității conștiințelor intrafizice și odată cu aceasta creșterea calității parasinaptice.
Paradox. Complexitatea conștiinței reprezintă o provocare pentru orice conștiință intrafizică deoarece orice tip de

comunicare conversațională oglindește aspecte, stări și fisuri ale complexității existente în ambii parteneri de discuție. Cu alte cuvinte, dacă o conștiință ascultă cu atenție pe interlocutorul său, va trebui să reflecteze și asupra propriilor sentimente, gânduri și senzații, această reflecție fiind de multe ori o dificultate majoră. Autocunoașterea necesită autocercetare (a privi în interior).

Triplu. Abilitatea de a conjuga 3 cunoașteri în timpul interlocuțiunii, potrivit trinomului *a ști să asculți – a ști să notezi – a ști să vorbești* (Vieira, 2012, verbetul *Interlocuțiune*), determină capacitatea de a asculta. Cu cât auzi mai bine ceea ce altul are de spus, notându-ți ceea ce este important și vorbind clar, cu atât mai repede vei dobândi eficacitatea comunicativă pro-evolutivă.

Propunere. Acest mod de a asculta întărește noțiunea de *comunicare evolutivă*, propusă de autoare, pentru a caracteriza această acțiune conștientă care poate fi adoptată de orice conștiință în timpul oricărei interlocuțiuni, atât în dimensiunea intrafizică, cât și în cea extrafizică.

Alegere. În fiecare dialog, fiecare emitent este responsabil pentru rezultatul comunicării, care depinde de alegerea pe care el o face între a se conecta cu hologânsena homeostatică *sau* cu cea patologică. Nivelul și calitatea gânsenității depind de alegerea intimă a fiecărei conștiințe care emite gânsene.

Epicentrism. În timp ce fiecare vorbește într-un dialog, emitentul se află în centrul interlocuțiunii. Având în vedere alternanța rolurilor, când emitent, când receptor, există o alternanță ciclică a epicentrismului și a responsabilității privind calitatea gânsenică, ceea ce va influența rezultatul comunicării.

Gânsenitate. Tema calității gânsenice manifestate de către conștiință va fi aprofundată în Capitolul Inter-relații, Secțiunea III – Interactologia.

Chestionologie. În orice dialog, tu, cititorule, obișnuiești să asculți atent și civilizat interlocutorul? Ai atins nivelul la care poți asculta cosmoetic?

A ȘTI SĂ VORBEȘTI: COMUNICAREA VERBALĂ

Personalitatea se relevă prin modul în care o persoană vorbește.
(Penteado, 1981, p. 154)

Vorbitul este o semnătură gânsenică simplă
(Vieira, 2012, verbetul *Semnătura gânsenică*)

Limbi. Este imposibil ca o conștiință intrafizică să poată vorbi toate limbile, având în vedere că sunt mai mult de 5000 în acest moment pe planetă (anul de referință: 2013).

Factori. În actul de vorbire sunt implicați factori fiziologici, cognitivi și parapsihici. Cel puțin 16 factori influențează comunicarea interconștiențială și interdimensională (Vieira, 1999, p. 648):

01. Baza idiomatică mentală.
02. Caracteristicile limbii materne (de exemplu, jargonul).
03. Obiceiul de a gândi în limba maternă.
04. Confruntarea limbilor materne.
05. Modul feminin de a vorbi.
06. Modul masculin de a vorbi.
07. Modul de a vorbi al copiilor.
08. Bradipsihismul și tahipsihismul, referitor la viteza cu care o persoană gândește.
09. Dificultăți în comunicarea extrafizică.
10. Paralela dintre telepatia pură din starea de trezire fizică obișnuită și cea din perioada extrafizică, ca de exemplu, în timpul unei proiecții conștiente.
11. Interferențele stațiilor de radio, televiziune și telefonie în comunicarea conștiențială.
12. Existența și acțiunea posibilă a transmițătorului și receptorului telepatic.
13. Starea psihologică a transmițătorului și a receptorului.
14. Influența mediului extrafizic în comunicarea conștiențială.
15. Comunicarea mentală spontană cu animalele subumane extrafizice.
16. Incomunicabilitatea extrafizică.

Vorbire. Pentru a vorbi este nevoie de un aparat fonator funcțional. Emiterea sunetelor în limba vorbită depinde de condițiile somatice funcționale pentru a exercita această abilitate.
Absență. În absența acestor condiții, emitentul poate utiliza alte resurse sau forme de exprimare a gândurilor, ca de exemplu comunicarea prin semne, mult utilizată de către surzi.
Surditate. Oliver Stacks a realizat în cartea sa „Văzând glasuri. O călătorie în lumea surzilor" (1999) un studiu aprofundat al limbajului folosit de conștiințele surdo-mute. Istoria evoluției limbajului a avut perioade de deschidere, când a fost folosit în educație și utilizatorii l-au integrat în viața lor, dar și perioade de blocaj.
Lume. Anumite țări, cum ar fi Statele Unite, Anglia, Danemarca, Franța, China și chiar cultura maya, sunt pioniere în dezvoltarea și sistematizarea limbajului semnelor, unele cu sisteme gramaticale complexe.
Comunitate. Există un caz interesant în insula Martha's Vineyard, Massachusetts, SUA, care s-a întâmplat după sosirea primilor colonizatori surzi, prin anii 1690. Căsătoriile endogame au propagat surditatea ereditară care s-a menținut în interiorul acelor populații timp de 250 de ani. Ca reacție la o asemenea situație, întreaga comunitate a învățat limbajul semnelor, pentru o mai bună comunicare între cei fără probleme auditive și cei surzi.
Rezultat. Performanța comunicativă a conștiințelor purtătoare de post-surditate (dobândită după ce au învățat să vorbească) și ale celor purtătoare de pre-surditate (surzi din naștere) a fost semnificativă datorită amplitudinii rețelelor neuronale formate în creier, care au îmbunătățit capacitatea de exprimare și de comunicare cu persoanele care nu sunt surde.
Creier. Studiile despre purtătorii de surditate au arătat că zonele afectate din emisfera stângă (legate de vorbire și limbaj) sunt transferate zonelor din creier care controlează spațiul-timpul. Astfel, abilitățile celor care „vorbesc" în limbajul semnelor se remarcă prin inventivitatea privind mișcările spațiale care reprezintă semnele lingvistice, ideile, gândurile, emoțiile și senzațiile.

Gestual. Pentru aceşti vorbitori, gestul conţine scenariul comunicaţional, fiind complet relevant în comunicabilitatea personală. Absenţa gesturilor (amimia[17]) devine patologică, deoarece înseamnă moartea fizică a comunicării, sărăcirea inter-comprehensiunii şi deschiderea uşilor către înţelegeri eronate şi, în general, către dezinformări (Vieira, 2012, verbetul *Amimia*).
Copilărie. Primele dialoguri verbale ale conştiinţei în faza infantilă sunt învăţate prin repetarea unor fraze auzite, pronunţate de către adulţi, incluzându-le aici pe cele care îşi au originea în dimensiunile extrafizice. Vocabularul diferă în funcţie de ordinea cuvintelor şi de semnificaţia lor, expresiile fiind influenţate de mediul socio-cultural, de personalitatea şi temperamentul conştiinţei, conţinând, în general, îndoielile şi necunoaşterea conştiinţei privind „noua" realitate intrafizică.
Con-uri. În copilărie, reamintirea în mod lucid a con-urilor este incipientă pentru majoritatea conştiinţelor resomate şi tinde să se amplifice în faza adultă. Este posibilă accelerarea recuperării con-urilor, accesând propria holomemorie prin utilizarea tehnicilor bazate pe discernământ şi luciditate, ceea ce presupune mult efort din partea conştiinţei.
Identificare. În faza infantilă, identificarea şi structurarea propriului ego sunt determinate de către conştiinţă în funcţie de limitele sale corporale în raport cu corpul mamei.
Pregătire. Se consideră că, pentru o conştin în evoluţie, copilăria este faza de pregătire. Cât este copil, conştiinţa se confruntă cu un înalt nivel de restrângere a potenţialului şi atributelor sale conştienţiale.
Început. Astfel, din primele luni până la 5-6 ani, comunicabilitatea este limitată, deoarece conştiinţa încă nu îşi stăpâneşte resursele lingvistice necesare pentru a comunica plenar, autolucid şi multidimensional.
Amplitudine. Cu toate aceste, conştiinţa se întâlneşte cu diferite posibilităţi comunicative, cum ar fi vorbitul (care debutează începând cu 14 luni), auzul, gesturile, expresia corporală, unelte pe care în viitor va şti să le folosească, dacă nu va exista o

[17] *Amimie* – stare patologică constând în incapacitatea de exprimare a stărilor afective prin mimică; https://dexonline.ro/definitie/amimie; n.tr.

tulburare cognitivă, neurologică sau somatică.

Oralitate. Exprimarea orală – limba vorbită – trimite la conceptul de oratorie, arta de a vorbi în public, de a articula un gând exprimat printr-un discurs oral, printr-o metodă de reguli și tehnici menite să rafineze calitățile personale de vorbire în public.

Istorie. Aristotel, filosoful din Grecia Antică, unul dintre precursorii *retoricii*, a studiat și perfecționat realizarea și prezentarea discursurilor în dezbaterile publice. *Retorica* derivă din dialectică și politică. Ea nu era o știință, ci *arta de a convinge prin cuvântul rostit*. Retorica era considerată o abilitate importantă în viața publică și privată.

Public. În Epoca Modernă și Contemporană, studiul *retoricii* se concentrează pe tematici legate de argumentare, în timp ce *oratoria* creează și dezvoltă metodele și modurile de a vorbi în public, foarte folosite în practica pedagogică, în desfășurarea activităților în diferite arii: antreprenorială, politică, executivă și profesională. A învăța să vorbești face parte din arta de a trăi bine (Penteado, 1976, p. 275).

Laringochakra. Potrivit laringochakrologiei, investiția în calificarea comunicării orale sau verbale, în dezvoltarea acesteia, precum și într-o mai bună performanță a interlocuțiunii prin vorbire relevă inteligența evolutivă a conștiinței, prin utilizarea sănătoasă a laringochakrei. De exemplu, a ști să vorbești cu claritate și discernământ.

Subiecte. Există subiecte interesante, obiecte de studiu ale laringochakrologiei, ca de exemplu: intonația, tonalitatea vocii, volumul, timbrul, forța vocală, libertatea vocii, deschiderea plămânilor, mișcările diafragmatice, ritmul etc.

Pedagogie. Studierea acestor aspecte o ajută pe conștiința dedicată predării conștientologiei în a-și modula volumul și tonalitatea vocii în sala de clasă, astfel încât să poată vorbi cu energia potrivită pentru a ajunge până în fundul clasei și a acoperi cele 4 colțuri ale sale și câmpurile hologânsenice instalate, atât ale helperilor, cât și ale conștiințelor care urmează să fie asistate.

Blocaje. Pentru cei care au blocaje laringochakrale sunt recomandate următoarele exerciții somatice: 1) să învețe să țipe când este supărat; 2) să învețe să cânte, lăsând aerul să iasă din plămâni prin impulsul diafragmei; 3) să facă vocalize.

Emoție. Blocajele își pot avea originea în *cheloidele emoționale sau în rănile psihologice* rezultate din sedimentarea unor straturi de energie din corpul emoțional ca urmare a unor experiențe frustrante. Se numesc și *cicatrici ale psihosomei* (Balona, 2003, p. 97) și afectează echilibrul cardiochakrei și, în consecință, al laringochakrei.

Schemă. Efectul reverberator al unei emoții în procesul comunicativ traversează chakrele implicate în acțiunea de a vorbi, apărând următoarea schemă secvențială:

Emoție
↓
Cardiochakră
↓
Laringochakră
↓
Strigăt
↓
Autoexprimarea prin voce

Exemplu. La 10 ani, am fost supusă unei intervenții chirurgicale de extirpare a amigdalelor, o procedură foarte obișnuită în anii '60, din cauza laringitelor repetate (infecții în gât). Deși medicul îmi dăduse voie să vorbesc imediat după ce am ieșit din convalescență, eu mi-am prelungit pauza verbală pentru încă 4 sau 5 zile și nu am vorbit de teamă să nu mi se rupă corzile vocale, având ideea greșită că nu voi mai putea vorbi.

Dihotomie. O altă percepție cu privire la vorbire este determinată de modul în care vocea se poate impune. Se poate evalua dacă o conștiință exprimă ceea ce simte prin modul în care poziționează vocea în momentul vorbirii. Dacă există o dihotomie între aceste două elemente, se poate concluziona că există neautenticitate și nesinceritate în exprimarea conștiențială.

Resurse. A vorbi mai bine depinde de calități esențiale: emfază, intonație, pronunție, ritm, încredere. Fiecare dintre aceste resurse poate fi dezvoltată, perfecționată, transformată, prin munca, dedicarea, efortul, angajamentul vorbitorului. Experiența și puterea oratoriei se naște din voința conștiinței de a dori să comunice bine.

Reguli. Pentru John Searle (2002, p. 5), specialist în filosofia limbajului, „a vorbi o anumită limbă înseamnă a te angaja într-o formă de comportament (foarte complex), condus după anumite reguli". Când vorbește, un vorbitor nativ face caracterizări lingvistice, construind fraze cu anumite structuri sintagmatice prestabilite; în timp ce realizează acest act de a vorbi, nu descrie comportamentul unui grup, ci mai degrabă demonstrează stăpânirea acestei capacități de a vorbi potrivit regulilor propriei limbi.

Alegere. A alege ce să vorbești și pentru cine să vorbești revelează inteligența evolutivă a conștiinței preocupate să comunice adecvat, competent și asistențial. Prin urmare, este important momentul în care să vorbești, controlându-ți nerăbdarea de a dori să împărtășești noutățile importante cu cineva. Pauza de reflectare reprezintă decizia logică și providențială contra distorsiunilor sau utilizării defectuoase a informațiilor.

PL. De exemplu, când o conștiință trece prin experiența proiecției lucide și vrea să vorbească cu cineva despre asta. Potrivit lui Vieira, în acel moment, se recomandă a fi urmate 4 principii fundamentale: persoana, orarul, locul și forma.

1. **Persoana**. Comunicarea trebuie să fie făcută cu persoana potrivită, cea care este capabilă să înțeleagă proiecția lucidă.
2. **Orar**. Comunicarea trebuie să fie realizată la momentul oportun, atât pentru proiector, cât și mai ales pentru ascultător.
3. **Loc**. Comunicarea trebuie să fie transmisă în circumstanțele și locurile potrivite, care să îi favorizeze înțelegerea.
4. **Formă**. Comunicarea trebuie să fie inteligibilă, să folosească cuvinte și expresii adecvate, în funcție de nivelul ascultătorului.

Circumstanțe. Cel mai bine este ca în situațiile delicate, când contextul indică prudență și atitudine cosmoetică din partea vorbitorului, acesta *să știe să tacă* în timpul dialogului. Să evalueze dacă tăcerea respectă limita conștiențială a interlocutorului. Nu toate adevărurile pot fi spuse deodată. Trebuie să se folosească discernământul și cosmoetica fraternă.

Grupkarma. Comunicarea în familie furnizează stabilitate emoțională pentru anumite conștiințe introvertite și mai puțin comunicative. Familia, când nu este atentă la această particularitate, poate contribui la amplificarea timidității, izolării, rușinii, descurajarea autodepășirii prin vorbire, mai ales în copilărie.

Predominanță. În general, în grupurile familiale tradiționale predomină mutismul, cuvintele nerostite, reticiența, liniștea în numele păcii domestice, al pseudo-armoniei și al stabilității familiale. Există credința că nu trebuie să se amestece în chestiuni polemice, incomode, provocatoare, nepotrivite, rebeliuni și violență.

Cuvânt. Cuvântul nerostit la momentul potrivit alimentează complexul univers mental al ruminațiilor gânsenice, putând declanșa boli psihosomatice, dezechilibre emoționale și dereglări de personalitate, nevroze și psihoze. *Uneori un cuvânt vindecă.*

Importanță. Temple Gradin, autistă diagnosticată în copilărie, a devenit un profesionist de succes, care scria în cartea ei: „*un cuvânt greșit poate distruge încrederea care s-a construit în luni, respectul și comunicarea cu o altă persoană* (1999, p. 123) (mai multe detalii despre Temple Grandin în capitolul despre autism).

Dialog. În grupurile familiale mai sănătoase și pozitive, în care părinții construiesc un mediu primitor și fratern în relația cu copiii lor, conștiința tinde să își perfecționeze comunicarea interdimensională. Dialogul deschis și sincer ajunge să favorizeze maturizarea comunicativă dacă cele mai importante subiecte, chiar și cele considerate tabu, sunt făcute cunoscute și discutate.

Efecte. Reiterăm efectele pozitive ale interlocuțiunilor productive, ale conversațiilor utile, clarificatoare, reciclatoare, ale dialogurilor față în față, acompaniate de discuții asertive, cosmoetice și fraterne.

Atitudine. În timpul dialogului cu un copil, simpla atitudine a adultului de a-și pleca privirea spre ochii copilului în timpul discuției repercutează pozitiv în educația și calitatea comunicativă și, desigur, dă eficacitate mesajului.

Efort. Pentru mulți, a ști să vorbească este un dat, un cadou înnăscut. Așadar, potrivit abordării conștientologice, mai exact potrivit holoresomaticii, este bine cunoscut că abilitățile sunt dobândite de către conștiință de-a lungul diferitelor existențe. Atât de comentata „artă de a vorbi" este rezultatul unui efort îndelungat, a muncii asidue a conștiinței în alte vieți, atribut care acum poate fi utilizat în realizarea proiectelor vieții și a programului existențial (proexis).

Social. Unul dintre modurile cele mai eficiente de a dezvolta vorbitul este în grup, fie la locul de muncă, fie în timpul liber. Sociabilitatea promovează dexteritatea de a vorbi simplu, colocvial, distractiv, prin schimbul celor mai primare emoții și a celor mai importante exprimări ale fiecărei conștiințe.

Aversiune. A nu-ți plăcea să vorbești cu prietenii sau cu vecinii, indiferent că este vorba despre un dialog simplu sau complex, relevă un caracter închis, contrar interesului minim pentru ceilalți, ceea ce determină distanțarea de oportunitatea asistențială prin comunicarea interconștiențială. În orice inter-relaționare există un schimb de cuvinte și energii.

Luciditate. Nu orice dialog este constructiv și pozitiv, există dialoguri banale, colocviale, neangajate și altele mai erudite, intelectuale și complexe. Prin urmare, discernământul, criteriile și luciditatea trebuie folosite, cu simț critic, pentru a diferenția conținutul, pentru că a vorbi doar de dragul de a vorbi, fără a determina consecințele, nu determină evoluția și nici nu instruiește.

Interviu. A te întâlni cu cineva pentru un schimb de idei și pentru a obține informații sau opinii despre un anumit subiect, sub forma unui *interviu evolutiv* (Vieira, 2012, verbetul *Interviul evolutiv*) produce efecte în funcție de calitatea acestei comunicări. Atunci când interlocuțiunea este educată, există o concentrare clarificatoare de ambele părţi şi se practică sarcina de clarificare, tendinţa este să existe o *comunicare evolutivă*.

Expansiune. Mai mult decât practica interviului evolutiv, amplificarea calităţii interlocuţiunii la alte aspecte ale vieţii cotidiene prin utilizarea comunicării evolutive, indică un mai mare exemplarism, teopractica şi caracterul asistenţial al conştiinţei care tânjeşte după o calitate superioară a comunicării.

Maniere. Diferitele maniere de a vorbi pot fi ilustrate şi, în acelaşi timp, detaliate prin descrierea lui Penteado (1976, p.61), în următorul pasaj:

> Sunt unii care vorbesc smucit, ca şi cum vorbele lor sunt extrase cu forţa din aparatul fonator; sunt alţii care atunci când vorbesc au modulaţii mai joase sau mai înalte, cu versatilitatea unor melodii moderne, în care există un exces disonantic şi aproape fără niciun pic de armonie; sunt unii care împachetează cuvintele, astfel încât le transformă în sunete fără semnificaţie; sunt cei care vorbesc cu gura aproape închisă, cu vorbele abia reuşind să scape printre buze, pe furiş ca nişte evadaţi dintr-o închisoare; sunt alţii care vorbesc foarte jos sau foarte sus, având nevoie de un amplificator de sunet, în primul caz şi de un limitator de intensitate, în cel de al doilea; sunt unii care vorbesc atât de rar încât ne ia somnul când îi ascultăm şi alţii care vorbesc atât de rapid încât ne este aproape imposibil să distingem cuvintele prin cascada de sunete care se succed cu furia curgerii unui râu; sunt unii care au voce subţire, alţii groasă, răguşită, stridentă, brutală, copilărească, pe scurt, comunicarea umană individuală nu este sub niciun alt aspect atât de individuală cum este din perspectiva modului de a vorbi.

Autoconştienţă. Autoconştienţa verbală se relevă în comunicarea vorbită, atât în dialog, cât şi în schimbul informal de idei, în dezbaterea deschisă sau în expunerile publice de orice fel. Înveţi să te cunoşti pe tine ca vorbitor atunci când pui accent pe valoarea pe care o are enunţul tău din punct de vedere asistenţial, când doreşti să îl ajuţi pe celălalt să se cunoască şi să comunice mai bine.

Studiu de caz

Copilărie. Unele trăsături ale personalității, conjugate cu educația represivă din copilăria mea, au provocat efecte negative în calitatea comunicării.
Reacție. Mediul și interacțiunile familiale, uneori lipsite de armonie, au determinat frici clar neidentificate, exacerbând imaginația infantilă ca mecanism al fugii de realitate. Această situație a influențat atitudini care au ajuns să acționeze predominant, producând o atitudine mai mult receptivă decât reactivă, cu foarte puțină inițiativă de a mă exprima.
Respingere. Nivelul de satisfacție afectivă era determinat de atenția și grija părinților, fraților, rudelor și vecinilor. Pe baza propriei imaginații și a percepțiilor experimentate, eu credeam că nu sunt suficient de iubită, de unde a rezultat un sentiment de respingere și pentru că eram a șaptea și ultima fiică (*„restul de la oală"*, cum obișnuiau să spună rudele).
Dependență. Acest sentiment a generat dependența afectivă externă și a accentuat stima scăzută de sine, visând la bine și fericire numai atunci când eram susținută de inițiativele celor din jur.
Frustrare. Când doza de atenție și de drăgălășenie nu corespundea așteptărilor, creștea sentimentul de respingere și de excludere. Sentimentul era de a fi singură, abandonată și neînțeleasă și de a mă simți diferită de ceilalți („străin în cuib") și eram permanent incapabilă de a exprima aceste sentimente și de a cere ajutorul părinților, fraților, rudelor și prietenilor.
Necomunicare. Acea lacună afectivă s-a menținut în adolescență și la maturitate, ascunsă în mod complex de mecanismele de apărare a egoului, de compensările energetice, psihosomatice și chiar mentalsomatice. Atenuarea problemei creștea distanța până la vindecare, prejudiciind interacțiunile personale în interiorul și în afara familiei, prin comportamentul retras, închis, serios și timid, vecin cu necomunicarea.
Absența energetică. Efectele acestor comportamente produceau o exprimare conștiențială cu o prezență energetică redusă, evidențiată prin atitudini patologice echivalente cu închiderea conștiențială, cu autismul conștiențial, autoboicotul, omisiunea

deficitară, egocentrismul, fobia, slăbiciunea şi aşa mai departe.
Orgoliu. În inter-relaţionarea conştienţială adultă, aceste caracteristici se camuflau în spatele orgoliului. Aroganţa este un impediment pentru apropierea sănătoasă dintre două sau mai multe conştiinţe. Această barieră creată de mine însămi a fost conştientizată numai după 40 de ani, fiind una dintre trăsăturile cele mai complexe, mai dificil de cercetat şi reciclat, chiar şi în prezent, cu avantajele pe care deja le deţin acum.
Inadaptare. Chiar dacă târziu, am descoperit prin autocercetare mecanismul intraconştienţial care mă făcea să mă simt singură şi respinsă, să dezvolt în copilărie autoapărarea ca formă de protecţie faţă de „lumea" reală, ameninţătoare şi aparent neprimitoare. Acest lucru a fost interpretat ca incapacitate de adaptare la noua viaţă intrafizică, fiind una dintre caracteristicile descrise de purtătorul *Sindromului Străinului*.
Paradox. Autoprotecţia, numită în acest studiu autism *light*, practicată, în principal, în copilărie şi adolescenţă, a împiedicat, în acelaşi timp, dezvoltarea sănătoasă a relaţiilor şi a expansiunii comunicative, a favorizat cufundarea în microuniversul conştienţial, pe de altă parte dezvoltând capacitatea reflexivă de a observa lumea şi pe mine însămi, aşa cum deja am prezentat în capitolul Autismul conştienţial.

Chestionologie. Cititorule, tu te faci uşor înţeles când vorbeşti? Eşti conştient de importanţa vorbitului ca sarcină de clarificare (sarclar)?

A ȘTI SĂ CITEȘTI: COMUNICAREA DECODIFICATĂ

Este necesar să citești și mai ales să știi să interpretezi ce citești.
Lectura: dialog mut.
(Vieira, 2009, p. 230)

Gest. A ști să citești implică gustul pentru lectură. Nu este suficient să îți alerge ochii peste cuvinte; ceea ce este fundamental în a lectura este să captezi conținutul propus de către autor, putând discerne, înțelege și beneficia de informații.
Analfabetism. Cercetările din zona educației arată un indice ridicat de *analfabetism funcțional* în Brazilia (anul de referință), ceea ce denotă o cunoaștere și interpretare redusă a textelor scrise în cărți, reviste, ziare, caiete de curs și apostile, începând cu texte consacrate în literatura braziliană și sfârșind chiar cu o simplă scrisoare scrisă de mână.
Extrapolare. Așadar, dincolo de cerința minimă ca cititorul să fie alfabetizat, *a ști să citești* îți permite să gândești alături de autor, să îl înțelegi și să îl critici. Capacitatea de înțelegere și de critică presupune o dezvoltare cognitivă, ideativă și reflectivă.
Dialog. Lectura este dialogul dintre cititor și autor. În acest dialog, cititorul inteligent gândește și reflectă activ la ceea ce citește. Examinează ideile autorului înainte de a le accepta. Acesta este profilul cititorului critic și capabil de a infirma.
Pasiv. Cititorul pasiv citește fără a participa la acest dialog, reținând sau nu ideile, fără a critica și fără a-și formula o perspectivă proprie despre subiectul respectiv. Acesta este profilul cititorului mediocru, lipsit de opinie și poziționare.
Importanță. *Lectura amplifică și integrează cunoștințe, flexibilizând memoria, deschizând din ce în ce mai mult orizonturile cunoașterii, îmbogățind vocabularul și ușurând comunicarea, disciplinând mintea, amplificând conștientizarea prin contactul cu forme și perspective diferite ale aceleiași probleme.* (Ruiz, 1993, p. 35).
Notițe. Ideal este să citești cu caietul de notițe, creionul sau pixul alături, pentru a înregistra ideile noi și informațiile utile, care pot fi utilizate, de exemplu, pentru scrierea propriei cărți.

Tehnică. Potrivit lui Ruiz, *pentru un bun cititor nu doar cititul este esențial; el își face propriile rezumate și încearcă să realizeze un montaj, o înlănțuire, o articulare de idei în texte ample și profunde (p.38).* Subliniază ideile centrale, cuvintele-cheie, în căutarea esenței și a sintezei conținutului și opiniei autorului.

Subliniere. La fel și pentru Vieira (2002, p. 82), „lectura ideală este aceea pe care cititorul o face cu o cariocă galbenă în mână sau, altfel spus, citind și *cu degetele*, subliniind și notând ceea ce citește ca și cum ar lucra cu un text pentru arhiva sa *eternă* (holomemoria, paraprofilaxia, paratehnologia, istoria, *autobiografia multiexistențială*)".

Rezumat. O metodă de a învăța să citești este să faci rezumatul textului citit pentru a surprinde ideea centrală. Această activitate este asociată scrisului, favorizând abilitatea de a *ști să scrii.*

Sugestii. Pentru elaborarea unui rezumat sunt indicate, în ordine funcțională, următoarele 5 elemente optimizatoare ale tehnicii *a ști să citești*:

1. **Notițe**. Întâi citești, făcând notițe pe margine, și apoi faci rezumatul.
2. **Conținut**. Fii scurt și comprehensibil, notând suficient pentru ca în viitor să te poți lipsi de lectura textului original.
3. Cuvinte. Parcurge în mod special cuvintele subliniate și adnotările făcute pe marginea textului.
4. **Referințe**. În cazul în care transcrii textual (citat), folosește ghilimele sau caractere italice și trece referința completă privind sursa și pagina.
5. Rezumat. Adaugă la finalul rezumatului idei integratoare, critici cu caracter personal, contribuie la informațiile tratate acolo.

Colecție. Pornind de la lectură, fiecare conștiință își poate crea o colecție culturală și informațională unică. Cu toate aceste, recuperarea de con-uri, necesare obținerii unei lucidități superioare, poate întârzia, necesitând un efort continuu; cu cât mai multe informații și cunoștințe se acumulează în holomemorie prin lectura selectivă, cu atât mai multe asocieri mentale pot fi făcute.

Dicționar. În acest mod se amplifică dicționarul cerebral personal, indispensabil comunicării. Acumularea de cuvinte și idei îmbogățește în primul rând dicționarul analogic al persoanei, diferit pentru fiecare cititor sau scriitor în parte.

Asistență. Bagajul cultural influențează direct capacitatea asistențială deoarece, cunoscând dintr-o perspectivă multidimensională realități și subiecte diferite, accesul prin dialog la cel asistat va fi mult ușurat. Investiția în îmbunătățirea instrumentelor comunicative precum vocabularul, polisemia, limbile străine, utilizarea dicționarelor este pro-evolutivă și pro-asistențială.

Chestionologie. Cititorule, știi să citești concentrat și critic? Cititul tău este de calitate? Obișnuiești să dialoghezi mental cu autorul?

A ŞTI SĂ SCRII: COMUNICAREA GRAFOGÂNSENICĂ

Comunicarea unei idei nu este întotdeauna un proces uşor.
(Vieira, 2002, p.83)

A şti să grafogânsenizezi: ortogânsenă materializată.

Premisă. Potrivit lui Othon Garcia (1980, p. 330), „cel care nu dispune de o capacitate minimă de reflecţie nu îndeplineşte condiţiile necesare scrisului". Altfel spus, scrisul implică abilitatea de a selecţiona, ordona şi asocia impresii şi idei obţinute prin observarea faptelor interne şi externe ale conştiinţei.
Alfabetizare. Scrisul presupune alfabetizarea în limba maternă, ceea ce este indispensabil pentru comunicarea scrisă a *gânsenelor* şi grafogânsenelor. Cu toate acestea, sunt şocante statisticile care ne arată că există un miliard de oameni pe planetă care sunt analfabeţi, neştiind să scrie şi să citească (anul de referinţă: 2013).
Obicei sănătos. Reflectarea la fapte şi parafapte ajută la transmiterea conţinuturilor şi concluziilor obţinute prin experienţă. Reflectarea implică cufundarea în propriul microunivers conştienţial, cu scopul de a căuta răspunsuri la întrebările existenţiale personale sau cele privind cunoaşterea universală despre Cosmos.
Propunere. Principala finalitate a înregistrărilor scrise este a lăsa o moştenire generaţiilor viitoare şi propriei conştiinţe prin autoreleul multiexistenţial. A citi propria carte în viitor, într-un alt secol, înseamnă reluarea autocercetării din punctul în care aceasta a fost lăsată în dimensiunea intrafizică, şi a avansa în reflecţii şi în autoevoluţie.
Polikarmalitate. În plus, scrisul este peren, publicarea unei cărţi permite comunicarea asistenţială cu nenumărate conştiinţe intrafizice, dornice de informaţie şi de noi experienţe prin analiza trăirilor şi gândurilor altor conştiinţe. Schimbul de idei este o formă hibridă de experienţă: propria conştiinţă cu o altă conştiinţă.

Observație. Cu cât observăm mai mult faptele și parafaptele, cu atât colecția de idei acumulate este mai mare. Observatorul atent și curios, cu spirit de cercetător, va avea mai mult de scris, datorită cunoștințelor sale, inspirației și impresiilor foarte acute, care îi vor favoriza fluxul de idei pe care el va dori să le transmită.
Tehnică. Orice activitate sau sarcină poate fi optimizată prin tehnici specifice. Nu este altfel nici în cazul scrisului. Pentru a-și atinge scopul superior de comunicare a ideilor și transmitere a cunoștințelor cu discernământ, și scrisul are nevoie de o cunoaștere tehnică.
Evitare. Potrivit lui Vieira (1997, p. 217) și în acord cu *mentalsomatologia*, „cel care evită să scrie ceea ce nu ar spune este întotdeauna inteligent".
Interprizonierate. A avea luciditate critică în actul de a scrie și a scrie idei și opinii bine elaborate și ferme permite evitarea interprizonieratelor grupkarmice, ca urmare a accelerării istoriei personale. A ști ce să spui este echivalent cu a ști ce să scrii.
Registru. Obiceiul de a nota, înregistra și scrie contribuie la acumularea ideilor din diferite surse interne sau externe și la formarea unui stoc personal de lecturi.
Expansiune. Îmbogățirea cunoștințelor prin lectură și scriere aduce maturitate comunicării, amplificând orizonturile și frontierele unor posibili cititori de dincolo de cercul tău obișnuit de relații. Cu cât asistența oferită de către o conștiință este mai amplă, mai sarclaristă și avansată, cu atât mai mult aceasta va acționa în polikarmă.
Imposibilitate. Potrivit *proiectografiei*, conștiințele intrafizice alexitimice au dificultăți în a-și conjuga gândurile și emoțiile, fiind incapabile să-și descrie propriile sentimente și, în consecință, să le scrie. Acest fapt prejudiciază descrierea logică a propriilor experiențe proiective conștiente.
Grafie. A ști să scrii sau să îți reprezinți gânsenele grafic demonstrează o auto-gânsenitate evoluată privind comunicabilitatea cosmoetică.
Trinoame. Merită subliniate trinoamele: *cercetare – analiză – scriere* și *idee – reflectare – înregistrare*. Niciun autor al unei comunicări scrise nu știe cine îi sunt posibilii cititori, ceea ce îi

conferă responsabilitate privind cunoaşterea obţinută prin experienţele lucide şi prin reflecţiile sale, pe care o împărtăşeşte celorlalţi. Atitudinea interasistenţială îl impulsionează pe auto-cercetătorul-cercetător să înregistreze şi să îşi noteze rezultatele cercetărilor sale.

Prioritate. A acorda prioritate scrisului înseamnă a-ţi oferi posibilitatea de a depăşi calitatea modului de *a vorbi*, deoarece permite o autogânsenitate fluentă, prin grafogânsene care durează şi pentru generaţiile viitoare. În plus, oferă posibilitatea auto-oglindirii.

Dublare. A scrie înseamnă a gândi şi a reflecta de două ori (cel puţin), a aprofunda ideea, a desena sentimentul care a determinat ideea.

Asertiv. Un alt aspect relevant în favoarea scrisului este să descoperi care este cea mai recentă achiziţie comunicativă, ca reacţie în lanţ în evoluţia umană. Istoria Umanităţii este cunoscută datorită înregistrărilor realizate, începând cu cele rupestre şi terminând cu cele din era digitală.

Polimatie. În actualitate, cartea este unul dintre principiile reprezentative ale culturii şi civilizaţiei umane. Există cărţi pentru copii, tineri şi adulţi, care acoperă o multitudine de teme şi linii de gândire şi cunoaştere umană, începând cu etica aristotelică sau filosofia şi continuând cu istoria, geografia, arheologia, politica, fizica, matematica, metafizica, religia, antropologia, ezoterismul, exoterismul, chimia, administraţia, economia, artele (pictura, muzica, teatrul, cinematografia, literatura) etc.

Digitalizare. Începând cu Secolul XXI, în era digitală, oferta de cărţi digitale (*e-books*) facilitează şi amplifică accesul la informaţii şi la publicaţii scrise.

Inutilitate. A şti să discerni ce şi despre ce să citeşti şi să cercetezi în noianul de informaţii disponibile în reţeaua virtuală (*world wide web*), în această eră a informaţiei, revelează nivelul de maturitate al conştiinţei, de utilizare a inteligenţei sale evolutive şi capacitatea de a se dispensa de cultura inutilă şi de a evita orice acumulare a unor cunoştinţe fără aplicabilitate practică în evoluţia conştienţială, ceea ce devine o provocare pentru conştiinţele intrafizice anxioase şi cu tendinţe spre dispersie.

Investiţie. Urmând această logică, timpul petrecut inutil, care îngreunează şi inhibă avansul cultural şi informaţional al oricărei conştiinţe, poate şi trebuie să fie evitat pentru a optimiza această existenţă umană. Eforturile investite în dezvoltarea intelectualităţii şi erudiţiei, pentru îmbunătăţirea propriilor atribute conştienţiale şi pentru schimbarea nivelului evolutiv, sunt cele mai inteligente opţiuni.

Fapte. Noutăţile vehiculate în diferite medii, mai ales în firme, pot fi compilate şi organizate folosind tehnica cosmogramei[18]; faptele cotidiene se înregistrează direct şi realist, pentru cititorii critici filtrul ideologic fiind indispensabil.

Argumente. Nu există argumente împotriva faptelor. Pentru cercetătorul interesat să se informeze, să îşi critice şi să îşi îmbogăţească cunoştinţele, să se dezvolte pentru ca apoi să comunice la un înalt nivel, faptele reprezintă materialul esenţial de cercetare şi de verificare ştiinţifică.

Literatură. În artele literare predomină comunicarea subiectivă, psihosomatică, punându-se accentul sau acordându-se prioritate emoţiilor şi sentimentelor în detrimentul ideilor, a reflectării logice a gândurilor şi sarcinii de clarificare (sarclar). Deşi se orientează după tiparele şi exigenţele de realizare a textului literar dintr-o anumită epocă sau grup, autorii de literatură îşi rezervă privilegiul de a folosi estetica sau forma literară în crearea stilului lor literar, în detrimentul obiectivităţii şi raţiunii.

Emoţii. De exemplu, în cărţile de ficţiune, proză sau poezie predomină *sen* din conceptul conştientologic de gânsenă (gând + sentiment + energie).

Naraţiune. Structura narativă, motivaţia autorului şi stilul literar definesc, în general, intenţia autorului de a distra cititorul, având mascată, în spatele procesului literar, poziţia autorului. Scopul naraţiunii este de a încânta, de a atrage atenţia şi consuma timpul

---

[18] *Cosmograma* este tehnica de cercetare conştientologică, creată de profesorul Waldo Vieira, în care toate formele de comunicare, în special comunicarea scrisă, sunt analizate, catalogate şi clasificate, pentru a obţine o imagine cât mai cuprinzătoare cu putinţă despre conştiinţă şi manifestările ei în Cosmos; n. a.

cititorului în detrimentul informației utile, al reflecției profunde, raționale, directe, al ideilor clarificatoare, care în general se regăsesc în textele de non-ficțiune și/sau în textele științifice.

Motivație. Literatura se bazează direct sau indirect pe idei, sentimente, valori și viziuni ale autorului, în esență, expresia egotică a microuniversului său conștiențial, predominând atât ca punct de plecare al motivației sale, cât și ca punct de sosire, în faza finală a publicării și divulgării operei.

Știință. În producția scrisă a științei convenționale, autorul textului științific are intenția cercetării obiective, care însă nu este atinsă pe deplin, întrucât modelul de cercetare non-participativă influențează rezultatul analizei faptelor și realităților lumii.

Imaturități. Orice autor literar, om de știință convențional și chiar cercetătorul din conștientologie pot fi în egală măsură motivați de ego, consecința imaturității personale.

Obiectivitate. Obiectivitatea științelor convenționale (în special a celor naturale și de laborator) este, în cea mai mare parte, iluzorie, din cauza dificultății de a separa cercetătorul de obiect, la care se adaugă și diversele aspecte care influențează cercetarea și înregistrarea acesteia în scris: aspecte culturale, psihologice, inconștiente, politice, ideologice (de exemplu, ideologia obiectivității științifice a actului științificității) etc.

Ficțiune. Există cazuri în literatură în care conținutul ficțional transmite informații și argumente interesante și pozitive, care, în general, pot determina o anumită schimbare în cititor, chiar dacă superficială, nedurabilă, limitată la nivelul emoțional.

Intenționalitate. Merită reflectat asupra realei intenții pe care autorul de ficțiune o are atunci când publică o operă scrisă. Există puțini autori motivați de voința de a-l clarifica pe cititor, de a folosi comunicarea scrisă din perspectiva sarcinii de clarificare (sarclar) și a interasistenței, din perspectiva paradigmei adoptate.

Academism. Paradigma științelor convenționale, existentă în universul academic, retro-alimentează ambiguu anumite legături interpersonale prin stabilirea de reguli de referință și de citări din lucrări academice. Fiecare autor care este citat este, pe de o parte, apreciat și respectat pentru ideile, teoriile și propunerile sale și, pe de altă parte, o astfel de conduită ajută la formarea rețelei

autoprotectoare şi limitatoare, tipică închiderii conştienţiale.
Etică. Merită reflectat din punct de vedere etic asupra posibilelor devieri comportamentale în practica referinţelor şi citărilor tradiţionale, prin care unii cercetători se pot auto-promova, considerând prioritar aspectul cantitativ şi nu cel calitativ al conţinutului citat şi publicat, atât pentru cel care evaluează, cât şi pentru cel care este evaluat.
Sistem. În acest context, apare o chestiune de etică intrinsecă a sistemului de măsurare a productivităţii academice, în funcţie de amploarea lucrărilor publicate şi de numărul de referinţe primite, fără a analiza în profunzime calitatea respectivelor lucrări ştiinţifice.
Consolare. Cât priveşte ficţiunea, ceea ce îi caracterizează pe autori este centrarea în zona sarcinii de consolare (tacon) şi neexplorarea raţională, studiul şi analiza comportamentului uman dezvoltat de personajele circumscrise temei, fără a avea un scop asistenţial bine definit.
Artă. Poezia, romanul şi nuvela sunt exemple de genuri literare care, în esenţă, încearcă să imite realitatea. Produsul artistului-scriitor creează *o legătură empatică* între autor-cititor-consumator. În general, prin crearea unei lumi fictive, folosind ingrediente selecţionate, artistul nu are pretenţia să declanşeze reflecţii lucide asupra faptelor şi parafaptelor, el fiind mai mult preocupat de propria exprimare egotică şi mai puţin de viziunea critică, raţională, realistă, interdimensională. De multe ori, el critică de dragul de a critica, creând mai multă confuzie decât clarificare.
Formă. Arta literară cu fond ficţional se preocupă mai mult de *cum* să transmită faptele personajelor, poziţionând numai uneori realismul în relaţiile umane, conturate în naraţiuni ample şi traume care denunţă, în ultimă instanţă, microuniversul egocentric al autorului.
Descărcare. Dacă ne gândim la esenţa conţinutului, în general, textul literar reprezintă descărcarea subiectivă a autorului, care nu este întotdeauna calificată cosmoetic şi sănătos, ci dezvăluie propriul subsol conştienţial, încă nedepăşit.

Text științific. În schimb, textul științific vizează, în mod special, informarea faptică, bazată pe experiențe, studii și analize, conturează ipoteze de cercetare, cu scopul de a fi confirmate sau respinse. Face apel la dezbaterea de idei, respingerea propunerilor și validarea sau nu a problematicii cercetate, în acord cu paradigma științifică adoptată.
Exemplu. Decizia autoarei acestei cărți este să scrie un text tehnic și nu unul de ficțiune, încercând să crească nivelul de științificitate și să abordeze teme predominant mentalsomatice, care să reflecte voința și progresul inevitabil al calității comunicării personale.
Ipoteză. În existențele anterioare, am utilizat în dezvoltarea abilităților grafogânsenice cu precădere limbajul non-științific, iar în viața aceasta merită să facem o schimbare de nivel pentru a ieși din starea auto-mimetică.
Decizie. Cine recunoaște la sine trăsătura puternică/forte (trafor) a intelectualității tinde să aibă o înaltă conștientizare cosmoetică și să conceapă produse scrise de clarificare cosmoetică (sarclar), pe tot parcursul vieții intrafizice. Decizia de a scrie sau nu o carte (sau mai multe) este determinată de dorința de a ajuta alte conștiințe intrafizice să-și sporească evoluția personală prin scrierea libertariană.
Perenitate. Cartea este comunicarea durabilă a unui autor.

Chestionologie. Cititorule, tu ai inclus în rutina ta zilnică scrisul? Ai publicat deja auto-grafogânsene sub forma unor articole sau cărți?

A ȘTI SĂ TRADUCI: COMUNICAREA PARAPSIHICĂ

Traducerea. Verbul „a traduce" este derivat din limba latină, din *traducere* (a concluziona dincolo de, a transfera) și înseamnă a transporta, a translata dintr-o limbă în alta. O definiție mai răspândită a cuvântului *traducere* este acțiunea de a traduce.

Premise. Propunerea acestei autoare este de a amplifica conceptul de traducere, mergând dincolo de cele mai cunoscute și răspândite informații de bază din societatea intrafizică. Lărgirea acestei noțiuni constă în includerea în studiile privind comunicarea a aspectelor și variabilelor multidimensionale implicite în procesul de traducere.

Lingvistică. Studiile lingvistice (lingvistica este știința care studiază limbajul) se referă la a traduce ca la *a cincea abilitate* de comunicare umană, care se alătură celorlalte 4: scrisul, cititul, vorbitul și înțelegerea semnificației mesajului.

Acțiuni. Chiar și în realizarea celor 4 abilități abordate în capitolele anterioare, s-au observat acțiuni subtile și intrinseci de traducere a fiecăreia dintre aceste abilități de a vorbi, a asculta, a citi sau a scrie. În orice etapă a acestor acțiuni devine necesară utilizarea instrumentului de traducere, de transformare a înțelegerii unui anumit semn utilizat, într-o altă formă de prezentare a conținutului.

Cogniție. Acest proces de traducere este acționat de capacitatea cognitivă de a face corespondența dintre semnificațiile limbilor implicate.

Necesitate. Cunoașterea și stăpânirea celei de *a cincea abilități* (a ști să traduci) permeabilizează abilitățile și *capacitățile comunicative* propuse de autoare.

Semnificație. În diferitele discipline existente, definirea *textului* transcende simpla concepere a textului scris, deoarece producerea unui text semnifică materializarea oricărei idei în orice limbaj care poate fi transpus în formă de grafogânsenă, imagine, fotografie, sculptură, sunet și alte limbaje și obiecte.

Operație. Prin urmare, este posibilă traducerea sau transformarea oricărui tip de text într-un alt tip, trecerea dintr-un limbaj în altul necesitând o operație cognitivă și materiale diferite de înțelegere a sensului textului și a semnificațiilor informației sau mesajului vehiculat.

Retextualizare. De exemplu, la școală, profesorul traduce constant diferite limbaje, fenomen lingvistic numit *retextualizare* (Marcuschi, 2001; Marcuschi, 2002 și 2003), putând cita cel puțin 5 exemple:

Traducerea (*retextualizarea*) între limbaje	
Din	**În**
Textul în imagini (pictură, fotografie, desen etc.)	Discursul (vorbit) (explicarea conținutului)
Textul scris într-o limbă arhaică	Textul (re)scris în limba contemporană
Textul sau spotul publicitar	Discursul (vorbit) (explorarea conținutului)
Poezia	Textul descriptiv și/sau interpretativ
Textul scris în limba engleză (limba-sursă)	Textul scris în limba portugheză (limba-țintă)
Textul scris (cartea)	Rezumatul sau recenzia critică a conținutului
Conferința (a vorbi într-o limbă-sursă)	Interpretarea simultană sau consecutivă (a vorbi în limba-țintă)

Tabelul 9 – Exemple de traducere între limbaje

Studii. Paulo Rónai, brazilian de origine maghiară, renumit traducător din limba maghiară, și nu numai, în portugheză, a detaliat sarcina de traducător în cartea lui *Școala traducătorilor* (1987, p. 15), în care vorbește despre chestiunea „intraducerii" sau a „traducerii a ceea ce este intraductibil", prezentând viziunea lui puristă sau matematică despre traducere, în care fiecare cuvânt trebuie să aibă corespondentul său exact într-o altă limbă.

Motive. Există expresii lingvistice și maniere de a te referi la oameni, la diferite aspecte din lume, care sunt foarte specifice fiecărei culturi și care devin „intraductibile", pentru care nu există o traducere „exactă" și „precisă" a ceea ce autorul/vorbitorul a vrut să spună. De fapt, în realitate, traducerea dintr-o limbă în alta lucrează cu aproximări și asemănări de idei și de concepte.

Irealizare. Rónai susține ideea imposibilității de transpunere a conținutului dintr-o limbă în alta, în principal din cauza diferențelor culturale și lingvistice ale fiecărei opere și ale autorului implicat.

Proces. Primul argument se fundamentează pe însuși procesul de interlocuțiune (oralitate), în care are loc o operațiune de dublă traducere:

1. **Emitent**. Emitentul, cel care vorbește și își transmite mesajul, realizează *el însuși* un proces de *traducere* și de transformare a gândului său (ceva abstract) în cuvinte (ceva „materializat" prin sunet de către voce).
2. **Receptor**. Receptorul trece prin același proces de traducere atunci când aude mesajul: ascultă, procesează și traduce *pentru sine* ceea ce a auzit, în funcție de domeniul lingvistic al limbii utilizate în interlocuțiune.

Limbă. Dacă limba interlocuțiunii nu este limba maternă a unuia dintre interlocutori, se vor adăuga cel puțin încă două procese de traducere la nivel mental și cognitiv.

1. **Nativul.** Receptorul înțelege ceea ce a auzit în limba străină prin traducerea conținutului în limba sa maternă.
2. **Străinul**. Răspunsul emitentului necesită mișcarea inversă, traducerea gândului elaborat, în general, cu resurse lingvistice din limba sa maternă, în limba străină utilizată în dialogul respectiv.

Cronemică. În cazul majorității persoanelor, sunt realizate procese traductorii inconștiente, *automate*, care durează fracțiuni de secundă, fiind ușor de observat la interlocutorii pregătiți pentru activitatea de traducere și interpretare.

Abordare conștientologică

Energii. Un element important și semnificativ care pătrunde toate procesele traductorii se referă la chestiunea energiilor conștiențiale. Fiecare autor, vorbitor de o anumită limbă, își utilizează propriile energii conștiențiale pentru a se exprima și manifesta, modul de manipulare energetică și cognitivă a diferitelor forme de difuzare a mesajelor și informațiilor între conștiințe fiind primordial.

Parapsihism. Energiile sunt procesate prin abilitatea parapsihică a fiecărei conștiinței, devenind un instrument important pentru procesarea acestor traduceri energetice și cognitive, în scopul realizării *comunicării parapsihice.*

Definiție. *Comunicarea parapsihică* este capacitatea unei conștiințe de *a ști să traducă*, în mod lucid, în limbajul verbal sau grafogânsenic, pentru sine și pentru altul, manifestări parapsihice, extrasenzoriale și paraperceptive, în timpul oricărei interacțiuni multidimensionale.

Holosoma. Pentru a realiza orice act de comunicare intrafizică, conștin deține un ansamblu integrat de 4 vehicul de manifestare (holosoma): soma, energosoma, psihosoma și mentalsoma (Vieira, 1999, p. 239). Pentru a comunica în dimensiunea fizică și extrafizică, conștiex, după cea de a doua desomare și înainte de cea de a treia desomare, deține două vehicule: psihosoma și mentalsoma.

Perspectivă. În timpul oricărei inter-comunicări se are în vedere interacțiunea multidimensională, existând o influență simultană asupra diferitelor conștiințe care locuiesc în diferite dimensiuni, folosindu-se de holosomele lor specifice.

Interdimensionalitate. Astfel, din perspectivă interdimensională, interlocuțiunile se prezintă în două variante posibile:

1. O conștiință din dimensiunea intrafizică interacționează cu o altă conștiință din dimensiunea extrafizică (conștin-conștiex), atât în starea de conștin proiectată, cât și în stare de veghe.
2. Două conștiințe extrafizice (conștiex-conștiex) interacționează în multiple dimensiuni extrafizice sau chiar în aceeași dimensiune extrafizică în care s-au întâlnit.

Tridimensionalitate extrafizică. Când conștiințele interlocutoare sunt străine sau inconștiente de existența altor dimensiuni extrafizice care pot influența procesul, se consideră că intercomunicarea se realizează numai în dimensiunea intrafizică (conştin-conştin).

Distincţie. Distincţia dintre aceste două abordări se face în funcţie de luciditatea şi discernământul cu care este utilizat conştient fiecare vehicul de manifestare a conştiinţei. Utilizarea limitată a lucidităţii în comunicarea unidimensională (conştin – conştin) presupune o subutilizare a holosomei, care determină un proces predominant somatic. Creşterea lucidităţii prin utilizarea conştientă a energosomei, psihosomei şi mentalsomei completează parapsihic procesul.

Traducere. Fiecare dintre aceste moduri de comunicare implică capacitatea cognitivă de *a şti să traduci*, care conţine traducerea dintr-o limbă în alta sau, cu alte cuvinte, dintr-un limbaj energetic într-unul uman.

Sinteză. Înţelegerea conceptului de holosomă şi a diferitelor tipuri posibile de comunicare multidimensională relevă complexitatea domeniului abilităţii de a şti să traduci, deoarece a înţelege şi a manipula lucid instrumentul parapsihic disponibil reprezintă o provocare pentru orice conştiinţă.

Proiectologie. Orice studiu despre fenomenele proiectologice este îmbogăţit şi îmbunătăţit de capacitatea experimentatorului de *a şti cum să traducă* experienţele sale extrafizice într-un limbaj comprehensibil, inteligibil, care să traducă parapercepţiile obţinute prin psihosoma prin procesarea informaţiilor de către creier, utilizarea intelectului fiind necesară pentru transpunerea lor în limbaj uman, fizic, fie verbal, fie grafic.

Transfer. A traduce, folosind parapsihismul, mesajul primit de la o conştin sau conştiex transcende conceptul de comunicare banală din studiile lingvistice, deoarece pentru obţinerea de rezultate pozitive, productive şi, în consecinţă, evolutive este nevoie de dezvoltarea parapsihică asociată inteligenţei evolutive.

Evoluţie. A avea inteligenţă evolutivă înseamnă a acorda prioritate deciziilor şi realizării scopurilor vieţii în sensul evoluţiei personale, prin planificarea şi autogestionarea resurselor intrafizice (soma, timp şi bani) şi al obţinerii unei schimbări de nivel evolutiv.

Intraconştienţialitate. Se observă diferite niveluri de traducere într-o interlocuţiune, în mişcările alternative şi repetitive, care evidențiază că procesul comunicativ începe și se termină în intraconștiențialitate.

Telepatie. Abilitatea parapsihică în procesul traductor se fundamentează pe comunicarea făcută de către conștiință în orice dimensiune, indiferent de vehiculul de manifestare în care se manifestă: soma, psihosoma sau mentalsoma, incluzând aici comunicarea telepatică, definită ca transmiterea și citirea gândurilor. În ultimă instanță, gândurile formează gânsene care sunt transportate de către energii.

Intrafizicalitate. Prima interlocuțiune a conștiinței în intrafizic este energetică, sau are loc, datorită energiilor conștiențiale (EC), exprimate prin orice mișcare corporală, gest, privire sau cuvânt al emitentului. Receptarea mesajului va depinde, printre altele, de capacitatea de traducere a receptorului, de abilitatea lui de a citi energetic și de a retextualiza sau decodifica energiile conștiențiale, determinându-le conținutul, tiparul, intensitatea și calitatea.

Concept. Pentru a determina această abilitate, în interiorul domeniului de studiu al paraperceptologiei, Vieira (2012, p. 10.589) a formulat verbetul „*Traducerea parapsihică*", în care dezvoltă o viziune paraperceptivă despre fiecare parafenomen, pe care o definește ca fiind „interpretarea, hermeneutica, analiza și chiar exegeza privind conținutul parafenomenului experimentat de o conștiință paraperceptivă, lucidă, cosmoetică, interasistențială și sarclaristă".

Rafinament. Unele dintre conștiințele intrafizice parapsihice își vor folosi parapsihismul mai mult, altele mai puțin, și vor observa extinderea, rafinamentul și subtilitățile din sfera actului de traducere, care vor deveni posibile pentru oricine este interesat să le experimenteze cu luciditate multidimensionalitatea.

Nuanțe. Procesul de învățare a traducerii parapsihice începe cu acțiunea mai concretă, materializată și intrafizică care constă în actul de a vorbi în vederea comunicării conștin-conștin. Vocea, sunetul, cuvintele, discursul reprezintă resurse și semne lingvistice palpabile, în comparație cu parapercepția celor mai subtile energii conștiențiale și imanente ale Universului.

Limbaj. Abordările științelor convenționale, ca de exemplu studiile lingvistice, filosofia limbajului și semiotica, restrâng componentele comunicării umane la aspectele eminamente intrafizice, neluând în considerare aspectele multidimensionale, ci concentrându-se numai pe tematici cum ar fi codurile, simbolurile și semnele lingvistice, exprimarea verbală, corporală și gestuală, cogniția, memoria, achiziția limbajului etc.

Paralimbaj. *Comunicologia*, principala specialitate a conștientologiei adoptată pentru acest studiu, ia în considerare, dincolo de aspectele mai sus menționate ale limbajului, perspectiva paralimbajului, concentrându-se pe conținutul bioenergetic, gânsenitate și energii conștiențiale și pe componentele de autoexprimare ale conștiinței intrafizice, deschizându-se amplu către abordarea parapsihică și multidimensională.

Aplicabilitate. Prin urmare, potrivit studiilor despre *comunicarea parapsihică*, autoexperimentate sau preluate din diferite surse, în principal de la Vieira (1994, 1999), au fost compilate cel puțin 16 situații sau contexte posibil a fi experimentate de către orice conștiință intrafizică în:

01. **Lectura energetică** a conștiințelor și a mediilor înconjurătoare, realizată prin interfuziune de energii din psihosfera interlocutorilor sau din locul respectiv, prin schimbul de informații identificate în hologânsena personală a fiecăruia sau a mediului.
02. **Pangrafia**: scrierea parapsihică multimodală, cuprinzătoare și sofisticată este o capacitate a conștiinței intrafizice parapsihice lucide, care încearcă să fie o *porta-voce a consensului* conștiințelor extrafizice aflate în serviciu în dimensiunile extrafizice evoluate.
03. **Semiposesia conștiențială patologică**: promovată de intruderii extrafizici.
04. **Semiposesia conștiențială sănătoasă**: promovată de helperii extrafizici.
05. **Psihofonia**: fenomen parapsihic de receptare psihofonică a unei conștiințe extrafizice, care utilizează laringochakra unei conștiințe intrafizice, aflate în starea de pasivitate

parapsihică. Mai este cunoscută sub numele de channeling. Deosebirea dintre psihofonie şi channeling este dată de calitatea cosmoetică a conştiinţei extrafizice comunicatoare, care în unele cazuri de channeling se poate manifesta intruziv şi asediator.

06. Psihometria: metodă de autodetectare energetică utilizată ca instrument senzorial (sondă) de tip animico-parapsihic, pentru identificarea psihosferei altor conştiinţe şi chiar obiecte. Este supranumită al şaselea simţ sau *feeling*.

07. **Sinalectica energetică personală**: ansamblu de semne parapercepute de către conştin în holosoma ei ca pe un semnal de alarmă dat de parapercepţii, care serveşte, în acelaşi timp, ca element de diagnosticare a proceselor intruzive interconştienţiale.

08. **Telechinezie**: acţiunea de a mişca obiecte materiale fără a le atinge cu mâna, producerea de efecte fizice în afara corpului uman.

09. **Telepatie**: fenomen de transfer al gândurilor între un emitent şi un receptor.

10. **Autopercepţii**: orice parapercepţii captate de către conştiinţă din dimensiunea extrafizică.

11. Informaţiile extrase prin **clarvedere** şi **claraudiţie**: capacitatea de a vedea şi a auzi manifestări din alte dimensiuni.

12. **Animism**: apariţia unor fenomene psihice din corpul mediumului sau al cercetătorului, care nu sunt declanşate de o forţă exterioară.

13. Fenomenul de **bilocaţie fizică**: abilitatea conştiinţei de a se disloca spaţial şi apărea simultan în două locuri în acelaşi timp.

14. **Proiecţia lucidă** (PL): fenomenul prin care o conştiinţă iese din corpul fizic şi se proiectează lucid în psihosoma, într-o altă dimensiune.

15. **Psihografia**: capacitatea unui medium de a primi pasiv şi a scrie informaţii primite de la conştiinţe din alte dimensiuni.

16. Stare de conştienţă modificată, **hipnagogia proiectivă**, fază care precede proiecţia conştientă, permite interacţiunea lucidă cu conştiinţele extrafizice prin clarvedere şi claraudiţie.

Interes. Alegerea de a-şi dezvolta *comunicarea parapsihică*, pe care o face o conştiinţă intrafizică interesată să evolueze, demonstrează inteligenţa evolutivă necesară pentru promovarea şi amplificarea propriei viziuni multidimensionale. Atât pentru emitent, cât şi pentru receptor, măiestria energetică şi parapsihismul avansat amplifică acuitatea în perceperea forţei prezenţei interlocutorilor prin asimilările energetice.

Acuitate. O altă metodă de a învăţa „citirea" parapsihică constă în dezvoltarea acuităţii percepţiilor senzoriale prin extragerea informaţiilor despre o anumită conştiinţă intrafizică observându-i comportamentul, expresiile faciale, atitudinea, stilul de a se îmbrăca, gesturile, mersul şi alte detalii eminamente intrafizice.

Echivalenţă. Rezultatul „lecturii" parapsihice pe baza celor 5 simţuri echivalează cu „elaborarea" unui *discurs lingvistic* care utilizează semne lingvistice şi implică capacitatea de *traducere parapsihică.* Astfel, realitatea interlocutorului poate fi „decodificată" prin ansamblul de informaţii percepute şi, mai ales, prin energiile prezente în aură şi în psihosferă, care reprezintă o adevărată *carte de vizită.*

Training. La fel cum învaţă să vorbească prin acumularea limbajului în primii ani de viaţă, conştiinţa intrafizică poate învăţa să citească în energiile conştienţiale în mod lucid, prin cuplarea aurică sau asimilarea energetică. Pentru dezvoltarea abilităţilor parapsihice, percepţiile şi parapecepţiile pot fi antrenate, dincolo de cele 5 simţuri, prin exerciţii bioenergetice.

SV. La fel cum pentru a învăţa să citeşti ai nevoie să fii alfabetizat şi să cunoşti alfabetul limbii materne, tehnica stării vibraţionale – SV (Vieira, 1994, p. 348) este considerată baza „alfabetizării" în limbajul parapsihic, ajutând la dobândirea măiestriei energetice necesare pentru o amplitudine superioară a *comunicării parapsihice.*

Tehnică. O altă practică energetică dată ca exemplu pentru realizarea lecturii energetice este *tehnica energetică a celor 30* *de metri* (Vieira, 1994, p. 339). Tehnica constă în a sta pe o bancă, într-un parc, la 30 de metri distanță de un grup de copii care se joacă și a încerca să simți energiile conștiențiale (EC) ale fiecărui copil și să identifici tiparul energetic și calitatea psihosferei fiecăruia.

Omniglosie[19]. Capacitatea de a citi parapsihic numai privind persoana intră în domeniul *limbajului parapsihic*, ca unul dintre diferitele limbaje pe care orice conștiință le poate deține, dincolo de poliglotism. Această abilitate reprezintă începutul omniglosiei, al stăpânirii tuturor limbilor.

Conștientesa. Utilizarea oricărui limbaj uman se realizează prin codificare și decodificare de către mentalsomă. Conștientesa, cel mai avansat limbaj, nu mai are nevoie de coduri lingvistice, cuvinte sau semne, fiind realizată prin transportarea telepatică, de la conștiință la conștiință, a blocurilor de idei, ceea ce depășește chiar și telepatia obișnuită. Informațiile se transmit de la mentalsomă la mentalsomă.

Evoluție. Conștientesa este limbajul cel mai evoluat, utilizat de conștiințele libere, cele aflate pe scala evolutivă dincolo de Serenissimus. Conștiințele libere nu mai au nevoie să treacă prin existențe umane și s-au dispensat de utilizarea a trei vehicule de manifestare a conștiinței: soma, energosoma și psihosoma.

Rezumat. Vieira (1994, p. 339) explica faptul că a stăpâni *conștientesa înseamnă a înțelege, atunci când nu există simboluri, mesajul comunicării intraductibile*.

Viitor. Potrivit *crescendologiei*, în crescendoul lingvistică-imagistică, va exista în viitor o predominanță holomnemonică, progresivă, mentalsomatică a structurii faptelor și a reținerii de către conștiință a experiențelor despre semne, cuvinte sau forme rostite sau scrise (Vieira, 2012, verbetul *Crescendoul lingvistică-imagistică*).

---

[19] Cuvânt format prin extrapolare de la diglosie care în sociolingvistică denumește situația în care într-o comunitate lingvistică sau pe un teritoriu se folosesc două varietăți al unei limbi, respectiv două limbi diferite; https://ro.wikipedia.org/wiki/Diglosie; n.tr.

Comunicarea parapsihică în copilărie

Prieteni. Psihologia dezvoltării studiază diferite aspecte ale comunicării infantile, dar ceea ce ne interesează să abordăm din punct de vedere conștientologic sunt cazurile copiilor cu vârste cuprinse între 3 și 7 ani și cu dezvoltare normală, corespunzătoare vârstei, care au „prieteni imaginari" sau „prieteni invizibili".
Interpretare. Dialogul, de multe ori verbalizat, dintre copil și „prietenul" lui este interpretat de către diferiți specialiști în psihologie, ca fiind o reacție la momentele de stres și anxietate, determinate uneori de nașterea unui frate sau de alte pierderi importante, ca de exemplu, divorțul părinților.
Anormalitate. Aspectele influente din paradigma familială, cum ar fi credințele religioase ale părinților, nivelul lor de informare și cultură, modelează formarea copilului în mediul său. Înțelegerea (sau neînțelegerea) prieteniei copilului cu „prietenul imaginar" este, în general, problematică, fiind un fenomen considerat un dezechilibru care necesită ajutor specializat, deoarece părinții cred că fiul lor este *anormal*. Diagnosticul va putea fi „explicat" din punct de vedere psihologic.
Indiferență. Alți părinți se comportă cu indiferență, considerând că o asemenea situație ține de universul infantil, populat de fantasme, în care predomină imaginația lui „a fost odată", ceea ce este considerat firesc pentru respectiva vârstă.
Multidimensionalitate. Abordarea oferită de studiile conștientologice consideră interacțiunile și comunicările interdimensionale, facilitate de parapsihism, ca fiind firești.
Parapercepție. Potrivit *paraperceptologiei*, conștin-copil se dovedește mai deschis la interacțiunile extrafizice, printr-un dialog verbal sau non-verbal constant, deoarece energosoma copilului este mai maleabilă, datorită somei în curs de dezvoltare, și mai predispusă la interacțiuni interdimensionale. Recenta sosire a conștiinței în dimensiunea intrafizică facilitează relaționarea interdimensională.
Dovezi. Părinții dau dovadă de maturitate dacă își supun copilul unor examene clinice, neurologice și psihiatrice pentru a exclude orice posibilă anomalie somatică sau cerebrală care ar putea

influența evaluarea aspectului de *normalitate* sau *anormalitate* din comportamentul copilului.

Atenție. Odată exclusă modificarea neuropsihologică, reacția părinților la această temă este foarte importantă deoarece interferează dezvoltarea parapsihică a conștiinței intrafizice. Este necesară o atenție deosebită față de conținutul și modul în care copilul interacționează cu conștiințele extrafizice.

Credibilitate. Abordarea adecvată, demistificată, a experiențelor copilului încă de timpuriu, fără a-l discredita, favorizează încrederea acestuia în sine și dezvoltarea lui parapsihică la maturitate.

Comportament. Dacă nu este stimulat de către părinți să își valorizeze propriile experiențe parapsihice, copilul poate dezvolta un comportament nesigur, devenind lipsit de încredere în sine și timid, preferând să se izoleze și să nu le povestească părinților experiențele multidimensionale, pentru a nu risca să nu fie înțeles sau să fie certat din cauza conținutului acestor experiențe. Mustrarea poate genera la maturitate blocajul parapsihic.

Autoparapsihism. Acceptarea firească și precoce a realității multidimensionale facilitează dialogul interdimensional, prin schimbul de informații și creșterea lucidității conștiinței intrafizice–copil în recuperarea de con-uri. Accesul la situații și experiențe multidimensionale predispune precoce la utilizarea cu discernământ a uneia dintre principalele atribute ale conștiinței: parapsihismul.

Tabu. Majoritatea culturilor actuale (anul de referință: 2013) ignoră existența unor dimensiuni în care locuiesc conștiințe extrafizice fără corp fizic, material, pentru a se ocupa exclusiv de intrafizic și de comunicarea prin sunetele audibile făcute de voce, excluzând claraudiția (capacitatea conștiinței intrafizice de a auzi voci extrafizice) și pneumatofonia (capacitatea conștiințelor extrafizice de a produce sunete în intrafizic, prin utilizarea ectoplasmei unei conștiințe intrafizice).

Chestionologie. Cititorule, în inter-relaționările tale, știi să *traduci* cosmoetic diferitele tipare gânsenice pe care le percepi? Dezvoltarea ta comunicativă traduce gânsenitatea ta personală? În ce fel?

A ȘTI SĂ GÂNSENIZEZI: COMUNICAREA GÂNSENICĂ

Suntem gânsenele noastre.
(Vieria, 2009, p.276)

A gânseniza: a interconecta dimensiunile.
(Vieira, 1996a, p.115)

Relevanță. Importanța introducerii celei de a *șasea abilități, a ști să gânsenizezi*, care le însumează pe cele 5 menționate anterior, constă în faptul că gânsena este baza de manifestare a conștiinței în orice dimensiune.
Inseparabilitate. *Știința de a gânseniza* constă într-un triplu act comunicativ simultan: a ști să gândești (*gân*), a ști să simți (*sen*) și a ști să te exprimi parapsihic prin energii (*ene*).
Tridotare. Astfel, abilitățile comunicatorului se amplifică, cuprinzând aspectul multidimensional, *iar capacitatea de a gânseniza* se dezvoltă și devine mai complexă prin utilizarea tridotării conștiențiale intelectualitate-parapsihism-comunicare.
Predominanță. Dezvoltarea oricăruia dintre aceste atribute necesită preponderența facultăților mentale și chiar a percepțiilor extrasenzoriale guvernate de autodiscernământ, atributul major al mentalsomei.
Gând. Astfel devine posibilă evidențierea abilității de *a ști să gândești* din *a ști să gânsenizezi,* luând în considerare importanța gândului în modul în care conștiința se auto-măiestrește prin utilizarea rațiunii și a discernământului.
Izvor. Dacă gândul (*gân* din gânsenă) este izvorul ideilor prin care conștiința își exprimă originalitatea, atunci examinarea minuțioasă a modului de a gândi aprofundează tema comunicării conștiențiale, conducând-o spre un nou început. Celebrul filosof francez, Descartes, a ajuns la această înțelegere pe care a sintetizat-o în celebra fază: "gândesc, deci exist".
Exemplu. Când profesorul îi cere elevului să scrie despre o anumită temă, fără prea multe îndrumări, ghidare sau orientare privind sursa ideilor, rezultatul este, în general, o aglomerare de fraze deconectate, prost redactate și structurate, „o acumulare de

cuvinte care se lovesc unele de celelalte, fără sens şi fără scop" (Garcia, 1980, p. 291). Concluzia este că elevul nu va şti să transpună ideile în cuvinte, deoarece ideile au fost *prost gândite sau structurate înainte de a fi fost scrise.*

Scriere. Modul de a gânseniza interferează şi este revelat în scris, deoarece a învăţa să scrii înseamnă, în principal, a învăţa să gândeşti. Există o relaţie strânsă între a şti să gânsenizezi şi să scrii: scrisul traduce gânsena; gânsena structurată şi organizată reprezintă fundamentul scrisului, transformându-se într-un detaliu comunicativ.

Idei. Cuvintele nu creează idei. De fapt, cuvintele sunt tentative (rudimentare) de a traduce sau exprima ideile obţinute sau accesate de către conştiinţă. În general, majoritatea ideilor *gânsenizate* nu sunt proprii prin excelenţă, ci sunt rezultatul acumulării mnemonice a informaţiilor auzite sau citite la un moment dat sau undeva de-a lungul vieţilor.

Esenţă. Pornind de la premisa că preponderenţa lui *gân* în actul de gânsenizare este cea mai logică alegere, fiind ceea ce caracterizează mentalsomaticitatea şi raţiunea, a învăţa să gânsenizezi înseamnă a învăţa în mod prioritar să găseşti idei, să le asociezi şi să le suprapui unor modele lingvistice adecvate.

Ordine. Construcţia indisociabilă a gânsenei impune exerciţiul abilităţii raţionale (corpul mentalsoma, *gân*) asupra emoţionalului (corpul emoţiilor, *sen*). Prin urmare, este nevoie ca gândurile să fie structurate clar, coerent şi obiectiv. Cu alte cuvinte, a gânseniza înseamnă a ordona gândirea, prin administrarea haosului mental şi emoţional. Pentru a-şi exprima (*ene*) condiţia intraconştienţială, conştiinţa se manifestă implicit prin energiile conştienţiale.

Raţiune. Modurile de a gânseniza pot fi antrenate prin tehnici de disciplinare a raţiunii, prin stimularea observării faptelor şi forma de aprovizionare a ideilor.

Logică. Ştiinţa legilor ideale ale gândului, „arta care ne face să procedăm organizat, uşor şi fără greşeală în acţiunile proprii ale raţiunii" este *logica* (Garcia, 1980, p.292).

Punct de plecare. Faptele sunt punctul de plecare al ordinii gânsenice. Observarea faptelor, înregistrarea şi analizarea lor sunt procedee inițiale de bază. Aceste sarcini necesită subdivizarea *capacității de a gânseniza* în alte capacități: de a observa, de a scrie, de a analiza.

Abilități. Primele două abilități au fost descrise sub o anumită formă în capitolele „A ști să ascuți: Comunicarea auditivă", respectiv „A ști să scrii: Comunicarea grafogânsenică". Cu toate acestea, a ști să analizezi este sarcina cea mai complexă deoarece ea conține autocunoaștere, asociere mentală și mai ales obiceiul de a reflecta.

Definiție. Reflecția este actul de a te concentra pe tine însuți, pentru a examina ideile și sentimentele prin intermediul capacității de înțelegere și al rațiunii.

Expansiune. Reflecția este actul de a intra în sine pentru a ieși din sine sănătos, o reconsiderare a egoului în raport cu Universul (Vieira, 2007a, p.31).

Experiențe. Experiențele personale, în special cele senzoriale, stimulează reflecția. Fiecare experiență conține fapte și parafapte care trebuie observate și analizate și asupra cărora trebuie reflectat.

Mentalsoma. Potrivit mentalsomatologiei, sediul conștiinței este în mentalsoma, care este corpul discernământului și al rațiunii, principiul organizator al ideilor și gândirii. În consecință, capacitatea de a reflecta este direct asociată cu mentalsoma și cu dezvoltarea ei.

Vehicule. La resomare (renaștere), pentru a se manifesta, conștiința depinde și de alte vehicule pe lângă mentalsomă, care îi influențează discernământul și luciditatea.

Emoții. Când este imatură, psihosoma, corpul emoțiilor, influențează în mod negativ procesul rațional. Studiile de psihologie scot în evidență influența negativă a emoțiilor – anxietatea, preocuparea, frica – asupra capacității de a gândi echilibrat, de a reflecta calm și de a raționa clar (Goleman, 1995).

Factori. Există însă o modalitate de a dezvolta capacitatea reflexivă, creând obiceiurile și disciplina necesare pentru a realiza o reflecție sănătoasă, care evidențiază contribuția unor factori: „autoconcentrarea mentală, investigarea riguroasă, concentrarea atenției, acuitatea senzorială majoră, introspecția, posibilitatea logică, analiza și sinteza, asimilarea cunoașterii și înțelegerea. De cele mai multe ori, concentrarea vine ca reacție la fantezie, iluzie, vis, contemplație sau simpla curiozitate" (Vieira, 1994, p. 374).

Atitudine. În experiențele cotidiene, cel care încearcă să manifeste o valoare superioară a reflecției înainte de a vorbi, construiește un dialog mai bun în inter-relaționările lui. Liniștea și echilibrul sintetizează atitudinea conștiinței constructive, curioase și științifice. Se manifestă anticosmoetic dacă ascunde sau omite informații și idei obținute prin reflecție.

Proexis. În procesul de reciclare personală, această atitudine constructivă amplifică universul propriului raționament, evoluția personală încetând să mai fie o prioritate, lăsând locul evoluției tuturor ființelor pe care le iubim, ceea ce îmbunătățește viziunea asupra lumii (Vieira, 1997, p. 186).

Test. Pentru anumite conștiințe lipsite de obiceiul de a reflecta, reflecția este grea, dureroasă, dificilă, fără grație și „fără nicio plăcere". Cu toate acestea, dacă există voința și angajarea de a experimenta câteva ore de reflecție, într-un loc unde să nu fie deranjate de intervenția altor persoane, fără zgomote sau disconfort, chiar și aceste conștiințe pot descoperi fapte inedite despre ele însele (euristica personală). O tehnică ce poate fi folosită în acest sens este *tehnica de autoreflecție de 5 ore* (Vieira, 2012).

Retragere. Provocarea oricărei conștiințe intrafizice, mai ales a celei hiperactive, este să stea singură în bezna unei camere, fără să simtă anxietate, fără să își onduleze părul și să își frângă mâinile.

Frică. În cele mai multe cazuri de aversiune față de reflecție, există o componentă emoțională și o frică de învins. Manifestarea se poate naște din frică irațională, din fobii, inclusiv din frica de proiecție conștientă. Autoclarificarea și eliminarea fricilor este ajutată tocmai de propria reflecție și de discernământul realizate prin mentalsoma.

Autocercetare. Fără retragerea intimă, utilizând dialogul sau meditația filosofică, reflecția și autocercetarea sunt impracticabile. Cercetătorul lucid perseverent își dedică întotdeauna câteva minute sau ore zilnic pentru a reflecta asupra a ceea ce experimentează.

Comparaţie. Considerând diferitele moduri de organizare a abilităţilor cognitive şi a raţionamentelor utilizate în timpul procesului reflexiv, se poate face o comparaţie între conceptele de *analiză* şi *sinteză*, în raport cu *reflecţia* şi *decizia*: reflecţia corespunde analizei, prin asemănările modului extins de a gândi şi de a raţionaliza, iar decizia este legată de sinteză, prin convergenţă şi prin concentrare, într-un act decizional sintetic.

Maturitate. Aprofundarea autocognitivă prin reflecţie este o tehnică eficientă de maturizare conştienţială, profitând de inter-dialogul util dintre diferite conştiinţe. În acest mod, procesul evolutiv se accelerează.

Afinitate. Practica frecventă a comunicării interconştienţiale oglindeşte legătura dintre afinităţile gânsenice ale conştiinţelor. Ceea ce o conştiinţă intrafizică gânsenizează este strâns legat de conştiinţele extrafizice care o acompaniază cu gânsenizarea lor. Modul de gânsenizare şi conţinutul gânsenizării determină alegerea partenerilor intrafizici şi extrafizici (*evoluăm în grup*). Prin urmare, studierea şi autogânsenizarea favorizează descoperiri uimitoare despre sine.

Corelări. Alte forme de evaluare a calităţii gânsenizării oricărei conştiinţe pot fi rezumate prin înţelegerea celor două extreme ale gânsenizării: 1) *Ortogânsenitate*: a gândi pozitiv, cu corectitudine, coerenţă şi cosmoetică despre sine şi despre alţii (altruism). 2) *Patogânsenitate*: a gândi rău despre sine şi despre alţii (egoism), devalorizând trăsăturile puternice (trafor) şi supraevaluându-le pe cele slabe (trasla). Gânsenele intermediare exprimă nivelul în care pato şi ortogânsenitatea se combină.

Detalii. A şti ce şi cum gândeşti zilnic, până la aparent cele mai insignifiante detalii, ajută la epurarea gânsenică într-un *modus pensanti* propriu, cu scopul de a ajunge la maturitatea conştienţială.

Implicare. Din acest motiv, potrivit *gânsenologiei*, *a şti să gândeşti* este inclus în conceptul *a şti să gânsenizezi*, deoarece orice manifestare (autoexprimare) a conştiinţei se exprimă prin gânsene.

Autogânsenizare. Tot potrivit *autogânsenologiei*, încărcătura de gân (gând) în hologânsena personală, bazată pe raționalitate, logică, cosmoeticologie, pe o metodă sistematică, coerentă și constantă, dinamizează *autogânsenizarea* (Vieira, 2012, verbetul *Gânsena sistematică*).

Control. Monitorizarea regulată a gânsenității poate părea inițial dificilă, dar ulterior va deveni firească. Astfel, conștiința va începe să simtă că *știe de fapt ce gânsenizează*, ceea ce îi sporește auto-managementul evolutiv. Sugerăm că pentru această practică este utilă Fișa autogânsenometrică prezentată în ultimul capitol – Autogânsenitatea.

Neoidei. *Procesul de reflecție profundă, lipsit de orice fantezie, îi permite conștiinței intrafizice să se adapteze la situații noi. Situațiile noi generează orientarea conștiinței intrafizice către neoidei* (Vieira, 2007, p.144, verbetul *Agenda de autogânsenizare*).

Evidențiere. Prin urmare, abilitatea de a ști să gânsenizezi scoate în evidență reflectarea ca un aspect central al asocierilor mentale, în îmbunătățirea raționamentului și în dobândirea de neoidei, în principal despre sine.

Autoexprimare. Actul de gânsenizare o ajută și îi ușurează conștiinței abilitatea de a se exprima pe sine și a se manifesta sănătos în relațiile interpersonale. Potrivit lui Vieira, există o legătură logică între *a aștepta – a reflecta – a discerne* deoarece „așteptarea conduce la reflecție. Reflecția conduce la autodiscernământ. Autodiscernământul pune fundația auto-maturității" (Vieira, 2007a, p.433), care, la rândul său, îmbunătățește propria expresivitate orală și scrisă.

Luciditate. Potrivit *holomaturologiei*, *abilitatea de a gânseniza* rațional, logic și cu discernământ, pornind de la *gân* din gânsenă, amplifică luciditatea și maturitatea conștiinței.

Exemplu – Exercițiu de autoreflecție

Autoexperiment. Pe 22/01/2009, aflându-mă într-o stare de dezechilibru holosomatic, am decis să experimentez Laboratorul de Imobilitate Fizică Trează, aflat în campusul ARACÊ (Asociația Internațională pentru Evoluția Conștiinței). Tiparul meu gânsenic era inconsistent, depresiv, pesimist, plin de frustrare și renunțare, iar eu nu eram capabilă să înțeleg cauzele gânsenității nepotrivite.

Experiment. Laboratorul de Imobilitate Fizică Trează este un mediu potrivit pentru practicarea tehnicii de Imobilitate Fizică Trează. Această tehnică presupune a sta nemișcat timp de 3 ore într-un fotoliu, cu picioarele întinse pe suport, privind fix un ecran alb și neted, cu ochii semiînchiși. Este permisă respirația naturală și este de preferat evitarea înghițitului și chiar a clipitului. Trebuie să rezistați dacă simțiți să vă scărpinați, dacă vă vine să tușiți sau să vă mișcați.

Obiectiv. În timpul acestei tehnici puteți reflecta la chestiuni de interes personal, mobiliza energiile conștiențiale și explora parapercepțiile, cu condiția de a rămâne nemișcați.

Imobilitate. În timpul experimentului, stând așezați confortabil în fotoliu, în fața peretelui alb, unicul stimul fiind propriile gânsene, trebuie să vă controlați propria motricitate, prin stabilizarea creierului, calmarea energiilor și intrarea într-o stare conștiențială serenă.

Autoreflecție. Experimentul furnizează diferite învățături, iar stările care se instalează ajută la egalizarea ideilor și a emoțiilor, prin diminuarea vârfurilor, și favorizează autoreflecția profundă.

Mentalsoma. Reflectarea este un act mentalsomatic, autoreflecția fiind cufundarea și concentrarea mentală a conștiinței în sine însăși.

Rezultat. După ce s-au scurg cele 3 ore de imobilitate fizică și cele 30 de minute destinate luării de notițe, am ieșit din Laborator mai calmă, centrată și reflexivă, dorind realmente să îmi schimb trăsătura care m-a condus la acea stare gânsenică de iritabilitate și să aprofundez chestiunea pentru a-i găsi rădăcinile.

Autoacceptare. Stabilizarea holosomatică a avut loc numai după ce am reflectat la faptul că evoluția conștiențială este posibilă numai atunci când eu însămi am înțeles ce trebuie reciclat și am încetat cu atitudinea de „a mă lupta cu mine însămi". Prima prietenie și primul sentiment de afecțiune încep întotdeauna în propria conștiință și în relația acesteia cu sine însăși, configurând astfel afecțiunea, grija și stima de sine.

Pacificare. Am înţeles care sunt trăsăturile care trebuiau transformate sau eliminate, ceea ce mi-a oferit o stare intimă de pacificare, rămânând însă conştientă de efortul care trebuie susţinut.
Decizie. Aceste trăsături corespundeau sentimentelor anticosmoetice şi trăsăturilor slabe, primitive şi anacronice. Decizia intimă de a iniţia reciclarea intraconştienţială a favorizat conexiunea cu helperii extrafizici.

Chestionologie. Cititorule, tu eşti lucid în procesul de gânsenizare? Exprimi sau manifeşti cosmoetic propriile gânsene?

AUTOGÂNSENITATE

Autogânsenele se perfecţionează numai prin reflecţie.
(Vieira, 1994, p. 542)

Definiţie. *Autogânsenitatea* este capacitatea de producere a gânsenelor caracteristică propriei conştiinţe.

Înţelegere. Este important să înţelegem structura conştienţială gânsenică şi funcţionarea ei, precum şi impedimentele care survin în modul de gânsenizare rectiliniu al conştiinţei.

Producere. Producerea de gânsene este continuă, neîntreruptă, putând fi rectilinie şi organizată sau haotică şi dispersată. Dominarea producerii de gânsene este cheia desperticităţii, starea în care, datorită holomaturităţii sale avansate, conştiinţa nu se mai lasă influenţată negativ de gânsenele străine sau de xenogânsene.

Recuperare. Modul în care conştiinţa îşi produce gânsenitatea poate fi considerat ca fiind o moştenire a propriei paragenetici. Doar de conştiinţă depinde efortul propriu de a recupera con-uri, de a obţine o luciditate superioară privind faptele şi parafaptele din memoria sa.

Multifaţetare. Potrivit *conştientologiei*, *conştiinţa* are caracter multifaţetat, asemănător unui poliedru, ea fiind o producătoare neobosită de gânsene despre sine şi despre ceilalţi, cu manifestări diferite. În linia evolutivă personală, îmbunătăţirea calităţii autogânsenizării constituie scopul conştienţial pe termen lung, prin experienţele succesive obţinute pe parcursul existenţelor umane.

Practică. În esenţă, a trăi în dimensiunea intrafizică, densă din punct de vedere energetic, implică perceperea propriilor gânsene, ceea ce oferă posibilitatea de autoconştientizare a conţinutului subsolului conştienţial, care are nevoie de reciclări. În practică, o asemenea stare reprezintă o oportunitate majoră de schimbare a modului de a gânseniza. Recuperarea cât mai multor con-uri cu putinţă este ideală, ea oferind posibilitatea de a accesa holomemoria în mod sănătos şi evolutiv.

Evoluţie. Un asemenea proces este evident unul complex, care necesită timp (cronemică) şi eforturi, deoarece conştiinţa se

confruntă cu depășirea frânelor evolutive, a imaturității conștiențiale și a inabilității parapsihice, care se adaugă la propria restrângere intrafizică și la dificultățile naturale legate de atingerea rapidă a lucidității maxime.
Autogânsenitate. Există „*blackout*-uri mentale", „uitări obligatorii", „goluri de memorie" despre faptele trăite în viețile anterioare, care formează depozitul de evenimente intraconștiențiale adormite din holomemorie, inaccesibile conștiinței, care nu și le poate aminti și nu le poate recicla. Aici se află și diferite autogânsenități experimentate în alte vieți, elemente din ele intervenind progresiv în relațiile cotidiene din viața actuală.
Conectivitate. Calitatea gânsenelor produse determină hologânsena personală a conștiinței, care armonizează conexiunea sau afinitatea cu alte conștiințe cu același tipar hologânsenic. Astfel se explică formarea comunităților extrafizice (comunex), a buzunarelor energetice, dincolo de grupuri, clanuri, familii, națiuni, existente în dimensiunea intrafizică.
Afinități. Gruparea conștiințelor în comunități, atât în intrafizic, cât și în extrafizic, se realizează în funcție de afinitățile gânsenice, cu alte cuvinte, de tiparele gânsenice ale conștiințelor care au afinități unele cu celelalte.
Hologânsenă. Pentru a caracteriza o comunex ca fiind belicistă, media autogânsenelor fiecărei conștiințe grupate acolo trebuie să se identifice cu trăsăturile beliciste. Pentru aceasta este nevoie ca aceste trăsături să fie unite prin forța de magnetizare a acelei gânsenități.
Autoconștiență. Orice conștiință are libertatea de a gânseniza ceea ce dorește, transformându-și intenția într-o baliză care poate înclina spre starea de asistat sau de intruzat, în funcție de alegerea proprie. Capacitatea de a gândi liber este superioară atunci când conștiința înțelege în ce măsură calitatea gânsenității ei se reflectă în calitatea partenerilor ei intra și extrafizici și în cea a *comunicării evolutive*.
Paradrept. Există anumite limite în care conștiința gânsenizează, fără a invada drepturile altor conștiințe (conștin și conștiex), ea însăși fiind cea care își delimitează acțiunea și reglează zona limitrofă a gânsenelor cosmoetice și sănătoase.

Frontieră. Limita maximă a autogânsenizării unei conștiințe cuprinde actul de autogânsenizare cosmoetică, cercetătoare, cuprinzătoare și merge până la limita autogânsenității cu o altă conștiință. În timpul interacțiunilor, se impune analizarea cu discernământ, critică și atitudine asistențială a parapercepțiilor gânsenității celuilalt, în special când aceasta se identifică a fi în vecinătatea ideilor fixe sau a monoideismului patologic.

Monoideismul. Însuși conceptul de monoideism limitează deoarece este fixat pe o gânsenă unică. Pentru a-și extinde propria gânsenitate, conștiința are nevoie să își diversifice și să își amplifice posibilitățile de concentrare ideativă pentru a percepe, a cuprinde, a capta, a învăța și a naviga în propria hologânsenă.

Fixare. De multe ori, gânsenizarea ajunge să nu mai poată fi controlată de către conștiință, situație care se agravează când apare lipsa de luciditate și dorința de autocontrol a fluxului de gânsene produse în fiecare minut. Există microuniversuri conștiențiale fixate de o anumită idee, care caracterizează monoideismul patologic și foarte multe alte patologii asociate mentalsomei.

Vicii. Această fixare monoideatică generează parcursuri neuronale și sinaptice viciate care contribuie la formarea realităților intraconștiențiale anacronice, în funcție de istoria pluriexistențială a conștiinței (Vezi Cap. Realități Intraconșiențiale). Descoperirea acestor detalii privind gânsenizarea rezultă din autocercetarea constantă și invers.

Auto-observare. Propunerea este ca prin auto-cercetare, propria conștiință să își examineze scenariul mental, intim, intraconștiențial, de producere a autogânsenelor și să își descopere caracteristicile, tipurile, formele, corespondențele, calitatea, cosmoetica, intenția, detectând astfel originea sau sursa-stimulatoare a unei astfel de autogânsenizări.

Emoții. Ordonarea producerii de gânsene, prin diferențierea lor clară, ajută la cartografierea emoțiilor, deoarece fiecare fapt sau reacție va deține o anumită zonă a "sen" din gânsenă, care va trebui investigată.

Provocare. Un asemenea management se dovedește a fi provocator atunci când sunt rezervate chiar și doar câteva minute pentru auto-observare, deoarece ele ne fac să ne dăm seama de

complexitatea mecanismului intraconştienţial de funcţionare.
Jurisdicţie. Potrivit acestui studiu, se presupune că autogânsenizarea maximă se limitează la sfera de gânsenizare a interlocutorului, în acelaşi mod în care libertatea unui individ merge până acolo unde atinge libertatea altuia.
Ansamblu. Suma diferitelor auto-gânsene conştienţiale formează ansamblul de hologânsene ale mediului şi locului, care caracterizează Cosmosul, comunităţile extrafizice, societăţile extrafizice şi zonele intrafizice corespondente.
Ambiguitate. Potrivit abordărilor experimentologiei, autogânsenizarea este ambiguă, putând crea şi îmbunătăţi Cosmosul sau anihila şi înrăutăţi totul. Calitatea gânsenică depinde întotdeauna de voinţa, de intenţia şi de determinarea fiecărei conştiinţe, factori relevanţi pentru caracterul gânsenelor, care poate fi igienic, pozitiv, neutru, auto-distructiv sau negativ. Alegerea este personală.
Pozitivitate. Gânsenizarea pozitivă este o acţiune. Cel care gânsenizează pozitiv contribuie deja la evoluţia sa, deoarece îşi creează o psihosferă optimistă şi tinde să fie asistenţial în relaţiile lui, stabilind un dialog sănătos prin atragerea, pe principiul afinităţii, a conştiinţelor-helper, pro-asistenţiale şi interesate de evoluţie. Optimismul ajută foarte mult evoluţia conştienţială, deoarece tinde să atragă mai mult ajutor.
Negativitate. În mod similar şi gânsenizarea negativă este o acţiune. Pesimismul, încărcat cu negativitate, întăreşte stagnarea, anulând dorinţa pro-evolutivă şi promovând regresia la un stadiu imatur al conştiinţei. Având în vedere că procesul se realizează pe principiul afinităţii gânsenice, gânsenizarea negativă atrage conştiinţe mai puţin evoluate, intruzive, asemănătoare sau mai imature decât conştiinţa pesimistă şi negativă. Pesimismul blochează evoluţia conştienţială, deoarece atrage foarte mult intruziunile.
Alegere. Oricare ar fi alegerea privind modul de a gânseniza, pozitiv sau negativ, ortogânsenic sau patogânsenic, există o responsabilitate apriorică a conştiinţei deoarece, în funcţie de tendinţa aleasă, conştient sau nu, originea actului se află întotdeauna în propria conştiinţă. În funcţie de această tendinţă,

se pot manifesta două posibilități: a fi ajutat și a fi intruzat.
Profil. Conștiința viciată de gândirea negativă, care are tendința de a se gândi că evenimentele din viața sa îi vor fi nefavorabile, va genera către sine o hologânsenă distructivă, negativă, îndepărtând persoanele cu care conviețuiește și interacționează. O întrebare care trebuie pusă este de ce conștiința gânsenizează astfel? Oare din cauza legăturii dintre modul de gânsenizare (*modus faciendi*) și absența practicii de comunicare interasistențială?
Asistență. Includerea punctului de vedere asistențial în modul de a gânseniza și concentrarea și pe necesitățile altuia, nu numai pe cele proprii, anticipează prezența conștiințelor helper.
Preferință. Parcursul autogânsenelor din microuniversul conștiențial diferă în funcție de conștiința care comandă fluxul și concentrarea gânsenică, potrivit preferințelor personale, de la gânsenitatea haotică și dispersată, la cea echilibrată și rectilinie, altfel spus, de la Haos la Cosmos.
Practică. În încercarea de a anatomiza autogânsenizarea, se aplică înregistrarea zilnică a naturii celor mai relevante autogânsene percepute, utilizând informațiile obținute din verbetul din Enciclopedia de Conștientologie - *Agenda Autogânsenizării* (Vieira, 2007, p. 144). În acest scop autoarea a creat o *fișă* simplificată în care pot fi înregistrate caracteristicile principale ale gânsenelor manifestate (Vezi Tabelul 10).

Fișă autogânsenometrică

Nr.	Dată	Oră	***Ce ai gânsenizat*** (obiect, fapt, emoție)	**Situație sau loc** (context experimentat)	**Scop – gânsenă legată *de cine*** (persoana)	**Tipul gânsenei**			
						Despre sine	**Despre altul**	**Orto**	**Pato**
1									
2									
3									
4									
5									

Tabelul 10 – Fișa autogânsenometrică - model

Analogie. În acelaşi fel în care conştientometria îşi propune să realizeze analiza metrică a unei conştiinţe, această *fişă* autogânsenometrică îşi propune să contribuie la analiza metrică a autogânsenelor.
Contextualizare. În timpul celui de al doilea experiment al meu de 72 de ore, în Laboratorul Radical de Euristică – *Serenarium* – din campusul ARACÊ, din Domingos Martins, statul Espirito Santo, Brazilia, am investigat propriul meu model de gânsenizare (*modus faciendi*). Planul a fost de a nota şi reflecta asupra autogânsenelor produse pe durata a două zile de experiment, notând la fiecare minut şi la fiecare oră, tipul şi conţinutul autogânsenelor generate.
Esenţă. Fişa autogânsenometrică cuprinde o listă a gânsenelor, realizată în mod tehnic şi compartimentat, care îşi au originea în propria conştiinţă sau în heterogânsenele captate din mediul înconjurător sau în inter-relaţionările dintre conştin-conştin sau conştin-conştiex.
Agravări. Verificarea şi identificarea propriilor gânsene reprezintă o provocare firească pentru orice conştiinţă din două motive: 1) producerea continuă şi efervescentă a auto şi heterogâsenelor; 2) interacţiunea multidimensională constantă cu alte conştiinţe. Datorită acestor factori, distincţia dintre auto şi heterogânsene este de obicei dificil de identificat, deoarece o percepţie produsă de sine poate fi confundată cu una produsă de altcineva.
Sprijin. Pentru a sprijini perceperea gânsenelor şi ulterior înregistrarea lor în *fişă*, sugerăm utilizarea *tehnicii de diferenţiere gânsenică* pentru „a deosebi autogânsenele de heterogânsenele provenite din interacţiunile conştienţiale, multidimensionale, continue, dintre conştiinţele intrafizice, conştiinţele extrafizice şi hologânsene" (Stédile, 2012, p. 6 şi 9). Principala acţiune constă în autochestionarea mentală: „ce nu îmi aparţine din tiparul autogânsenic, mai cu seamă, ce gânduri şi emoţii nu sunt ale mele".
Orientări. Prezentăm în continuare câteva orientări privind modul în care se completează corect *fişa* şi descriem pas cu pas motivul pentru care este listată fiecare informaţie:

1. **Enumerare**. Facilitează contabilizarea gânsenelor percepute și se face totalul lor. Prin acest element se evaluează capacitatea cercetătorului de a se scana. Rezultatul va revela calitatea gânsenelor produse și notate.
2. **Dată**. Este importantă localizarea temporală a producerii gânsenelor. Astfel, se analizează specific o anumită perioadă, o zi sau o lună, și se identifică momentele speciale din viață, din perspectiva viziunii personale generale, momente care altfel sunt imperceptibile din perspectivă izolată.
3. **Oră**. Similar, înregistrarea orei implică măsurarea în ore și minute a manifestării gânsenelor. În timpul analizei ulterioare a datelor, acestea pot fi organizate în 3 perioade: dimineață, după-amiază și seara.
4. **Ce a fost gânsenizat (fapt, obiect, emoție).** Ideea reprezintă sintetizarea esenței gânsenei, detaliindu-i caracteristica, fără a uita ca orice fapt are propria lui clasificare ca eveniment:
   a. Fapt.: întâmplare. Exemplu: „am intrat în magazin", „am lovit mașina", „am început să lucrez la un nou loc de muncă", „mi-am cumpărat o casă nouă", „un *Nu știu cine* mi-a zis *nu știu ce*" și altele...
   b. Obiect (oricare), scopul gânsenizării. De exemplu, „mi-am cumpărat un caiet", „afară plouă", „aspectul părului", „pantofii mă strâng", „poarta scârțâie", „stiloul", „tortul de aniversare", „o anumită carte", „fructe stricate", „lampa se întrerupe".
   c. **Emoție:** sentiment sau emoție legată de un fapt: „m-am înfuriat", „m-am întristat", „am plâns", „am râs", „am fost fericită" și altele.
5. **Situație**: loc sau context experimentat: „am fost la o întâlnire", „am avut oră", „m-am îndrăgostit", „în casa Nu știu cui", „în baie", „în penta", „în laboratorul de experimente", și alte situații.
6. **Țintă**: gânsena relaționată cu cineva (conștin sau conștiex). Plecând de la fapta descrisă, identificați cu nume sau prenume conștiința implicată în gânsenizare, care poate fi

intrafizică sau extrafizică. Conştiinţa-ţintă poate fi chiar şi propria persoană care se cercetează (autogânsenă).

7. **Tipul de gânsenă**. Există 4 tipuri de gânsene care se încrucişează între ele: gânsene despre sine, gânsene despre altul, ortogânsene şi patogânsene. Ideea este să lucraţi pe două coloane în acelaşi timp; dacă o gânsenă „despre sine" a fost ortogânsenică, o treceţi în coloana „despre sine" şi „orto", dacă o gânsenă „despre sine" a fost „patogânsenică", atunci o treceţi în coloana „despre sine" şi „pato". La fel şi în cazul gânsenelor „despre altul".

Propunere. Cartografierea autogânsenizării optimizează acţiunile şi realizarea sarcinilor zilnice cu privire la autosuficienţa evolutivă şi îndeplinirea proexisului (programul existenţial). Conştiinţa are nevoie de: concentrare, disciplină şi critică faţă de multiplii stimuli intrafizici, pentru a-şi asigura timpul liber şi a evita risipa de timp, energie şi cunoştinţe. Sinteza trimite la obiectivele autoconştienţiale.

Sindrom. Purtătorilor *Sindromului Dispersiei Conştienţiale (SDC)* li se recomandă să aplice studiul şi cartografierea autogânsenizării. În cartea *Teme de conştientologie*, Vieira (1997a, p. 160-161) prezintă 6 tipuri de bază ale disipării existenţiale, în funcţie de diferitele momente în spaţiu şi timp:

1. Spaţio-temporal.
2. Spaţiul-de jos.
3. Spaţiul-lateral.
4. Spaţiul-de sus
5. Temporal-trecut.
6. Temporal-viitor.

Exemplu. De exemplu, tipul spaţial-de jos se apropie de profilul autoarei: „conştiinţa se afundă în sine însăşi, în anumite stări de depresie psihologică, deznădejde, stimă de sine redusă, supervalorificare a carenţelor afective şi pierderea continuă a oportunităţilor, timpului şi energiilor conştienţiale şi, cu atât mai rău, în accidente de parcurs şi stigme intruzive. În cazul acestui tip de SDC, melancolia intrafizică este foarte obişnuită".

Autoanaliză. Conştientizarea cadrului mai amplu al acestui tip descris a provocat o reacţie automată de revoltă şi furie împotriva sa însăşi şi a declanşat o mişcare de reciclare intraconştienţială.

Trăsătură. Primul pas pe care îl pot face cei dispersivi în direcţia schimbării este recunoaşterea şi acceptarea unei anumite trăsături, ceea ce permite începutul tratamentului şi al reciclării - combaterea automatismului recurent din comportamentele victimelor *Sindromului Dispersiei Conştienţiale*.

Concentrare. Aşa cum există vicii legate de fiziologia somei (lăcomia, adrenalina, toxicomania), există şi vicii gânsenice, energetice, mentale şi psihologice. Aici atragem atenţia asupra viciilor gânsenice.

Clasificare. Viciile gânsenice pot fi clasificate în două tipuri, în funcţie de parcursul mental: 1) *automate*: când parcurg traseele mentale în mod automat şi mimetic, conştiinţa nefiind lucidă şi conştientă de proces; 2) *recurente*: când gânsenele viciate parcurg aceleaşi trasee mentale, dar conştiinţa este conştientă de acest parcurs. Acest tip favorizează începutul procesului de schimbare a comportamentului.

Sarcină. Cartografierea trăsăturilor mentale ajunge să fie scopul cercetătorului *lucid*, interesat de a ieşi din această condiţie şi a-şi echilibra gânsenitatea.

Filtru. Orice act de observare şi percepere trece prin filtrul interior al conştiinţei, deoarece fiecare vede faptele şi situaţiile în felul său. Când filtrul este negativ, cu tendinţe depresive, conduce, în general, la comportamente autodistructive, chiar dacă lente şi inconştiente.

Distributiv. Stilul asertiv şi pozitiv de a gânseniza cu tahiritmie şi atenţie distributivă ajută la realizarea multor sarcini cotidiene, optimizând timpul şi, de multe ori, banii.

Hartă. Astfel, completarea fişei autogânsenometrice o ajută pe conştiinţa cercetătoare să îşi înţeleagă traseele mentale viciate şi să îşi identifice gânsenele pentru a le trata.

Convieţuire. Potrivit *conviviologiei*, pentru a practica autogânsenometria, conştiinţa are nevoie să îşi dozeze diferite activităţi personale, corelând necesităţile interne cu cele externe. Interacţiunile sănătoase sunt proevolutive, deoarece *nimeni nu evoluează singur* (Vieira, 2012, verbetul *Inseparabilitatea grupkarmică*). Convieţuirea ţine de existenţa umană. Numai observarea și cercetarea propriei persoane nu accelerează, nu produce autocunoaștere și nici nu aduce îmbunătățiri intraconștiențiale. A discerne partenerii intra și extrafizici și hologânsenele pe care le accesezi este o atitudine foarte inteligentă.

Beneficiu. Dacă are o gânsenizare sănătoasă, conștin își echilibrează holosoma, se armonizează, se liniștește și obține bunăstarea intimă. Această stare trimite la practicarea desperticității și a principiului serenismului.

Rezultat personal. Rezultatul aplicării autogânsenometriei în Laboratorul Serenarium a fost provocator și pozitiv, deoarece am constat calitatea redusă a gânsenelor produse.

Decizie. Pornind de la acest experiment, am luat decizia de a îmi renova comportamentul, promovând acțiuni zilnice de inversiune a fluxului gânsenelor anticosmoetice, nosografice, antiasistențiale și autodistructive.

Inversiune. Pentru a le detecta și percepe, m-am concentrat pe raționamentul invers, opus, antagonic, asistențial, mai cosmoetic, în scopul de a inversa și contrapune acel flux gânsenic viciat, aducător de previzibile daune evolutive, generatoare de interprizonierate grupkarmice.

Caracteristici. Am analizat diferitele tipuri și caracteristici ale gânsenelor, am studiat rezultatele și le-am listat pe unele dintre ele: a gândi rău de cineva, raționamente cu bază anticosmoetică, a gândi rău de tine însuți/însăți, a avea stimă de sine scăzută, gânsene de autoboicot, autodevalorizare, autovictimizare, apatie, procrastinare, dezamăgire, lașitate. Ansamblul acestor gânsene paralizează conștiința intrafizică chiar și în ceea ce privește faptele cotidiene.

Important. În perioada analizată, am fost conștientă de tiparul gânsenic personal, caracterizat, în linii generale, de negativitate, pesimism, defetism, subnivel evolutiv personal.

Adevăr. Identificarea adevărului relativ de vârf personal (aderev) – un rezultat raportat frecvent de cercetătorii și experimentatorii din Laboratorul *Serenarium* – a provocat un impact, dar nu o acțiune imediată. Cu alte cuvine, am reușit după luni de zile de la experiment să îmi accept nivelul de gânsenizare, ceea ce a reprezentat un semn al reînnoirii necesare.

Acțiuni. Grupul familial și cel evolutiv ne pot oferi ajutor pentru a face față confruntărilor necesare îmbunătățirii gânsenității și inversării fluxului gânsenic. Evenimentele petrecute în viața noastră ne oferă oportunitățile care să ne „împingă” să ne confruntăm cu noi înșine, dar adesea nu profităm de aceste situații.
Transformare. Ca urmare a conștientizării prejudiciilor pe care autogânsenizarea antievolutivă le aduce prin adâncirea traslaismului[20], apar acțiunile transformatoare și eficace care asigură experiențe personale interesante și impactante legate de grupkarma familială.
Autodiagnostic. Observarea faptului că patogânsenizarea este predominantă și explicarea surselor și originii gânsenelor patologice scot în evidență *zona* în care trebuie acționat și ce trăsătură a personalității trebuie reciclată. Ceea ce va fi revelat va necesita o analiză profundă pentru a înțelege cât mai bine noul modul de gânsenizare.
Multiexistențialitate. Autocercetarea readuce în memorie anumite retrovieți, cu ajutorul unor flash-uri retrocognitive, a proiecțiilor lucide și a analizei unor fapte care au avut loc în existența curentă.
Puzzle. Studiul poate fi comparat cu un puzzle. Piesele lui trebuie aranjate în funcție de momentele existențiale, de imaginile memorate și de conținutul lor, dar și de credințele cristalizate și traumele trăite. Cu alte cuvinte, este vorba despre realizarea unei balanțe privind modul propriu de gânsenizare.
Aprofundare. Greutatea de a accepta starea patologică a gânsenității manifestate trimite la analiza trăsăturii slabe de *rigiditate gânsenică*, trăsătură magnetizantă a întregului scenariu, analizat și detaliat deja în Secțiunea I – (Auto)cercetologia.

Exemplu. Exercițiul autogânsenometric

Loc. La schimbarea orașului (2008) și a mediului rezidențial, am experimentat hologânsena fricii, anxietății, deznădejdii, depresiei,

[20] Traslaism – totalitatea trăsăturilor slabe – trasla - ale unei conștiințe; n.tr.

renunțării, anesteziei paralizante chiar și față de acțiunile cotidiene. Senzația fizică era cea de a fi la sfârșit de drum, la o vârstă cronologică ireală, la care se adăuga dezinteresul pentru orice activitate, inclusiv cea sexuală, care presupunea plăcere.

Depresie. Din tiparul gânsenic descris reiese cadrul depresiv obișnuit în societatea actuală (2013).

Stare. Bula patogânsenică în care mă aflam anula orice acțiune pro-evolutivă. Lipsa capacității de stăpânire a câmpului energetic deschidea calea heterointruziunii care decurgea din autointruziune.

Recunoaștere. Această situație a fost descoperită numai când a existat dispoziția intimă de a mă observa și de a recunoaște și accepta față de mine însămi starea în care mă aflam.

Autoinvestigare. Autoexamenul detaliat realizat din exterior și de la distanță, din dorința de a mă poziționa ca obiect al cercetării, a indicat o modificare a comportamentelor, atitudinilor, a modului de a vorbi, a gesturilor, a tonului vocii și chiar modificări faciale, toate foarte diferite de cele manifestate în mod normat.

Feedback. Această autoexaminare a fost sprijinită de observațiile și comentariile colegilor evolutivi în timpul interacțiunilor în echipă. *Feedback*-urile lor au indicat și evidențiat detaliile percepute de mine însămi.

Înregistrări. Fiecare idee și informație nou primită a fost sistematic înregistrată în registre de cercetare, utile propriei analize și concluziilor personale, care chiar dacă au fost parțiale, au servit ca material didactic și autoperceptiv.

Gescon. Dintr-un anumit punct de vedere, investiția în analiza autogânsenometrică, sintetizată în această gestație conștiențială, reprezintă rezultatele obținute până acum privind modul personal de a gânseniza.

Chestionologie. Cititorule, tu cât ai investit în descoperirea modului tău de a gânseniza? Ai reușit deja să îți reciclezi anumite trăsături slabe aplicând tehnica autogânsenometriei?

AUTOEXPRIMARE

Autoexprimarea matură necesită autoexprimarea autentică și interasistențială.

Definiție. „*Autoexprimarea* este capacitatea conştiinţei, intrafizice sau extrafizice (de) a exterioriza către alţii sau a comunica spre Univers propriile manifestări gânsenice, intenționalitatea, autodeterminarea sau autopoziționarea cu privire la realitate sau pararealitate, la faptele și parafaptele din viață sau din experiențele legate de evoluția conștiențială” (Vieira, 2012, verbetul *Autoexprimare* – grafia „autoexprimare” este conform autorului).

Intercomunicare. Din punct de vedere exterior, autoexprimarea este observată de către diverşi interlocutori în modul conştiinţei de a vorbi, de a se comporta și de a acționa în lume. Fiecare gest, acompaniat sau nu de actul de a vorbi, exprimă într-un anumit fel realitatea intraconștiențială.

Intracomunicare. Din punct de vedere interior, autoexprimarea este auto-observată de către conștiință în momentele sale de comunicare cu sine însăși (solilocviu), putând fi caracterizată de aspecte evolutive sau antievolutive.

Optimizatori. Iată câteva aspecte pro-evolutive de intracomunicare: cazurile de reflecție reciclatoare, practica *tehnicii de diferențiere gânsenică* (Stédile, 2012), citată în capitolul anterior, sau orice altă situație caracterizată de metagânsenitatea – nu cumva e metagânsenizarea(?) realizată cu discernământ. Aceste tehnici și situații ajută la dezvoltarea abilităților cognitive de rațiune și logică.

Dispersatori. Iată câteva exemple de autoexprimare antievolutivă: conștiința intrafizică cu profil imaginativ în exces, purtătoare a Sindromului de Dispersie Conștiențială (SDC), practica continuată - continuă a patogâsenizării, monoideismului, retroalimentării cu autoexprimări anacronice etc. Aceste modalități prejudiciază rectilinearități ale gândirii, element important în calitatea comunicativă.

Unitate. Este de remarcat că autoexprimarea este unitatea de măsură a conştiinţei comunicative; în consecinţă, devine pertinent să ne ocupăm de aspectele menite să dezvolte şi să îmbunătăţească nivelul comunicativ, având ca scop atingerea nivelului de *comunicare evolutivă*.

Maturitate. Atât din punctul de vedere exterior, cât şi interior al conştiinţei, forma de construire a propriei gânsenităţi şi exteriorizarea ei către interlocutori este legată de nivelul de maturitate conştienţială, oglindind modul de a vedea faptele şi parafaptele, în două moduri: realist şi fantastic.

Realism. Modul realist adoptă viziunea despre lume bazată pe fapte, fără eufemisme sau autocorupţie, evitând prefăcătoriile sociale şi căutând autenticitatea în atitudini, opinii şi comportamente şi interacţiuni, factori care demonstrează nivelul de autocosmoeticitate al conştiinţei.

Fantezie. Modul fantezist de a vedea lumea se referă la viziunea romantică, idealizată, obţinută prin ascunderea adevăratei esenţe a conştiinţei. Acest mod frizează autocorupţia clară, prin utilizarea resurselor de creare a unei realităţi fantastice, care nu corespunde faptelor experimentate şi manifestate.

Interlocuţiunie. Din perspectiva *Teoriei Comunicării* (Jakobson, s/d), contextul intracomunicării configurează relaţia emitent-receptor într-un singur personaj: propria conştiinţă este în acelaşi timp emitent şi receptor, realizând o mişcare comunicaţională centripetă.

Izolare. Nu este recomandat ca autocomunicarea să fie singurul tip de comportament, deoarece, atunci când este în exces, ea poate declanşa comportamente antisociale, izolare intrafizică, fobie socială, alimentarea emoţiilor cu experienţe ireale, fantastice şi înclinaţii autiste.

Proces. Manifestarea conştienţială poate oscila între punctele extreme ale procesului comunicativ: în cazurile patologice, conştiinţa se închide într-un mutism permanent, caracterizat prin autismul cel mai sever, iar în cazurile homeostatice, se deschide prin exprimarea sinceră, transparentă, cu intenţie sănătoasă şi cosmoetică.

Intermediar. În cazurile intermediare, situație în care se află în prezent (2013) un număr semnificativ de conștiințe intrafizice, aceste oscilații au variații rare și nu de mare amplitudine, în funcție de luciditatea și stăpânirea cunoștințelor comunicative.
Omisiune. Un exemplu de situație intermediară este omisiunea deliberată de a trata anumite subiecte sau fapte traumatizate pentru care conștiința nu deține încă resursele intraconștiențiale pentru a le înfrunta. Această stare poate conține tendințe de autoboicot, autocenzură sau frână evolutivă.
Blocaj. Rădăcinile acestei traume, care împiedică anumite judecăți raționale despre sine, se pot regăsi în preconcepțiile și tabuurile create de individ însuși sau își au originea în educația familială sau mezologie. Preconcepțiile asociate închiderii conștiențiale determină comportamente de respingere a oricărei heterocritici utile.
Autogânsenă. Asemenea judecăți, posibil disimulate de către conștiința însăși, sunt bogate în auto-patogânsenitate și restrâng propria viziune conștiențială. Aceste blocaje corespund activării mecanismelor de apărare a egoului, studiate de către psihanaliză, și reprezintă, în practică, atitudinea de anticomunicare evolutivă.
Autoboicot. A împiedica comunicarea liberă cu sine și cu celelalte conștiințe, tăind canalul de acces inter-relațional, verbal sau scris, indică autodistrugere, încurajează autoboicotul și inhibă exprimarea amplă a conștiinței intermisiviste, pregătită pentru proexis.
Autoexcludere. Un exemplu de autoboicot este situația în care conștiința se retrage dintr-un anumit grup, în care se simte neconfortabil sau la care nu se poate adapta. Ieșirea implică autoexcluderea și semnifică incapacitatea de a înfrunta propriile sentimente sau de a face față unei situații stresante.
Contrapunct. Pe de altă parte, o ieșire franțuzească, delicată și în liniște poate fi rezultatul unei judecăți realizate cu discernământ, prin utilizarea cosmoeticii personale și poate pondera un context multidimensional, un loc sau anumite persoane implicate într-o situație.
Motive. Depinde de conștiință, ca pe parcursul existenței, să cerceteze motivele care îi blochează libera exprimare,

confruntarea cu fricile și să se deblocheze, să se „dezbrace" de toate măștile, într-o confruntare sănătoasă, igienică, pacificatoare și reciclatoare cu sine însăși.

Megapriorități. Evoluțiologul prioritizează autoexprimarea cosmoetică, prin discernământul constant privind înțelepciunea inteligenței evolutive și încearcă să elimine închiderea conștiențială, experimentarea exclusivă a *micii lumi* personale, caracteristică vieții în interioroza[21] antievolutivă. Această conduită exprimă un nivel de apriorismoză[22].

Singularitate. Prin autoexprimare, fiecare conștiință are oportunitatea de a-și arăta bogăția universului intim, potențialul, talentele, abilitățile, experiențele și capacitățile singulare, dezvoltate pe parcursul serialității existențiale (seriexis).

Polikarmalitate. A fi conștient de această singularitate impulsionează și conduce la manifestări sarclariste și la o preocupare amplă pentru evoluția tuturor. Astfel, se îndreaptă către experimentarea polikarmalității.

Intercooperare. Baza convivialității sănătoase constă în importanța acordată împărtășirii experiențelor personale, în diferite interlocuțiuni interconștiențiale și interdimensionale, fundamentate pe dialoguri productive. Dacă fiecare exprimare se concentrează pe posibilitatea de creștere a cunoștințelor celorlalți, atunci intercooperarea se consolidează.

Grafogânsenă. Scrierea acestei cărți este un exemplu de autoexprimare grafică. Această modalitate durabilă de manifestare a oricărei conștiințe favorizează autoconfruntarea și, în același timp, autodemascarea, ca urmare a necesității de

[21] **Interioroza** – calitatea, starea sau condiția cronicizată a persoanei (interiorot, interiorotă) super-radicale și limitate la micul orășel de provincie, sătuc, cartier sau suburbie îndepărtată, în zona rurală sau în interiorul țării, care nu are curajul și nici nu se simte stimulată să facă față unei viziuni ample (cosmoviziune) despre viață și să treacă dincolo de limitele sale înguste (adaptat după Vieira, Waldo, 2007, Verbetul *Interioroză*); n.tr.

[22] **Apriorismoza** este calitatea, condiția sau starea cronicizată a persoanei (apriorist, aprioristă) care nu poate să gândească decât a priori, plecând de la elemente anterior stabilite, fără a examina, analiza sau verifica, independent de fapte și parafapte. (adaptat după Vieira, Waldo, 2005, Verbetul *Apriorismoză);* n.tr.

autoexpunere, fie implicită, fie explicită a autorului, fără tergiversări. Dacă există intenția cosmoetică de auto și hetero-asistență, această inițiativă produce autoexprimare pozitivă.
Avantaj. Chiar dacă este luată în considerare discordanța dintre interlocutori și cititori, cel care explică, prin exprimare sănătoasă, fapte, scene și caracteristici intrapsihice, demonstrează încredere în sine și tinde să aibă și mai multă încredere în ceilalți, datorită transparenței cu care scoate în evidență profilul său comportamental, modul de gândire și simțire, ceea ce favorizează inter-relaționările echilibrate și sănătoase.
Principiu. Un asemenea comportament revelează poziționarea față de propria evoluție și reprezintă unul dintre principiile de bază ale cuceririi *comunicării evolutive*.

Chestionologie. Cititorule, cum evaluezi modul tău de a te exprima? Investești în îmbunătățirea calității exprimării tale?

II. INTERACTOLOGIA

„Interacţiunea evolutivă *vine să demonstreze mai clar complexitatea paşilor evolutivi ai conştiinţei, fundamentată pe volitologie, intentologie şi discernologie"*
(Vieira, 2012, verbetul *Interacţiunea evolutivă*).

INTER-RELAŢII CONŞTIENŢIALE

„Înţelegerea vieţii ca interacţionând inevitabil cu realităţile cosmosului divide practic conştiinţele din zecile de naţiuni de pe Terra în egocentrice şi altruiste"
(Vieira, 2012, verbetul *Personalismul*).

Introducere. Plecând de la aspectele pe care le-am dezvoltat în secţiunile anterioare, prezentăm un studiu despre inter-relaţii, concentrându-ne pe rezultatele interacţiunilor comunicative dintre cele mai diferite profiluri conştienţiale. În babelismul intrafizic, fiecare îşi manifestă bagajul personal de trăsături puternice şi slabe.

Abordare. *Comunicarea parapsihică*, verbală, non-verbală şi scrisă, conectează inter-relaţiile din dimensiunea intrafizică.

Definiţie. „*Inter-relaţia* este legătura mutuală dintre două sau mai multe conştiinţe şi/sau lucruri, obiecte neanimate, fapte, fenomene, realităţi şi subiecte, în această dimensiune conştienţială sau în altele, deoarece între anumite elemente există o legătură de cauzalitate şi pentru că depind de o cauză comună" (Vieira, 2003, p. 338).

Motivaţie. Experienţa umană se bazează pe inter-relaţii şi pe convieţuirea dintre conştiinţele resomate. Din această perspectivă putem considera că acest aspect este cel mai important în procesul comunicativ. Comunicarea presupune interacţiunea a două sau mai multe conştiinţe.

Duo. Construirea unui duo evolutiv – uniunea a două conştiinţe (femeie şi bărbat) pentru realizarea unor proiecte şi gestaţii conştienţiale împreună – este unul dintre exemplele de interacţiune. Această celulă de bază grupal-comunicativă impune provocarea cotidiană a *binomului dialog-dezinhibiţie* (*DD*) pentru a menţine şi a echilibra cuplul.

Punte. Plecând de la celula de bază, fiecare participant la duoul evolutiv îşi poate iniţia acţiunea asistenţială, taristică şi polikarmică, făcând din duoul evolutiv o punte pentru construirea unor comunităţi mai fraterne.

Aspecte comunicative în inter-relaţii

Mesaj. Potrivit *Teoriei comunicării*, procesul comunicativ este stabilit prin trimiterea mesajului de la *emitent* la *receptor*. În sens general, mesajul este obiectul principal al comunicării, fiind studiat de către comunicologie sub două aspecte: conţinutul informaţiei (*con* din *confor*) şi forma de prezentare (*for* din *confor*).

Cod. Mesajul conţine orice gând sau idee exprimată în limbajul ales de emitent, necesitând coduri lingvistice şi semiotice care să fie transmise prin orice mijloc de comunicare către receptor.

Forme. Există diferite forme prin care un emitent transmite mesajul către receptor, iar transmiterea eficientă necesită atenţie. Este primordial ca emitentul să cunoască „bagajul" cultural sau chiar experienţa receptorului, pentru a studia limbajul pe care trebuie să îl folosească la transmiterea mesajului, apropiindu-se cât mai mult de limbajul receptorului.

Relaţie. Pornind de la *Teoria comunicării*, conceptul se poate amplifica şi poate include *Teoria gânsenei*, propusă de conştientologie, detaliind faptul că procesul comunicativ este influenţat de conţinutul indisociabil al gânsenei (gând+sentiment +energie).

Exemplarism. Pentru a fi indisociabile, este ideal ca cele trei componente ale gânsenei (gân+sen+ene) să fie compatibile şi coerente între ele, pentru a amplifica la maximum comunicabilitatea sănătoasă prin exemplarismul pozitiv. În schimb, incompatibilitatea sau incoerența între componente revelează antiexemplarismul din care transpar intențiile secunde ale emitentului.

Afinitate. Conforul mesajului se află în relație cu universul intraconștiențial al conștiinței emitente, care este mai bine înțeles de către conștiința receptoare când între cele două există o afinitate gânsenică. Existențele multiexistențiale comune (ale emitentului și receptorului) și trăsăturile comune de personalitate favorizează înțelegerea mesajului.

Factori. Afinitatea este rezultatul asemănărilor dintre conținuturile hologânsenice care cuprind, printre altele, conștiențialitate, cosmoetică, maturitate, personalitate, temperament și istoricul personal al multiexistențelor cuprinse în FEP (Fișa Evolutivă Personală). Luciditatea și discernământul determină nivelul proxemic al inter-relației: cu cât afinitatea este mai mare, cu atât mai multe și mai însemnate sunt intersecțiile intercomunicative, atât în cazul simpatiei, cât și în cel al antipatiei.

Conversație. În acest fel, în tematicile *comunicologiei*, comunicabilitatea interconștiențială ajută la metrica evolutivității conștiențiale, în măsura în care în timpul dialogului interlocutorul exemplifică nivelul lui personal prin modul de a vorbi, prin lexicul utilizat, prin abordări și viziunea despre lume.

Niveluri. Pe scala evolutivă a conștiințelor, în banda corespunzătoare pre-serenissimului vulgar, interlocuțiunea tinde spre „egalitate", având în vedere cunoștințele și comunicabilitatea personală. Cu toate acestea, în dialogul dintre o conștiință intrafizic pre-serenissimă și un evoluțiolog, de exemplu, există o diferență de nivel a cunoștințelor din diferite zone, în special parapsihism și cosmoetică, iar dialogul poate să nu depășească plenitudinea potențialului ambilor din cauza insuficienței instrumentelor comunicative și a imaturității conștiinței pre-serenissime.

A înțelege prin captare/ a înțelege prin cuprinderea esenței.

Înțelegerea prin captarea mesajului diferă de înțelegerea prin cuprinderea esenței mesajului. *A înțelege prin captare* necesită ca interlocutorii să cunoască acelaşi cod lingvistic (forma din con*for*), să capteze şi să decodifice corect sunetele, literele, cuvintele, frazele, lexicul, textul, fără a procesa în mod necesar conţinutul (con***for***). În cazul *înţelegerii prin cuprinderea esenţei* mesajului, receptorul nu doar captează şi decodifică un anumit cod, dar depăşeşte înţelegerea formei, deoarece filtrează, epurează, analizează şi procesează informaţiile în mod critic şi le dă un sens şi o semnificaţie.

Aproximare. În interacţiune, actul de a *înţelege prin cuprinderea esenţei* ajută la cunoaşterea realităţii intraconştienţiale a altei persoane, ceea ce susţine asistenţa şi sarclar (sarcina de clarificare).

Mişcare. În inter-relaţiile cotidiene, această mişcare comunicativă dintre persoane apare constant şi automat. Limba vorbită susţine inter-relaţiile comune, chiar dacă există grupuri care comunică folosind alte coduri, ca de exemplu, semnele dintre surdomuţi.

Semne. În studiul despre limbajul semnelor surdomuţilor, „Văzând voci", Oliver Sacks (1999, p.30) clarifică faptul că există mai multe tipuri de limbaje ale semnelor: Limbajul american al semnelor – ASL (American Signal Language), dar şi cel britanic, francez, danez, chinez, rus, sunt doar câteva dintre alte sute, ca de exemplu, cel existent în Brazilia[23] – LIBRAS (Limbajul Brazilian al Semnelor). Cu toate acestea, există în continuare ideea falsă că limbajul semnelor este unul universal şi uniform, care le-ar permite surzilor din toată lumea să comunice unii cu alţii instantaneu. În concluzie, între ele există particularităţi.

Gramatică. Fiecare limbaj al semnelor deţine o structură proprie, având propriile reguli gramaticale, sintactice şi lexicale, de cele mai multe ori, foarte complexe. Unele sunt mai degrabă o transliteraţie a limbii vorbite, fiecare cuvânt corespunzând unui semn. Altele prezintă o structură gramaticală mai complexă şi

---

[23] **Limbajul mimico-gestual românesc** (LMG), denumit general și limbajul semnelor, este o limbă de sine stătătoare care are, ca orice altă limbă, o structură, un lexic, reguli gramaticale și alte componente specifice. Limbajul mimico-gestual românesc este limba utilizată de către comunitățile de surzi din România; n.tr. (conform https://dlmg.ro).

mişcări subtile ale mâinilor, imperceptibile pentru cei care nu sunt surzi şi a căror abilitate de mânuire a limbii semnelor le dezvoltă alte zone ale creierului, localizate în emisfera dreaptă, care în general nu sunt destinate exprimării lingvistice în cazul celor care nu sunt surzi (Sacks, 1999, p. 99).

Dimensiuni. Caracteristica cea mai notabilă a limbii semnelor este utilizarea lingvistică a spaţiului. Complexitatea gesturilor subtile, „invizibile" ochiului „normal", evidenţiază capacitatea de exprimare tetradimensională: pe lângă cea temporală, dispun de trei dimensiuni spaţiale accesibile corpului emitentului semnelor (Sacks, 1999, p. 99-100).

Gesturi. A face semne şi gesturi, fără o structură lingvistică complexă, ne trimite la trecutul nostru îndepărtat pre-uman. Vorbitul efectiv este mai recent sosit în evoluţie şi de mare succes, fiind capabil să înlocuiască mâinile, lăsându-le disponibile pentru alte scopuri decât comunicarea propriu-zisă.

Vorbit. În general, *în parametrii comunicării interpersonale, conduita-cadru este vorbitul (limbajul uman şi laringochakra). Mimica (limbajul interanimal al somei) este conduita-excepţie, non-verbală, schematică şi insuficientă a subsolului conştienţial* (Vieira, 1994, p. 606).

Aspecte ale gânsenizării în inter-relaţii

Gânsenizare. Generarea neîncetată de gânsene complică studiul comunicării. Conştiinţa produce gânsene continuu, în orice dimensiune. Exprimarea gânsenică diferă în funcţie de locul, capacitatea şi evolutivitatea conştiinţei:

1. **Loc.** Conştin restrânge comunicarea cu ajutorul codurilor, simbolurilor şi semnelor. Variatele medii intrafizice, scenarii ale inter-relaţiilor impun, în principal, comunicarea orală şi scrisă. Comunicarea intrafizică încă nu este telepatică, aşa cum se întâmplă în dimensiunile extrafizice avansate.
2. **Capacitate.** Comunicarea necesită abilitate şi dezinvoltură în utilizarea codurilor lingvistice, o precerinţă fiind ca orice conştiinţă să fi fost educată şi alfabetizată, să fi învăţat

limba maternă, să își fi îmbogățit creierul cu informații utile pentru amplificarea capacității sinaptice și comunicative și crearea dicționarului cerebral personal.

3. **Evolutivitate**. Comunicarea eficace și de calitate este atinsă prin maturitate, discernământ și cosmoetică, aceste 3 elemente fiind chestiunile de bază ale unei comunicări de înalt nivel.

Transparență. Comunicarea asistențială implică transparența ideilor și sentimentelor, necesitând coerență intraconștiențială. Dizarmonia și dezacordul între ce gândești și ce vorbești creează zgomote în comunicare și pot genera conflicte, neînțelegeri, dușmănii, dezamăgiri și frustrări, atât pentru emitent, cât și pentru receptor.

Intenționalitate. Dacă intenția din momentul comunicării este sănătoasă, asistențială și cosmoetică, posibilitatea ca mesajul să nu fie înțeles de către receptor se reduce, excepție făcând următoarele situații: 1) incapacitatea cognitivă sau lingvistică a unuia dintre interlocutori; 2) închiderea conștiențială a receptorului: nu vrea să audă; 3) nivelul evolutiv: conștiințele mai puțin evoluate au dificultăți mai mari de a accesa gânsene mai evoluate (Musskopf, 2012, p. 49).

Social. În convietuirea socială, inter-relațiile sunt, în general, mai superficiale, fiind lipsite de rafinamente lingvistice și de conținut. Relaxarea și eliberarea observate în interacțiunile „fără angajament" din sociabilitatea cotidiană reunește acțiuni și preferințe, sintonizând afinitățile gânsenice și interesele personale. În acest caz, în general, prevalează *sen* și *ene* din gânsene.

Intelectual. În mediile intelectuale, academice și universitare, în laboratoarele de cercetare, la conferințe, prezentări, cursuri, simpozioane și alte evenimente destinate propagării de idei și informații de vârf (aderev), în cercetări în desfășurare și în educație, în general, predomină *gân* din gânsene, influențând gradul și calitatea inter-relațiilor comunicative.

Energii. Fapt este că energiile conștiențiale sunt o *carte de vizită* și o reprezintă pe conștiință. Chiar dacă limbajul utilizat (cuvinte și semne lingvistice) exprimă o informație, energiile vor comunica adevăratul mesaj la care emitentul se gândește și pe care îl simte sau, cu alte cuvinte, îl gânsenizează. Energiile conştienţiale revelează intenţia conştiinţei în actul comunicativ.

Dezvoltare. Faptul că energiile conştienţiale revelează adevărata faţă a conştiinţei este de interes în dezvoltarea parapsihismului pentru lectura energiilor conştienţiale, un canal de transmitere a informaţiilor în timpul oricărei interacţiuni comunicative.

Etichetă. De multe ori, în convieţuirea socială, este potrivit să ne abţinem din a vorbi şi să ne păstrăm gânsenele pentru noi pentru a evita un rău mai mare (*legea economiei de rele*). Gânsenizările interlocutorilor nu sunt întotdeauna înţelese profund, în funcţie de situaţie şi de cei implicaţi, fiind preferabil ca opinia să nu fie verbalizată. Comunicarea cere discernământ şi luciditate pentru a identifica momentul potrivit de a tăcea şi cel de a vorbi, conform nivelului evolutiv şi de discernământ al interlocutorilor. Eticheta, în acest caz, corespunde omisiunii excedentare (omiex).

CONFORUL ÎN COMUNICARE

Comunicarea necesită o gestionare competentă a abilităților comunicative.

Premisă. În acest capitol urmărim trasarea unor linii generale de realizare a conforului (*con*ținut+*for*mă) comunicării, descriind premisele de bază și fundamentale ale procesului comunicativ în interacțiuni.
Confor. Conținuturile mesajelor emise pot fi clasificate în homeostatice, neutre sau nosografice, atât din punctul de vedere al emiterii, cât și al receptării mesajului, în acord cu stăpânirea *abilităților comunicative* ale fiecărui emitent/receptor.
Autoevaluare. Este posibil ca cercetătorul să își evalueze modul în care comunică și să își stabilească propriile criterii de comunicometrie, pe baza performanței sale comunicative în inter-relații.
Dialog. Din perspectiva *asistențiologiei*, orice dialog conștiențial deține un caracter asistențial potențial, putând adopta cel puțin 45 de acțiuni pro-comunicative, în opoziție cu acțiunile anti-comunicative, cu scopul de a amplifica manifestările comunicative, pe care le vom enumera în continuare, în ordine alfabetică (Seno, 2012, verbetul *Abilități Comunicative*):

	Acțiuni pro-comunicative	**Acțiuni anti-comunicative**
01	Deschiderea conștiențială	Apriorismoză
02	Grija pentru interlocutor	Duritatea tratamentului interconștiențial
03	Adaptarea la lexicul interlocutorului	Absconsitate
04	Agenda personală	Autodezorganizare
05	Autodidactism	Gnosiofobie (NT: frica de cunoaștere)
06	Asistență calificată	Asistențialism mimetic
07	Autocogniție pârghie	Lipsă de prioritizare evolutivă
08	Încredere în sine	Nesiguranță
09	Autoluciditate	Lamentare victimizatoare
10	Caiet de notițe (*reminder*)	Încrederea în memorie
11	Formă somatică bună	Cele 5 simțuri neoperative
12	Coeziune a ideilor	Disocierea ideilor

13	Cunoaștere realizată cu discernământ	Blocaj patologic pentru cunoaștere
14	Cosmoetică	Autocorupție
15	*Curiozitate de a cerceta*	Apatie mentală
16	Agilitate	Timiditate
17	Dialog matur și fratern	Dialog intruziv
18	Diplomație	Lipsă de educație convențională
19	Disciplină și reguli	Dispersie conștiențială
20	Disponibilitate gânsenică	Indiferență egotică
21	Echilibru emoțional	Dezagregare a emoțiilor
22	Erudiție oferită/asistențială	Respingere intelectuală
23	Își așteaptă rândul pentru a vorbi	Intervine peste cei care vorbesc
24	Forță prezențială	Prepotență/aroganță
25	Fraternism	Egocentrism
26	Igienă bucală	Recidivă în tractul bucal
27	Hiperacuitate parapsihică	Blocaj parapsihic
28	Interes autentic pentru a asculta	Fuga gânsenică de a asculta
29	Interese polimate	Ignoranță
30	Limbaj traforist	Limbaj traslaist
31	Logica discursului	Incoerența discursului
32	Normoversiune	Introversiune
33	Privește în ochii interlocutorului	Vorbește fără să privească în ochii
34	Optimizarea timpului	Risipirea timpului
35	Răbdare	Nerăbdare
36	Parapsihism cosmoetic	Impunerea cunoașterii prin energii
37	Poliglotism	Excese de cuvinte străine
38	Ponderație lucidă	Vrea să aibă dreptate
39	Atitudine democratică	Atitudine autoritară
40	Predominanța mentalsomei	Predominanța psihosomei
41	Respingere cosmoetică	Atac verbal sau fizic
42	Respect pentru ascultător	Desconsiderare pentru opinia altuia
43	Rectilinearitate gânsenică	Auto-dezorganizare gânsenică
44	Timing-ul dialogului	Discrepanțe în dialog
45	Ton liniștit al vocii	Țipete isterice

Tabelul 11 – Acțiuni pro-comunicative / Acțiuni anti-comunicative

Acțiuni. Pentru a detalia în ce constau aceste elemente de autoevaluare comunicațională, vom exemplifica 4 acțiuni pro și anti-comunicative, ce apar în tabelul 11:

1. **Pro-comunicativă → Autoluciditate.** Valorifică ceea ce deja știi. Mesajul este rostit în cunoștință de cauză privind subiectul, cu cât de multă imparțialitate și transparență, cu viziune proprie și contextualizare, cu luciditate asertivă, discernământ, autocritică și realism experimentat.
   Anti-comunicativă → Lamentare victimizatoare. Discursul este pe ton de nemulțumire, lamentare, cu reproș, o atitudine de emitent autovictimizat, în stare permanentă de autoapărare, demonstrând neînțelegerea experienței multidimensionale și pluriexistențiale, care se adaugă unui caracter debil, nesigur de sine și timid.
2. **Pro-comunicativă → Forța prezențială.** Dialog democratic, autentic, interasistențial și o atitudine fraternă, observând și respectând evoluția și nivelul de maturitate al interlocutorului. Hologânsena pozitivă, pacifistă și cosmoetică transmite prin energiile sale o forță prezențială neagresivă, de valorizare a celuilalt. Ascultatul teopractic este o înțelegere empatică.
   Anti-comunicativă → Atotștiința. Emitentul care se consideră *stăpân pe sine*, îl judecă superior pe receptor, el este „știe tot" și se comportă în mod arogant și prepotent în redarea conținutului mesajului. Se simte stăpân al cunoașterii, autodefinindu-se ca deținător al ultimului cuvânt despre subiectul respectiv, cu o atitudine închisă față de dialogul real și dezbatere.
3. **Pro-comunicativă → Încrederea în sine.** Interacțiune comunicativă sigură și cu încredere în sine privind plasarea clară, obiectivă și transparentă a ideilor, care își poziționează opiniile și convingerile (autoconvingere) independent de „aprobarea" sau recunoașterea celuilalt.
   Anti-comunicativă → Nesiguranță. Emitentul nu este sigur de poziționarea sa și nici de conținutul mesajului transmis receptorului, el având nevoie de confirmarea acestuia pentru a-și evalua ceea ce gândește și simte. Este

supus și se poziționează în dezavantaj și inferioritate față de receptor, considerându-se incapabil de reflecții și poziționări de calitate.

4. **Pro-comunicativă → Fraternism.** Apreciază contactul cu diferite conștiințe, este receptiv și tolerant cu diferențele de opinie, este universalist, iar comunicarea sa este deschisă și caldă. Este promotor al conviețuirii sănătoase, cosmoetice și asistențiale. Are abilitatea de *a ști să asculte*, care este importantă în comunicarea eficientă sănătoasă. Demonstrează disponibilitate intimă, interes sănătos, curiozitate de cercetător în dialogurile interasistențiale și atitudine fraternă și politicoasă.

   Anti-comunicativă → Egocentrism. Subiectul discuției este întotdeauna propria persoană. Chiar dacă este un eveniment extern, emitentul egocentric va aborda subiectul din perspectivă egotică: ce *îi* cauzează, cum vede *el* tema, de ce *îi* place, de ce nu *îi* place, ce face *el*, ce are *el*, ce a cumpărat și ce deține. Cu alte cuvinte, egoul lui este centrul lumii și nu se interesează de necesitățile altora, indiferent de realitatea intraconștiențială a receptorului. *Nu mă interesează nimic din ceea ce este diferit de mine.*

Chestiolonologie. Cititorule, tu în inter-relațiile pe care le stabilești, practici acțiuni anti sau pro-comunicative? Ce faci pentru a califica propria ta comunicabilitate?

Repercusiunile anticomunicării

Parasincronicitate. La momentul prezentării verbetului *Parasincronicitate* (Vieira, 2012), în timpul tertuliei din 20/08/2009, această autoare prezenta un comportament de victimă și se plângea de fapte adverse pe care le-ar fi experimentat. În acea dezbatere, a fost subliniată problema generală a conștiințelor intrafizice care se plâng și se lamentează din cauza faptelor cotidiene și s-a pus următoarea întrebare: „Tu de obicei te plângi de tot ce ți se întâmplă?” Subiectul acestei dezbateri reprezenta o sincronicitate cu tema propriei cercetări din acea perioadă.

Lamentare. A te plânge de viața umană, de faptele rele, dezagreabile, indigeste, dificile, care provoacă suferință, distanțează conștiința intrafizică de ortogânsenitate și îi întrerupe comunicarea cu helperii extrafizici. Cauza principală a lamentării este lipsa viziunii de ansamblu asupra faptelor și parafaptelor și a perspectivei evolutive.

Deficiență. *Potrivit psihosomatologiei, orice lamentare reprezintă o deficiență a celui care se lamentează*, așa cum Vieira (2012) afirma în verbetul *Adversitate*. Conștiința intrafizică deține o realitate intraconștiențială superioară somei sale, aceasta din urmă fiind eliminată la întoarcerea la paraproveniență. Prin urmare, contrafluxurile intrafizice au o importanță secundară pentru o conștin matură.

Cauză. Este important să fie studiate cauzele originare ale contrafluxurilor cotidiene din punctul de vedere al cercetătorului însuși, ceea ce echivalează cu a căuta să înțeleagă de ce conștiința este implicată într-un anumit fapt sau parafapt și să înțeleagă aspectele, detaliile, trăsăturile atât ale situației în sine, cât și ale profilului trăsăturilor personale care caracterizează respectiva autogânsenitate.

Efect. Prin înțelegerea scenariului și a contextului trăit, conștin începe să perceapă că faptul în sine este efectul acestei cauze primare și că analiza trebuie să fie concentrată pe modul său de a gânseniza și a interacționa cu mediul și cu alte conștiințe, pentru a înțelege condițiile *legii universale a acțiunii și reacțiunii*.

Relația cauză-efect. Prin urmare, din analiza și studierea parasincronicității, se înțelege că faptul sau parafaptul este relaționat *cauzal* de acțiunea echipei extrafizice de helperi (echipex), sursa cauzală sau acțiunea provocatoare, în timp ce *efectele* sunt legate de propria conștiință intrafizică, care produce gânsenic consecințele ce decurg din aceste fapte, pe baza afinităților (idei deja abordate la subiectul privind profilaxiile rigidității gânsenice, în capitolul Flexibitatea gânsenică).

Exemplu. Să ne imaginăm, ipotetic, că temperamentul cuiva este exploziv și agresiv, că persoana respectivă nu gândește înainte de a acționa. Când are loc evenimentul care declanșează explozia și apare reacția agresivă, consecințele (*efectele*) acestei acțiuni sunt legate de propria persoană, în calitate de autor responsabil (liber arbitru). Pe de altă parte, *cauza* poate fi legată de acțiunea helperilor extrafizici, conștienți de necesitatea ca respectiva conștiință intrafizică să își recicleze acea trăsătură de agresivitate și, prin urmare, contribuind la promovarea sincronă a unui context intrafizic (teatru asistențial multidimensional, potrivit lui Balthazar *et al.* 2005, p.59), ca oportunitate pentru schimbarea comportamentului.

Cosmoviziune. Deținerea unui dicționar cerebral analog, bogat în lexic și informații, ajută la studiu, la înțelegerea și amplificarea rețelelor sinaptice cerebrale, care favorizează perceperea mai multor fapte și parafapte care se manifestă în parasincronicitate. Atitudinea cosmovizionară a conștiinței intrafizice privind faptele favorizează și revelează gradul de înțelegere a mecanismelor evolutive prin experiența multidimensională.

Intercomunicare. Această experiență în multiple dimensiuni ridică nivelul intercomunicării, indiferent dacă lucid sau nu. A alege între a trăi ca remorcă a faptelor și a trăi în mod lucid, cu autocontrol și luciditate, crește responsabilitatea în acțiunile intrafizice.

Calitate. Conștiința califică interacțiunea interdimensională prin renunțarea la reclamarea dificultăților vieții care, în realitate, reprezintă fapte-oportunități pentru educarea conștiențială.

Oportunitate. „O surpriză neplăcută sau o dificultate nu reprezintă o înfrângere completă și ireparabilă. Minutul următor aduce o nouă oportunitate evolutivă” (Vieira, 1997, p. 189).

Ajutor. Acest mod de gânsenizare ajută la ortogânsenizare, la buna dispoziție, crește pozitivismul și încrederea în sine, promovează viziunea tra*for*istă asupra vieții și reduce așteptările.

Comunicarea indirectă

Lateralitate. O altă repercusiune a comunicării în relații se referă la modul indirect de a vorbi, unul dintre tipurile de comunicare anticosmoetică, denumit și *comunicare indirectă.* Conștin tinde să transmită și să primească mesaje în mod ambiguu, implicit sau voalat, utilizând mijloace laterale, indirecte, evazive, evitând

schimbul de informații față în față, de la vorbitor la ascultător, direct, fără preambuluri și *live* (Vieira, 2003, p. 326).
Complexitate. Comunicarea cu mai mulți interlocutori (emitenți și receptori) crește nivelul de complexitate în inter-relații. În mod cert, comunicarea îi sincronizează pe cei implicați. În continuare, în capitolul despre Grupalitate, se încearcă dezvoltarea și aprofundarea acestui aspect.
Internet. Un exemplu al unei asemenea complexități a dialogurilor este dat de internet, în care conexiunile sunt multiple, cu mii de emitenți și mii de receptori, cu variații semnificative ale calității informațiilor vehiculate, ceea ce impune din partea internautului aplicarea constantă a discernământului.
Rețele sociale. Totalitatea internauților interconectați în mediul virtual, cunoscut sub numele de rețele sociale, constituie o nouă formă de relaționare socială între conștiințele intrafizice. Resursele pentru aceste inter-relații virtuale decurg din mesajele text, chat-uri, chiar postări ale unor diferite imagini și fotografii personale, spațiul pentru crearea profilului și istoricului personal (linia de timp). Un astfel de exemplu este Facebook, unul dintre aplicațiile cele mai populare ale momentului (anul de referință: 2013).
Interese. Datorită succesului mondial obținut și de efectele economice avantajoase care decurg din sponsorizarea rețelelor sociale, există o dispută cu privire la domeniul și controlul acestei rețele virtuale între marile companii deținătoare de motoare de căutare.

FACILITATORI ȘI FRÂNE ALE COMUNICĂRII

Pentru contra-fapte nu există argumente.
Este dificil? Nu, este o provocare.

Factori. Procesul comunicativ rezultă, în principal, din intervenția elementelor interne și externe conștiinței, care pot contribui la sau bloca libera exprimare.
Moduri. Tipul de acțiune sau influență exercitată de către factorii intraconștiențiali și extraconștiențiali se caracterizează prin modul pozitiv sau negativ în care se reflectă asupra conștiinței, facilitând sau îngreunând manifestarea acesteia.
Pro-comunicativ. Printre factorii interni, cu caracter pozitiv și holobiografic se numără trăsăturile puternice (trafor), atributele, talentele, abilitățile și competențele deja obținute în existența actuală sau înnăscute, aduse din alte vieți. Aspectele pro-comunicative analizate în capitolul anterior influențează direct comunicarea evolutivă și sunt considerate principalii facilitatori ai exprimării.
Anti-comunicativ. La rândul lor, trăsăturile slabe (trasla) acționează negativ asupra manifestării conștiențiale, îngreunând diferite dialoguri. Aceste trăsături slabe pot avea și caracter holobiografic, putând fi acumulate în experiențele din retrovieți. Iată câteva exemple de frâne ale comunicării autentice și calificate: blocaje (cheloide emoționale), represiuni, (auto)pedepse, supunere, frici, impuse de alții sau de conștiință însăși.
Socin. Aspectele interne și cele externe conștiinței se suprapun și, în anumite cazuri, își au originea unul în altul, ca urmare a influenței naturale a factorilor mezologici în formarea comportamentului și structurii personalității conștiinței la fiecare resomare.
Exemple. Această influență mezologică se referă, în general, la restricțiile sau regulile impuse și la convențiile sociale, etichetă, respectul irațional pentru anumite persoane și simboluri, credințe, obiceiuri și tradiții socioculturale (pentru a aminti doar câteva).

Zgărzi. Acest ansamblu de factori mezologici influențează parțial sau total comportamentul conștiinței intrafizice. Influența va fi parțială când există un anumit sens critic și o acțiune proevolutivă a conștiinței intrafizice, pentru a se îndepărta de zgărzile impuse de socin. Când există o conștiență de sine redusă și o luciditatea diminuată în relațiile cu acești factori, tendința conștiinței este să stea în starea de robexis (robotizare existențială), fiind ușor de influențat de către presiunea mezologică.

Acțiuni. Din perspectiva *holomaturologiei*, acțiunile comunicative, autoexpresive, realizate de către conștiința intrafizică, se bazează pe orice interacțiune multidimensională din această viață intrafizică, și de asemenea pluriexistențială, legată de retrovieți. Actualul stadiu evolutiv al conștiințelor resomate pe planetă necesită încă diferite tipuri de limbaje, aflate la mare distanță de conștientesă.

Grad. Actul comunicativ poate fi mai dificil în funcție de gradul de stăpânire lingvistică al fiecărui interlocutor. Unii și-au dezvoltat comunicabilitatea, cu un efort considerabil de-a lungul diferitelor existențe, aceasta ajungând în prezent să reprezinte o tra*for* sau chiar o mega-tra*for*. În același timp, pentru alții reprezintă o provocare, anxietate însoțită de sudoare, doar când se gândesc că se manifestă față de un public, de exemplu. Așezarea pe o hârtie a propriilor idei sub forma unei grafogânsene înseamnă „un lucru din altă lume".

Condiții. Anumite situații conștiențiale, intime și/sau patologice, sunt comune conștiințelor intrafizice, putând fi enumerate 5 condiții ce trebuie depășite pentru a obține *libertatea de a evolua* și, prin extensie, libertatea de a comunica:

1. **Eliberarea de condiționări**: modificarea comportamentelor sau a modurilor de a acționa și gândi, care sunt condiționate intraconștiențial de secole.
2. **Eliberarea de spălarea cerebrală**: renovarea inculcărilor primite social prin doctrine, religii, secte și alte forme de control și manipulări ideologice.
3. **Eliberarea de preconcepții**: reciclarea preconcepțiilor despre sine (auto-preconcepții) și despre alții (hetero-

preconcepţii), precum şi educarea privind convieţuirea cu idei diferite de cele proprii.

4. **Eliberarea de represiuni**: ruperea mecanismelor de represiune autoimpuse, pentru a-i permite conştiinţei să se manifeste liber. Voinţa conştiinţei este suverană asupra represiunilor sociale.
5. **Desacralizări**: utilizarea lucidităţii în relaţiile cu persoane şi idei, eliminarea idolatrizărilor, sacralizărilor şi mistificărilor despre orice sau oricine.

Cauze. Cele mai obişnuite *cauze patologice* al represiunilor sunt: îndoctrinările, opresiunile, tristeţea, resentimentele, susceptibilitatea, inculcările, catehezele, cârjele conştienţiale şi autoînvinovăţirea.

Consolidare. În cazul profilului conştienţial introvertit, reducerea (sau absenţa) stimei de sine şi a încrederii în sine consolidează situaţiile de represiune care provin, în general, din traumele sau frustrările din familia grupkarmică, atât în existenţa actuală, cât şi în cele anterioare.

Singularitate. Uneori, un simplu fapt, pasibil de a fi înţeles şi încorporat firesc în viaţa unei persoane, se poate transforma într-o monstruozitate ameninţătoare şi insuportabilă pentru alţii, în funcţie de anumite variabile intraconştienţiale (Vezi Cap. Realităţi intraconştienţiale, Secţiunea IV).

Abilităţi. Astfel, investiţia în atributele personale reprezentate prin *abilităţile comunicative* (a şti să vorbeşti, a şti să asculţi, a şti să citeşti, a şti să scrii, a şti să traduci şi a şti să gânsenizezi) contribuie la reciclarea obstacolelor în calea unei bune comunicări. Acest complex de abilităţi înglobează caracteristici cognitive, abilităţi tipic mentalsomatice şi promotori ai noilor sinapse.

Emoţionalism. În contrapartidă ies în evidenţă anumiţi factori, în mod special emoţionali sau psihosomatici, care intervin în procesul comunicativ. Completăm ideile deja detaliate în capitolul „Metode de autoanaliză a emoţiilor".

Diferenţe. În general, la nivelul actual de evoluţie al umanităţii, reacţiile diferite la emoţii diferite sunt rezultatul exprimării şi manifestării conştiinţei. Fiecare reacţionează diferit faţă de dificultate, pierdere, refuz sau respingere. Modul în care emoțiile se infiltrează și cel în care sunt digerate diferențiază indivizii și, în consecință, profilurile lor conștiențiale, demonstrate prin acțiuni și reacțiuni.

Analfabetism. O dificultate emoțională în comunicare este legată de incapacitatea de a face față propriilor emoții, situație care, potrivit lui Pedreira (1998, p. 84) implică un analfabetism emoțional caracterizat de una dintre următoarele situații:

1. A simți emoția fără a o percepe.
2. A nu o recunoaște și a-i ignora intensitatea.
3. A nu ști ce provoacă fiecare emoție în noi și în ceilalți.
4. Incapacitatea de a ști *cum, când, unde și cu ce intensitate să le exprimi.*
5. Lipsa de control emoțional, care lasă emoțiile să domine mintea rațională și nu invers.
6. Lipsa totală sau parțială de empatie pentru a evalua emoțiile despre ceilalți sau chiar de a se armoniza cu ceea ce alții simt, fără a se solidariza sau a se sensibiliza la suferința altora.

Fugă. De exemplu, tratamentul pentru furie: când nu se lucrează asupra ei, emoția blochează autenticitatea. Dacă o conștiință simte furie fără a-și da seama sau a o înlătura, energia acestei emoții trebuie să fie eliberată pe o altă cale (valva de fugă), transformându-se, de exemplu, (Pedreira, 1998), în:

1. Boală psihosomatică
2. Mascarea furiei cu o altă emoție, cum ar fi tristețea, vina, anxietatea, falsa bucurie.

Apărare. Când sunt acționate mecanismele de apărare, reacția cea mai frecventă este de a nega mecanismul de apărare și a refuza acceptarea faptului și heterocriticii. Autoacceptarea imediată a emoțiilor simțite și asumarea unei asemenea stări este o precerință pentru exprimarea autentică prin expozițiunea verbală.

Instantaneitate. Alternativa (provocatoare pentru unii) este să încerce să vorbească în timpul unei interacțiuni incomode: „*Sunt furios pe tine, pentru că....*” reprezintă o comunicare asertivă a sentimentelor dintre cei implicați în conflict sau în divergență în mijlocul dialogului.

Abordări. Aspectele care influențează comunicarea pot fi studiate în funcție de abordările oferite de diferite domenii ale conștientologiei, pornind de la caracteristica singulară și pertinentă a conținutului și originii dificultății sau lejerității de a comunica.

Tabel. Prin urmare, am elaborat un tabel (Tabelul 12) care cuprinde 40 de aspecte care influențează comunicarea, asociate trăsăturilor slabe și puternice ale conștiinței, grupate pe specializări conștientologice.

Complementaritate. Anumite aspecte influente pot completa lista de acțiuni pro-comunicative/anti-comunicative constatate în Tabelul 11 din capitolul anterior. Totuși, abordările unor aspecte sunt diferite.

Aspecte care influențează comunicarea prezentate în funcție de specializările conștientologiei	
Frâne	***Facilitatori***
Asistențiologie	
01. Egocentrismul interlocutorilor	01. Atitudinea asistențială în inter-relaționare
02. Indisponibilitatea egotică	02. Disponibilitatea asistențială intimă
03. Parapsihismul atrofiat sau blocat	03. Aplicarea comunicării parapsihice
Autodiscernomentologie	
04. Amauroza acritică	04. Cosmoviziune interactivă
05. Intruziunea mentalsomatică	05. Autoluciditate cu discernământ
06. Închiderea conștiențială	06. Deschidere conștiențială
07. Neofobia de a asculta	07. Neofilie dialogară
08. Obnubilația autocercetologică	08. Discernământ autocomunicativ
09. Predominanța sarcon	09. Predominanța sarclar
10. Frica recurentă	10. Voința pro-comunicativă
Cognitologie	
11. Analfabetism funcțional	11. Intelectualitate comunicativă
12. Ignoranță	12. Erudiție selectivă
13. Tulburări psihologice sau neuronale	13. Investiție în autocogniție
14. Neglijență comunicațională	14. Studiu, detailism verbațional
Comunicologie	
15. Vocalizare deficientă (ton, timbru, ritm)	15. Impunerea vocii echilibrate

16. Desconsiderarea interlocutorului	16. Grija pentru dialog
17. Monolingvismul	17. Poliglotismul
18. Dicție proastă (articularea cuvintelor)	18. Dicție bună, plurilingvă
Conviviologie	
19. Anti-zooconvivialitate	19. Zooconvivialitate sănătoasă
20. Eremitism autoexclusiv	20. Convivialitate fraternă
21. Predominanța psihosomei	21. Predominanța mentalsomei
22. Promiscuitate	22. Formarea unui duo evolutiv
23. Tendința relațiilor parteneriale	23. Pararețele sociale pozitive
Cosmoeticologie	
24. Autocorupție grafogânsenică	24. Autoconfruntarea cu scrisul
25. Autoexcludere tacită	25. Autoexcluderea cosmoetică
26. Bifrontism antiexpresiv	26. Transparența conținutului
27. Dezinformare manipulatoare	27. Informare sarclaristă
28. Lipsa de poziționare	28. Omisiunea excedentară
Lingvisticologie	
29. Incompetență lingvistică	29. Exprimare lingvistică adecvată
30. Incoerență verbațională	30. Succesiune gânsenică logică
Psihosomatologie	
31. Imagine de sine supravalorizată	31. Imagine de sine echilibrată
32. Autoconcept lingvistic redus	32. Stimă de sine gânsenică sănătoasă
33. Complex de inferioritate	33. Autocogniție demnă de încredere
34. Nesiguranță personală	34. Forță prezențială
35. Frica de vorbi greșit	35. Persistență și efort
36. Orgoliul distanțemic	36. Intenționalitate asistențială
37. Prepotență/ aroganță	37. Autocritică cosmoetică
38. Timiditate interacțională	38. Autoexprimare sănătoasă
39. Vanitate autorală	39. Fraternism grafogânsenic
40. Rușine de autoexprimare	40. Autoexpunere profilactică

Tabelul 12 – Frânele și facilitatorii comunicării calificate

Traforism. În general, dezvoltarea comunicării calificate, sănătoase și cosmoetice tinde să se întâmple când conștiința își manifestă predominant trăsăturile puternice și acționează pentru a-și transforma, recicla și chiar elimina trăsăturile slabe.

Apex. Dedicarea, prioritizarea și persistența în dezvoltarea comunicării conștiențiale atrag ajutorul helperilor interesați de autoevoluție și interasistențialitate. Cel care se implică mai mult în inter-relaţionările sănătoase îşi amplifică oportunităţile asistenţiale.

Chestionologie. Cititorule, care este dispoziţia ta intimă de a recicla dificultăţile de intercomunicare, în cazul în care ai identificat vreuna?

GRUPALITATE

Grupalitate: Fraternitate interschimbată.
(Vieira, 1996a, p. 77)

Grupul: pod interconștiențial.

Definiție. Grupalitatea este *calitatea ansamblului de persoane aflate aproape unele de altele, care formează un tot grupal sau un grup* (Vieira, 2007a, p. 55).
Sistem. Pe scurt, potrivit *sociologiei*, grupul este sistemul format de relațiile sociale. Indivizii se grupează social formând subgrupuri, potrivit intereselor, obiectivelor, culturii, obiceiurilor și tradițiilor comune.
Psihologie. În *psihologie* există diferite abordări realizate prin studii de grup, așa cum ar fi, printre altele, cele ale lui Enrique Pichon-Rivière, Wilfred Bion, Kurt Lewin, Moreno, Carl Rogers.
Legătură. Pentru Pichon-Rivière (2005, p. 5), analiza și înțelegerea grupului începe cu lumea interioară a fiecărui individ (intrasubiectivă), de unde formulează noțiunea de legătură ca fiind: „structura complexă care include un subiect, un obiect și relațiile lor mutuale în procesele de comunicare și educare".
Grup. Pe baza acestei noțiuni, se construiește definirea grupului ca fiind echivalentul unui ansamblu de persoane mânate de necesități asemănătoare și reunite de o sarcină specifică, de un obiectiv mutual, în care fiecare participant este diferit, își exercită vocal sau tacit opinia și își apără punctul lui de vedere.
Tipuri. În procesul grupal, autorul a analizat 2 tipuri de bază: cel familiar și cel profesional, propunând conceptul de grupuri operative, concentrate pe sarcină și dezvoltând tehnici terapeutice de grup pentru achiziționarea de cunoștințe (grup de educare).
Dialectică. Aceste inter-relații grupale sunt dezvoltate și menținute prin suma diferitelor noțiuni individuale privind „lumea internă" (intrasubiectivă) care se suprapune pe „lumea exterioară" (extrasubiectivă). Câmpul de acțiune, ca și rezultatele, va depinde de calitatea dialogului, de dialectica implicată în proces și oferită de grup.

Organism. Psihologul american Carl Rogers (2002, p. 52 și 56) propune o terapie de grup în care grupul este comparat cu un organism, care deține „simțul propriei direcții, deși nu își poate defini intelectual acea direcție".

Facilitator. Acesta se poziționează ca facilitator în procesul grupal, îl ascultă pe fiecare individ și creează un climat sigur din punct de vedere psihologic, pentru ca individul să riște să spună orice dorește, simțind că există cineva în grup „care îl respectă suficient pentru a-l asculta cu claritate" ca și cum afirmația este o expresie autentică a sa.

Empatie. El propune înțelegerea empatică în interacțiunile grupale, stabilind o conexiune minimă cu interlocutorul în încercarea *de a înțelege sensul exact a ceea ce persoana comunică* (Rogers, 2002, p. 60), la un nivel profund de semnificație pentru acea persoană.

Microorganism. După ce a urmărit un film despre microorganisme, Roger a făcut o paralelă între viața microscopică, pe care a constatat-o în curentul sanguin, cu grupul:

> Era un film scurt care arăta că globulele albe din sânge se mișcă total haotic în fluxul sanguin, până când apare bacteria patogenă. Atunci, într-un mod despre care se poate spune că este intenționat, se îndreaptă către ea. O înconjoară și gradual se apropie de ea și o distruge. Apoi se întoarce haotic pe drumul lui. Mi se pare că în același mod, grupul recunoaște în procesul său elementele nesănătoase, se concentrează asupra lor, le filtrează și elimină permanent, grupul devenind mai sănătos. (Rogers, 2002, p. 60).

Perspectivă. Considerând „bacterie patogenă" orice temă-problemă pe care un grup trebuie să o analizeze, dezbată și rezolve, este posibil să înțelegem mișcarea făcută de către bacterii când detectează un element străin în celulă. Reacția și mișcarea microorganismelor de eliminare a intrusului configurează soluția pe care o poate găsi un grup uman atunci când interacționează cu un aspect dificil, cum ar fi un conflict, neînțelegere, dezinformare, stare neplăcută, incomodă etc.

Terapie. În această linie de abordare se înscriu experiențele lui Rogers în dinamicele de grup și în terapiile de grup, prin care a intuit că trebuie să dezvolte tehnici care să îl ajute pe individ să interacționeze cu grupul într-un mod asertiv și participativ, cu scopul de a elimina distorsiunile, neînțelegerile despre subiecte comune, care por apărea în relațiile cu caracter personal sau grupal.

Pozitiv. Pe de altă parte, este posibil ca în viața microscopică să apară comportamente diferite ale bacteriilor din interiorul celulei, ca de exemplu simbioza, și celule cu specializări diferite să se unească prin interfuziune, inițial pentru a coopera și forma o celulă mai mare. Fiecare celulă se transformă prin creșterea conținutului ei unicelular, ajungând să se comporte în mod multicelular și să se dezvolte formând celulele organismului uman superior.

Evoluție. Potrivit *evoluțiologiei*, elementele naturii se amestecă progresiv și, când este posibil, se dezvoltă, stabilind progresiv între ele relații de diferite grade. (Vieira, 2012, verbetul *Hibridismo* (*Hibridism*):

1. **Bi-asociere**: asocierea a două organisme diferite, în beneficiul reciproc. Exemplu: asocierea furnică/afidă.
2. **Hibridism**: încrucișarea unor specii diferite, din care rezultă un individ metis. Exemplu: heteroza[24].
3. **Interfuziune**: unirea intimă a indivizilor din specii diferite, din care rezultă o ființă nouă. Exemplu: fuziunea dintre o celulă procariotă și mitocondrii (fostele bacterii aerobe), din care rezultă celule eucariote aerobe.

Intercooperare. Din perspectivă conștientologică, evoluția personală necesită conviețuirea cu răbdare, potrivit variabilelor multidimensionale și pluriexistențiale și a inevitabilei legi a inseparabilității grupkarmice. Conviețuirea implică intercooperare în beneficiul general.

Interprizonierat. Potrivit studiilor *holokarmologiei*, principiul inseparabilității grupkarmice revelează relația conștiințelor care comit acte anticosmoetice, afectându-i pe alții în mod direct sau indirect și generând între ele, pe parcursul vieților, stări

[24] *Heteroză* - este un fenomen genetic care se manifestă în îmbunătățirea, în raport cu părinții, a performanței fiziologice în prima generație a încrucișării între rude îndepărtate ale aceleiași specii sau între diferite specii, de plante și animale; n.tr.

patologice de victime-călăi. Eliberarea din interprizonierat poate dura mult timp, până când conștiințele se recuperează cosmoetic.

Exercițiu de grupalitate

Unitate. Oportunitățile evolutive și de transformare personale se află în conviețuirea grupală zilnică. Cea mai mică unitate de grup este formată din doi, din care se pot dezvolta, printre altele, duoul evolutiv sau duoul de lucru.

Demonstrație. În conviețuirea grupală există armonie atunci când predomină acordurile sănătoase și empatice. Totuși, permisiunea ca în grup să se experimenteze conflicte, discordanțe și incompatibilități de orice fel denotă cel puțin interesul pentru a învăța despre interasistență și este un semn de maturitate.

Oligarhie. Pe de altă parte, unanimitatea constantă poate desemna un profil oligarhic al grupului, cu suportabilitate redusă pentru critica individuală.

Provocare. Principala provocare a inter-relațiilor cotidiene este confruntarea cu propriile trăsături slabe și cu cele ale altora; atunci când acestea sunt depășite, reverberează pozitiv asupra exemplarismului.

Distanțemică. Izolarea intrafizică distanțează conștiința de recin și recexis, limitându-i capacitățile de autoconfruntare și de auto și heteroasistență; uneori, unul dintre aspectele planificate la cursul intermisiv este necesitatea de a recicla izolarea, de a se îndepărta de starea de închidere conștiențială și a se deschide către conviețuirea productivă și îmbogățitoare.

Perseverență. În grup poate să existe o participare deficitară, neasumată și iresponsabilă a uneia sau mai multor componente, dar perseverența față de obiectivul de bază al reciclării individuale influențează pozitiv mediul înconjurător și grupul.

Conviețuire. Atitudinea pro-grupală sau pro-convivialitate sănătoasă se traduce prin demonstrarea pacifistă a conviețuirii cu diferite modele de a fi și de a gândi, corespunzătoare conștiințelor din orice grup. Nu ne referim aici la toleranța pasivă, permisivă pentru atrocități imature, ci la conviețuire inteligentă, cosmoetică, respectând liberul arbitru al celuilalt, chiar dacă este

contrar propriei tale poziţionări.
Universalism. Cu timpul, conştiinţa intrafizică pre-serenissimă evoluează de la toleranţă către atitudinea universalistă, când îşi reciclează urmele de orgoliu, prepotenţa şi sentimentul de superioritate conţinute în toleranţă.
Tehnică. Una dintre tehnicile care ajută la convieţuirea grupală este *tehnica oglindirii conştienţiale* (Vezi Cap. specific, Secţiunea I – (Auto)Cercetologia, care serveşte la rafinarea trăsăturilor personale şi la transformarea lor în instrumente de autoevoluţie şi maturizare conştienţială.
Autochestionare. Ceea ce înveţi individual din tehnica de *oglindire conştienţială* nu se reduce numai la observarea trăsăturilor slabe (trasla) sau ale trăsăturilor lipsă (tralip) ale celorlalţi, ci în special, de a aduce spre sine însuşi chestionarea şi identificarea nivelului acestor trăsături în propriul observator. Deoarece "*privim*" în celălalt ca într-o "oglindă", avem posibilitatea să înţelegem şi să transformăm ceea ce este necesar pentru a depăşi aceste trăsături.
Puncte. Experienţele cotidiene oferă material pentru cercetare care poate semnala punctele oarbe ale personalităţii, conştiinţa realizând în acest mod o lectură a propriilor parapercepţii.
Autoexamen. Contribuţia tehnicii de *oglindire conştienţială* în convieţuirea grupală constă în posibilitatea de autoexeminare a inconvenienţelor intime în inter-relaţii, cum ar fi: discordanţe, stări de iritaţie, insatisfacţii, angoase, conflicte, competiţii, depresie, instabilităţi emoţionale etc. În acelaşi mod, merită a fi cercetate trăsăturile opuse: acorduri, bucurii, satisfacţii, ajutor, prietenie, cooperare, veselie, euforin etc.
Comportament. În general, această tehnică este aplicată în perceperea trăsăturilor slabe ale interlocutorului (nivel de imaturitate), „defectul" fiind *privit* ca un aspect cu care trebuie lucrat, reciclat, reconfigurat de către *observator însuşi*. „Nimeni nu schimbă pe nimeni"....totuşi, un comportament diferit poate afecta pozitiv pe oricine din grup.
Exemplarism. Rezultatul schimbării intime, avizat de noile comportamente şi atitudini, ajunge să provoace întrebări în celălalt şi să genereze dubii şi situaţii incomode necesare

debutului propriei transformări. Noua atitudine pro-evolutivă, reciclată, poate promova intervenția în celălalt. Aceasta este dubla față a tehnicii *oglindirii conștiențiale*, adică fiecare poate fi o *oglindă* pentru altul.

Autoacceptare. În acest proces merită subliniat că, simpla identificare a trăsăturilor slabe în celălalt nu implică reciclarea personală a observatorului. Este necesară acceptarea acelei trăsături și, în consecință, procedarea la autoconfruntarea corespondentă. Astfel, conștin se obișnuiește să fie un exemplu pentru celălalt.

Abordări. Îmbunătățirea experienței în grup necesită de multe ori aplicarea de către membri a tehnicilor și strategiilor de abordare, care vizează cunoașterea și cooperarea reciproce.

Aplicare. Există tehnici care pot fi aplicate individual sau în grup, când există adeziunea voluntară a fiecărei conștiințe intrafizice la participarea grupală. Un exemplu de tehnică trafor-trasla, destul de obișnuită în studiile conștientologice (Vieira, 1997, p. 29; Nonato *et al.*, 2011, p. 183), ajută la promovarea reciclărilor intraconștiențiale și, în consecință, favorizează exercitarea zilnică a grupalității prin mutualitatea acțiunilor și posibilităților de interasistență.

Încredere reciprocă. Unul dintre punctele pozitive obținute prin aplicarea în rândul tuturor părților este creșterea încrederii reciproce, o condiție favorabilă pentru manifestarea sinergismului grupal, relevant pentru realizarea proiectelor și activităților de voluntariat.

Descriere. Pentru a îmbunătăți tehnica descrisă de autori, la momentul listării s-a adăugat o a treia coloană, obținându-se astfel 3 coloane pentru fiecare trăsătură: 1. Trăsătură forte (trafor); 2. Trăsătură slabă (trasla); și 3. Trăsătură lipsă (tralip).

1. **Tra*for***. Pe prima coloană vor fi trecute capacitățile, abilitățile și talentele dezvoltate deja, din viețile anterioare, care aparțin colecției personale de atribute conștiențiale. Sunt disponibile pentru conștiință în mod conștient sau inconștient. Când sunt inconștiente, stă în puterea conștiinței să le descopere, în scopul dinamizării evoluției sale, fiind uneori ajutată de către colegii ei evolutivi.

2. **Tras*la***. Pe cea de a doua coloană sunt enumerate carenţele, trăsăturile care nu sunt reciclate încă şi au nevoie de renovare, pentru a fi transformate în trăsături puternice. Ele se numesc popular „defecte", „manii", „vicii". În general, sunt trăsăturile cele mai bine cunoscute de către conştiinţă şi uşor de recunoscut de către ceilalţi. Când nu sunt lucrate, se transformă în obstacole sau gâtuiri ale procesului evolutiv şi ale creşterii conştienţiale. Ele pot chiar înfrâna manifestarea trăsăturilor puternice.
3. **Tra*lip***. Pe cea de a treia coloană se vor identifica trăsăturile lipsă, cele care revelează lacune, absenţe, goluri ale unor trăsături necesare creşterii şi dezvoltării conştiinţei. Sunt trăsături încă nedobândite, neînvăţate de către conştiinţă, în procesele şi reciclările sale anterioare.

Posibilităţi. Aplicarea tehnicii poate fi realizată de către doi membrii ai grupului, fiecare elaborând o listă de trafor/trasla/tralip pentru celălalt. O altă posibilitate este alegerea unui voluntar care să primească *feedback* de la toţi membrii grupului, sau doar de la o parte a acestora, care elaborează o listă despre acel voluntar.

Deschidere. Pentru a îmbunătăţi tehnica, se sugerează ca atunci când este aplicată în grup să se utilizeze deschiderea conştienţială care să vizeze interasistenţa. A scoate în evidenţă calităţile şi defectele celorlalţi necesită abilitate, diplomaţie şi grijă fraternă.

Programare. Cele trei tipuri de trăsături sunt în acelaşi timp obiective şi mijloace de realizare a programului existenţial (proexis), planificarea elaborată de către conştiinţă în perioada intermisivă, de pre-resomare, de reciclare a trăsăturilor slabe utilizând trăsăturile puternice şi de investiţie în achiziţionarea trăsăturilor lipsă.

Bază. Regula de bază care urneşte mecanismul evolutiv este confruntarea cu trăsăturile slabe care incomodează, recunoaşterea lor ca atare şi contrapunerea lor unor trăsături puternice corespondente.

Compensaţie. În procesul evolutiv şi cu privire la realizarea proexisului este oportun ca o conştiinţă intrafizică să le permită trăsăturilor sale puternice să le compenseze pe cele slabe, utilizându-le ca pe o pârghie evolutivă. Utilizarea conjugată a talentelor și a potențialului în scopul remisiei sau reciclării unei anumite trăsături oglindește logica autogestionării resurselor intraconștiențiale care impregnează utilizarea acestei tehnici.

Ilustrare. Exemple de aplicare a tehnicii: când tra*sla* cercetată este stima de sine redusă, tra*for* care îi poate fi contrapusă este încrederea în sine și realizarea de sine. Sau, utilizarea tra*for* a tahipsihismului (gândirea foarte rapidă) poate compensa autodezorganizarea (tra*sla*). De asemenea, deschiderea către comunicabilitate (tra*for*) poate compensa insuficiența intelectuală (tra*sla*) etc. (Vieira, 1997, p. 56).

Consecințe. Depășirea unei trăsături slabe și transformarea ei într-o trăsătură puternică întăresc atributele pro-evolutive. Energiile revigorante vor susține atitudini și comportamente sănătoase, productive, cu repercusiuni asupra grupalității și convivialității.

Autoconvingere. Un alt exemplu, pe care această autoare îl dă din experiența sa, este că a scrie despre emoții și a le studia ajută la saturația gânsenică a subiectului și la utilizarea până la epuizare a experiențelor sale pentru schimbarea nivelului evolutiv. Saturația mentalsomatică, rațională, pe o anumită temă, amplifică auto-cosmoviziunea, conduce la reciclări și reduce emoționalismele, infantilismele și imaturitatea, așa cum deja s-a discutat în Secțiunea I – (Auto)Cercetologia.

Autoregenerare. Fiecare conștiință deține un ritm propriu de autoregenerare prin autoconfruntare. Echipa extrafizică de helperi (echipex), atentă la necesitățile de reciclare ale fiecărei conștiințe intrafizice, ajută la proces, promovând simultan și recurent diferite piese teatrale multidimensionale.

Teatru. Sub forma piesei teatrale, viața intrafizică poate fi reprezentată sau echivalată cu o scenă, însă una multidimensională, pe care conștiințe locuind în diferite dimensiuni pot interacționa și acționa ca personaje ale acestui teatru multidimensional, experimentat în intrafizic.

Script. Conținutul intrigii teatrale care urmează să aibă loc și replicile ce urmează a fi spuse dețin în ele însele o legătură strânsă cu necesitatea personală de reciclare a unei anumite trăsături, care vizează evoluția și îmbunătățirea simultană a tuturor personajelor. Tematica sau fondul piesei conține de obicei elemente reprezentaționale care instigă la interasistență.

Decizie. Aderarea la rol sau reprezentarea lui mulțumitoare urmează criteriul liberului arbitru al fiecărei conștiințe. Reciclarea trăsăturilor slabe depinde de voința fiecăruia dintre cei implicați în inter-relaționare de a aplica, prin alegeri personale, tehnici reciclatoare pentru îmbunătățirea hologânsenei grupale, pe care să o transforme într-una mai autentică și mai sănătoasă.

Facilitator. Grupul devine facilitator al evoluției individuale deoarece, în timpul experienței grupale, apar dificultăți comune și indispoziții personale, care își au originea preponderent în conținutul subsolului conștiențial al celor implicați. Interacțiunile grupale activează mecanismul de *identificare conștiențială*, util conștiinței interesate în accelerarea evoluției.

Nespuse. În inter-relaționări este ideală expunerea francă și cosmoetică a gânsenelor, deoarece izvorul neînțelegerilor în comunicarea interpersonală se află, în majoritatea cazurilor, în ceea ce nu a fost spus, în gânsenele neexplicitate în mod matur, cosmoetic, fratern, care generează intruziuni interconștiențiale.

Intruziune. În general, intruziunile gânsenice extra sau intrafizice survin din cauza penelor mentale patologice, combinate cu autogânsenitatea conștiinței. Când nu este conștientă de proces, conștin se confundă cu acel cadru, nu se mai poate diferenția de el și se comportă în mod alterat, contaminat și antiasistențial (Stédile et al., 2012).

Trecut. Membrii grupului se confruntă de multă ori cu emergența trecutului pluriexistențial comun ceea ce, dincolo de cosmoetică, necesită efort și practică asistențială, pentru a putea fi depășite polemicile trecute și rescrisă semnătura gânsenică în căutarea acordurilor grupkarmice.

Renovare. În reformularea comportamentului interconștiențial, merită pe deplin efortul personal de a ieși din locul comun, din mimetismul cotidian și a ”gândi mare”, considerând aspectele multidimensionale.

Echilibru. Această interacțiune actualizată față de existențele anterioare oferă posibilitatea de a îmbunătăți alinierea trăsăturilor personale, prin utilizarea igienică, productivă și pozitivă a liberului arbitru.

Automotivare. Cercetătorul inteligent și automotivat comemorează schimbarea (reciclarea) unei trăsături slabe (trasla) printr-un efort de autodepășire care îi amplifică stima de sine. Succesul personal poate influența pozitiv grupul și poate provoca efecte sănătoase de transformare a altor membri.

Teopractică. Nu este suficient să știi că schimbarea este o necesitate. Fără acțiune autoconștientizarea nu valorează nimic. Pașii de făcut în direcția autodepășirii trebuie să fie susținuți de voința de schimbare și de cunoaștere (teorie). Prin urmare, este necesară aplicarea abilităților (teopractică = 1% teorie + 99% practică).

Rețea. Nu se poate uita că grupul este rezultatul sumei indivizilor care îl compun. Fiecare schimbare concretizată de un individ prin practicarea cunoștințelor sale reverberează favorabil asupra întregului grup.

Planificare. A acționa potrivit unei planificări, prin optimizarea practicii, cu minimă dispersie a energiilor și fără devieri, pentru un câștig pro-evolutiv de experiență, are influență asupra tuturor.

Maturitate. Maturitatea rezultă din cucerirea personală care decurge din acțiunile pro-evolutive, prin înțelegerea mecanismului reciproc de *identificare conștiențială*, firească într-un grup.

Semnificație. Maturizarea poate semnifica confruntarea cu noi provocări, prin înțelegerea trecutului și acumularea de experiențe care fundamentează și susțin *teopractica* – teoria și practica – individuală și grupală.

Spirala evolutivă. Scopul evolutiv atrage provocarea de a depăși nivelul actual. Dinamica spiralei evolutive nu se oprește, fiind ideal să o urmăm pentru a ne atinge obiectivele. Dozajul și cadența realizării autoconfruntărilor sunt foarte personale, depinzând de capacitatea individuală.

Cosmoviziune. Fiecare avans evolutiv amplifică viziunea de ansamblu care, la rândul ei, ajută și accelerează următoarea confruntare și așa mai departe.

Succesul grupal. În grup, igiena gânsenică, asociată intenției asistențiale pro-evolutive, produce succesul grupal. Cazul contrar, posibila epuizare a grupului va putea cauza frustrare.

Intenție. Motivația fiecărei conștiințe intrafizice în timpul oricărei acțiuni comunicative în grup rezidă în intenția privind inter-relaționarea sau interlocuțiunea. Dacă există o deviere de la intenție sau un scop secundar, asistența este prejudiciată, ceea ce retroalimentează hologânsena patologică a conștiințelor ce urmează a fi asistate.

Reconfigurare. Când voința lucidă de a izbuti predomină acțiunile conștiinței intrafizice în grup, apare reconfigurarea: are loc schimbarea rolului și atitudinii față de fosta victimă sau fostul călău și se ajunge să se acționeze atât în scopul creșterii proprii cât și a celorlalți.

Proexis. Această schimbare de atitudine îmbunătățește înțelegerea proexisului personal, făcând-o pe conștiință să își redimensioneze viața în direcția scopurilor evolutive. Prin tehnica încercării și erorii, conștiința intrafizică își actualizează rezultatele, indiferent dacă se află încă la 10%, 30% sau 51% din realizarea programului său existențial. Ceea ce este fundamental este armonizarea cu programul existențial, în scopul atingerii completismului.

Logică. Interacțiunea sănătoasă, folosind cele mai bune practici de conviețuire, susține proexisul grupal. Cea mai logică rațiune a conștiințelor resomate de a fi în aceeași dimensiune este să interacționeze în beneficiul evoluției fiecăruia din grup.

Subsol conștiențial. Este firesc ca, în adolescență, tinerii să se grupeze în funcție de afinitățile gânsenice, care sunt predominate de manifestări ale subsolului conștiențial, dezvoltând cu precădere comportamente alterate, contraculturale, ca de exemplu mișcarea *hippie*. În general, conștiințele intrafizice - adolescenți se opun părinților, legilor, regulilor, normelor și experimentează contravențiile sociale, morale, etice. Comportamentul rebel îi face să practice sporturi radicale, riscându-și viața și devenind victime ale riscomaniei; și toate acestea, fără a mai aminti despre consumul de droguri și alte devieri.

Instabilitate. Adolescența este o perioadă de instabilitate, cu oscilații hormonale, cu schimbări bruște de dispoziție, într-o permanentă căutare a răspunsurilor despre sine. Conștiența conștiinței resomate privind propriul profil oscilează permanent deoarece adolescentul (adolescenta) nu este încă ancorat complet în viața intrafizică. Se simte în general nesigur, este puțin timid, are puțin discernământ și dorește să experimenteze, de multe ori irațional, noutățile și stimulii fizici.

Excepție. Puține conștiințe resomate au un nivel rezonabil de maturitate conștiențială încă de la pubertate și adolescență. Sunt conștiințe care reușesc devreme să dobândească luciditate, ceea ce le permite să discearnă ce acțiuni cotidiene corespund voinței și scopului vieții lor.

Prieteni. În adolescență, ca și în copilărie, conștiința își stabilește o rețea de prieteni, la școală, în cartier, la club, în relațiile familiale. Amplificarea cunoștințelor prin socializare devine utilă și sănătoasă pentru dezvoltarea comunicării, a dialogului, a relațiilor de prietenie care pot dura până la vârsta adultă.

Sociabilitatea excesivă. Comportamentul social cu un exces de sociabilitate este inutil și nu dezvoltă relații fraterne, pro-evolutive, sănătoase. Prioritizarea vieții publice în detrimentul evoluției personale produce prietenii care nu sunt întotdeauna de calitate, deoarece de multe ori în spatele lor se află diferite interese și anticosmoetică.

Echilibru. Este important ca activitățile sociale și grupale să fie echilibrate, să se evite izolarea și, în același timp, excesele. A fi exagerat de sociabil este o stare patologică, care diferă de a fi sociabil – o stare productivă care amplifică prieteniile sănătoase. Evoluția personală se construiește pe prietenie.

Obiceiuri. Încă din copilărie, și apoi în adolescență, se instalează obiceiurile sănătoase sau viciile și patologiile sociale, în funcție de tendința personalității și de influența mezologică (școală, familie, societate).

Premisă. Potrivit *intrafizicologiei*, anumite cazuri de deviații comportamentale și reacții ale adolescenților dezechilibrați pot avea o legătură cu conceptul de conștiință reurbanizată (consreu), prezentat de Vieira, în *Homo sapiens reurbanisatus* (p.242).

Definiție. *Conștiința reurbanizată (consreu)* este acea conștiință cu o paragenetică patologică, care a fost dislocată, prin acțiunea reurbanizărilor extrafizice, dintr-o comunitate extrafizică patologică în care se afla de secole, și dusă într-o comunitate extrafizică de tranziție, cu scopul de a se pregăti pentru resomare pe Terra sau să fie supusă transmigrației impuse pe o altă planetă cu o evoluție intrafizică inferioară Pământului.

Dezactualizare. În prezent (2013), numărul conștiințelor reurbanizate care s-au resomat pe planetă, după ce mulți ani sau chiar secole nu o mai făcuseră, a crescut. Aceste conștiințe prezintă un nivel evolutiv dezactualizat și valori morale și etice care nu corespund nivelul actual mediu al Umanității.

Uniune. În general, aceste conștiințe reurbanizate (consreu) s-au resomat împreună și uneori în același loc (oraș, țară) și pe principiul afinității gânsenice, s-au grupat în mișcări și activități sociale sau antisociale, formând grupări anarhiste, marginale sau extravagante.

Tendințe. Primele caracteristici ale conștiințelor reurbanizate apar în adolescență și copilărie, când ies la suprafață din subsolul conștiențial manifestări comportamentale cu tendințe patologice, atitudini și moduri de a acționa în societate care reverberează în dificultăți de adaptare sănătoasă.

Exemplul 1. Lakhi Kant Dutta, un sătean de 45 de ani, locuitor al satului Kushkibagh, din regiunea indiană Bihar, s-a sinucis spânzurându-se de un pom, după ce și-a găsit vaca moartă, un animal pe care îl iubea ca și cum ar fi fost om. Potrivit spuselor soției sale, omul obișnuia să doarmă în staul, alături de animal. (Sursă: Folha Uol online, 15/09/2011).

Exemplul 2. În dimineața zilei de 20 aprilie 1997, amerindianul Galdino Jesus dos Santos, de 44 de ani, din tribul Pataxó Hã-Hã-Hãe, din statul Bahia, dormea în stația de autobuz într-o piață publică din Brasília. Cinci tineri de înălțime medie (unul mai mic, G.N.A.J. și patru mai mari: T.O.A., E.C.O., M.R.A. și A.N.C) l-au incendiat în timp ce el dormea. Galdino a murit câteva ore mai târziu din cauza arsurilor. Crima a declanșat proteste în toată țara. (Sursă: Adital, știri din America Latină, 13/04/2007).

Anticonvivialitate. Exemplele ilustrează anumite profiluri de conștiințe reurbanizate, caracterizate de un comportament imatur, inadaptați, care demonstrează clar incapacitatea lor de a trăi sănătos în societate. Aceste conștiințe, autoare ale unor acte nebunești și inumane, revelează dezechilibre psihosociale și intraconștiențiale și condiții precare care nu le permite să exercite interacțiuni sociale echilibrate și civilizate.
Clasificare. Potrivit informațiilor vehiculate în presă, în acord cu cele 100 de tipuri de conștiințe reurbanizate clasificate de Vieira (2003), este posibil să îl corelăm pe indianul din exemplul 1 cu profilul conștiințelor reurbanizate suicidale. În exemplul 2, cei cinci tineri care au dat foc amerindianului pot fi considerate conștiințe reurbanizate piromane, vandale sau barbare. Nu avem suficiente date pentru a evalua profilul conștiențial al amerindianului Galdino.

Grupalitate și comunicare

Limbă. Studiul de grup prin abordarea comunicativă se referă la căutarea identificării tipului de limbaj folosit de elementele implicate, pe care să îl adapteze regulilor interacțiunii sociale.
Convergență. În *sociologie* și *antropologie*, comunicarea grupală ideală presupune convergența obiectivelor, produce rezultate pozitive pentru toți și extinde posibilitățile de realizare evolutivă personală și grupală.
Mod. Fiecare comunitate își alege modul în care să schimbe informații și idei în conviețuirea zilnică și își creează reguli de bună comunicare care să garanteze eficacitatea interacțiunilor.
Cooperare. Astfel, ideile lingvistului englez Paul Grice, care a formulat *Principiul Cooperării*, contribuie la convivialitatea și comunicarea sănătoase. Se bazează pe principiul că de la interlocutori se așteaptă următoarea atitudine: „Contribuie la conversație așa cum este potrivit în momentul în care scopul sau direcția schimbului conversațional în care ești angajat o cere" (1982, p. 86).

Maxime. Din acest principiu de bază derivă 4 maxime:

1. **Despre cantitate**: Fă în aşa fel încât contribuţia ta informativă să fie atât cât este necesară.
2. **Despre calitate**: Fă în aşa fel încât contribuţia ta să fie veritabilă.
   Nu spune ceea ce tu crezi că este fals.
   Nu spune decât ceea ce poţi dovedi că este adevărat.
3. **Despre relaţii**. Spune ceea ce este pertinent şi relevant, nu spune ceva care să creeze confuzie.
4. **Despre mod**. Să fie clar.
   Evită obscuritatea în exprimare.
   Evită ambiguităţile.
   Fii scurt (evită prolixitatea nenecesară).
   Fii organizat.

Comparaţie. Când Grice a propus maximele conversaţionale le-a comparat, în esenţă, cu clauzele contractuale sau, cu alte cuvinte, oamenii care interacţionează o fac prin *relaţii de cooperare*, în acelaşi mod în care antreprenorii îşi propun să respecte condiţiile contractuale convenite.

Acord. Pentru ca acel "acord" să se întâmple, Grice ia în calcul anumite acţiuni conjuncte pe care să le facă interlocutorii, ca de exemplu: să propună un subiect comun de conversaţie, contribuţiile fiecăruia să se întrepătrundă şi să se completeze reciproc, să fie ambii de acord să continue sau să încheie discuţia etc. (1982, p. 90).

Atitudinea de cooperare. Viaţa în societate îi determină pe cetăţeni să creeze reguli, acorduri, convenţii implicite sau explicite, pentru a convieţui sănătos în comunităţi variate şi diversificate. Pentru Grice, ar fi *rezonabil* care majoritatea interlocutorilor să adopte atitudini sau comportamente cu intenţia de a stabili *relaţii de cooperare*.

Contribuţie. Atitudinile de acest fel se reflectă în realizarea dialogului şi au repercusiuni asupra convieţuirii în grup. Conştiinţele care îşi folosesc discernământul şi inteligenţa evolutivă în adoptarea *Principiul Cooperării* contribuie la dobândirea nivelului de *comunicare evolutivă*. Definiţia propusă în *introducerea* acestei cărţi se referă la eficacitate şi asistenţă în interlocuţiunile multidimensionale, vizând cu prioritate sarcina de clarificare (sarclar).

Contrapunct. Propunerea lui Grice se concentrează mai mult şi este asociată *modului* de a dialoga, pe *forma* în care se prezintă şi este condusă o conversaţie. Analizarea *conţinutului* dialogului care rezidă din acest tipar propus nu este în centrul interesului acestei autoare. Există reacţii ale unor critici care au indicat o anumită superficialitate şi lipsă de autenticitate în *relaţiile de cooperare*.

Schimb. În ultimă instanţă, finalitatea unei conversaţii constă în ceea ce se zice, cu alte cuvinte, comunicarea implică schimbul de idei, cunoştinţe, interacţiuni declanşatoare de schimbări şi transformări personale.

Autoconştienţa. Una dintre metodele prin care conştiinţa îşi amplifică autoconştienţa în ceea ce priveşte capacitatea comunicativă este interacţiunea prin teopractică şi verbacţiune, dinamizând astfel *reţeaua* de inter-relaţii şi comunicarea interconştienţială.

Afinităţi. Diferenţele şi asemănările dintre conştiinţe se revelează prin afinităţile gânsenice. Mai mult, fiecare poate declanşa în celălalt retrocogniţii, care generează un impact pozitiv (sau nu) în microuniversul conştienţial.

Primul semn. În verbetul *Abordarea din antecameră* (Vieira, 2012), este conceptualizat momentul pre-comunicativ, din *antecamera vieţii*, când se procesează primul contact vizual sau verbal şi se stabileşte un raport între interlocutori, putând să apară simpatia sau antipatia, reacţii revelatoare în contextul afinităţilor gânsenice sănătoase sau patologice.

Consideraţie. Consecinţa primului contact depinde de gradul de percepţie, afinitate şi interes al interlocutorilor. La vârsta adultă, este posibilă interacţiunea realizată cu consideraţie cu orice interlocutor, în funcţie de presupusul nivel de maturitate conştienţială.

Opţiune. Orice conştiinţă poate opta să îi acorde sau nu consideraţie interlocutorului, în funcţie de voinţa şi nivelul de asistenţialitate existent.

Rol. Conştientizarea acţiunii din perspectiva funcţiei de „minipiesă într-un maximecanism" accelerează recuperarea conurilor şi evoluţia personală, contribuind la realizarea proexisului individual şi grupal.
Reverberaţie. Orice act intraconştienţial reverberează interdimensional, aşa cum reciclările intraconştienţiale individuale reverberează în reciclări intraconştienţiale grupale. Influenţa fiecărei conştiinţe intrafizice în mediul înconjurător decurge inevitabil din legea universală a acţiunii şi reacţiunii, pe care deja am abordat-o în capitolul Inter-relaţii din această secţiune.
Planetă. Universul ajunge să fie rezultatul acestor infinităţi de relaţii conştienţiale lucide sau nu, asistenţiale sau intruzive, mature sau imature, pro-comunicative sau anti-comunicative. În funcţie de această dinamică, se poate măsura evolutivitatea planetei pe care un anumit grup de conştiinţe trăieşte.
Frâne. Conflictele dintre naţiuni, grupuri şi etnii au loc din cauza absenţei autoconştienţialităţii mature şi sănătoase şi a lipsei de viziune multidimensională privind existenţa umană. Faptele cotidiene sunt, în general, văzute din perspectiva conservatorismului şi implică preconcepţii, neofobii, tradiţionalism, dogme, rasism, belicism, toate incontrolabile.
Pacifism. Acest tipar personal şi grupal de hologânsene, închis, blocat faţă de gânsenitatea pro-comunicativă, este incapabil să se expandeze către idei noi *(open mind)* şi să faciliteze relaţiile sănătoase şi pro-evolutive. Transparenţa acţiunilor, verbalizate şi demonstrate paşnic, pregătesc mediul înconjurător (hologânsena) pentru instalarea Statului Mondial, stare a planetei în care actualele state vor înceta să mai existe şi va exista un singur guvern pentru toate ţările şi naţiunile.

Chestionologie. Cum convieţuieşti şi interacţionezi lucid şi asistenţial cu toate conştiinţele resomate, indiferent că sunt reurbanizate sau nu? Este posibil un minim dialog comunicativ sănătos care să trimită la înţelegere echilibrată?

TRINOMUL PRACTICANT PENTA – HELPER - ASISTAT

Penta: comunicarea parapsihică explicită

Trinom. Propus de Vieira, (2007, p. 103, verbetul *Companionul parapsihic*), trinomul *practicant penta – helper – asistat* exemplifică relația bazată pe comunicarea parapsihică și pe condiția de constituire a echipei de lucru. Acesta este motivul pentru care a fost ales acest verbet pentru a fi detaliat.

Penta. Practicantul penta este conștiința intrafizică practicantă de penta (sarcina energetică personală), tehnica propusă de Vieira (1995, p. 11) ca:

> transmiterea de energie conștiențială (EC) asistențială, individuală, programată după un orar zilnic, de către o conștiință umană, ajutată de unul sau mai mulți helperi, în starea de trezire fizică obișnuită, transmisă direct către conștiințe extrafizice bolnave sau cu carențe, intangibile și invizibile vederii umane sau conștiințelor intrafizice proiectate sau nu, aflate aproape sau la distanță, și ele cu boli și carențe.

Contact. În timpul practicii penta, practicantul se află într-o relație strânsă cu helperul tehnic al muncii asistențiale. O asemenea interconexiune gânsenică profundă depășește frecvent interacțiunile gânsenice intrafizice (conștin-conștin).

Dialog. Inevitabil, în timpul penta, practicantul penta stabilește un dialog intim, mental, telepatic și permanent, cu helperul tehnic de funcție. În scopul creșterii nivelului acestei sarcini, se poate recurge inteligent la îmbunătățirea comunicării, prin utilizarea unor fenomene parapsihice, crescând astfel sinergismul asistențial.

Atitudine. Decizia de asumare a responsabilității practicii penta implică, cel puțin, 4 aspecte intraconștiențiale: 1) voința necondiționată de a asista (indiferent pe cine și cum); 2) disponibilitatea intimă zilnică; 3) determinare; și 4) sustenabilitate (sarcina este susținută pe tot parcursul vieții).

Pact. Odată luată decizia, conştiinţa intrafizică stabileşte un acord intraconştienţial cosmoetic cu helperul său tehnic de penta şi declanşează o comunicare tacită, durabilă, fraternă şi interasistenţială, ca un pact cosmoetic.

Interasistenţă. Donarea necondiţionată, cosmoetică, de energie este mutuală, deoarece practicantul penta primeşte şi el asistenţă, nu numai în perioada alocată sarcinii.

Paradox. În penta, conştiinţa intrafizică practicantă rămâne în starea de pasivitate activă pentru a dona energiile sale conştienţiale. Helperul controlează acţiunile asistenţiale extrafizice, în procesul de semiposesie benignă a practicantului, care rămâne permanent activ şi lucid, ajutând în asistenţă, *păstrând* totuşi *tăcerea* în timpul şi după interconectare.

Principiu. În primii ani de penta, funcţia de practicant penta încă începător depinde, pentru direcţionarea şi orientarea muncii, mai mult de acţiunea helperului tehnic.

Motivaţie. În general, cu timpul, conştiinţa intrafizică se motivează din ce în ce mai mult pentru sarcina energetică personală. Ea capătă putere prin interacţiunea cu helperul, în sarcinile asistenţiale. Cuplul se uneşte în beneficiul asistatului (asistaţilor), formând o interconexiune asistenţială, în care fiecare membru al trioului dezvoltă un anumit rol. Motivaţia asistenţială susţine acţiunile practicanţilor penta.

Sigiliu. În mod firesc, practicantul penta se maturizează odată cu evoluţia muncii sale, iar când sunt conştiente, acţiunile şi rezultatele ajung să devină un sigiliu cosmoetic, deoarece identitatea celor asistaţi este secretă, ei nefiind menţionaţi public, în scop autopromoţional (Vieira, 2012, verbetul *Meta Optata*).

Veteran. Când practicantul penta devine veteran (potrivit lui Vieira, după 20 de ani de practică), rolul şi acţiunea lui au preponderenţă în muncă, participând în mod foarte activ, matur şi autoconştient alături de helperii tehnici. Această stare le permite crearea biroului extrafizic (ofiex), de mare amplitudine şi calitate.

Helper. Cea mai inteligentă şi evolutivă atitudine este, în acest context, îmbunătăţirea comunicării zilnice cu helperul, prin îmbunătăţirea gânsenei personale şi experimentarea celui mai lucid parapsihism.

Analogie. În funcţie de direcţia de acţiune şi de tipul situaţiilor, anumite activităţi din viaţa umană pot fi văzute prin analogia cu mişcările *centripete* şi *centrifuge*: 1) *respiraţia*: iniţial se inspiră aerul *de afară spre interiorul* plămânilor şi apoi se expiră, se scoate aerul afară; 2) *învăţătura*: întâi se învaţă, se *primesc* informaţiile şi cunoaşterea, prin studiu şi efort personal, şi apoi se predă, *dând* cunoaşterea *mai departe*; 3) *alimentaţia*: iniţial *ingerăm* alimentele şi apoi *eliminăm* reziduurile şi excesele. La vârsta adultă, pentru practicantul penta: 4) *asistenţă*: asistentul *donează* iniţial energii conştienţiale către cei asistaţi şi apoi primeşte asistenţa helperilor de funcţie (Vieira, 2012, verbetul *Meta Optata*).

Interacţiune pozitivă. Comunicarea ideală cu helperul este printr-o mişcare centrifugă, din interior spre exterior, care este o atitudine donatoare, proactivă, şi nu prin mişcarea pasivă, receptoare, centripetă, din afară către interior.

Alternanţă. Pentru a trăi multidimensional este nevoie de înţelegerea acestor mişcări alternative, centripete şi centrifuge şi de apropierea de helper. Această interacţiune cu helperul declanşează situaţii pro-evolutive şi creşterea parapercepţiilor privind parasincronicităţile din viaţa umană a conştiinţei intrafizice.

Ofiex. Adoptarea noii mişcări, a noii atitudini intraconştienţiale, îmbunătăţeşte practica penta şi pregăteşte instalarea oficiului extrafizic (ofiex), oferindu-i conştiinţei posibilitatea de a experimenta starea de semiconştiex – acea conştiinţă intrafizică ce poate trăi lucid şi simultan atât în dimensiunea intrafizică (50%), cât şi în cea extrafizică (50%).

Neoviziune. Prin urmare, conştiinţa intrafizică dispusă să dinamizeze interacţiunea practicant *penta – helper – asistat* îşi va crea moduri noi de viaţă în cotidian, va evita atitudinile psihosomatice – frânele evolutive – şi îşi va recicla obiceiurile. Astfel, prin ceea ce practicantul penta învaţă, el va îmbogăţi cunoaşterea teopractică a oricărei conştiinţe, la orice nivel de dialog unidimensional sau multidimensional.

IV. ASISTENŢIOLOGIA

ASISTENŢA PRIN COMUNICARE

Asistenţa necesită comunicare

Prismă. În acest capitol va fi abordat rolul asistenţial pe care interlocutorii îl au în comunicare.

Asistenţă. Asistenţa este acţiunea de ajutorare şi sprijinire a cuiva care se află într-o situaţie de necesitate observată sau solicitată. Asistenţa presupunea donarea de la tine către altul.

Autoasistenţă. Din perspectiva *asistenţiologiei*, prima asistenţă este aceea îndreptată către asistent însuşi, prin intermediul autoasistenţei sau, mai bine spus, a auto-calificării pro-asistenţiale. Fără o investiţie personală în autocercetare, provocările de a-i ajuta pe ceilalţi şi de a intra în dinamica interasistenţială evolutivă se vor înmulţi.

Interasistenţă. La stabilirea oricărei interacţiuni, conştiinţa se poate comporta în mod asistenţial în relaţie cu posibilii săi interlocutori: cu toate acestea, când însuşi acei interlocutori au făcut, în intimitatea proprie, alegerea privind practica asistenţială în manifestările lor, asistenţa va dobândi caracter interasistenţial.

Definiţie. *Interlocuţiunea interasistenţială* este dialogul comunicativ dintre orice conştiinţe, din care rezultă asistenţa mutuală, prin schimbul de învăţături realizat cu luciditate şi discernământ, şi îmbogăţirea intraconştienţială a fiecăruia dintre cei implicaţi.

Dinamică. În timpul interlocuţiunii interasistenţiale zilnice apar situaţii şi experienţe de felul pieselor multidimensionale de teatru, în care interlocutorii au nevoie să aleagă ce reacţie sau comportament vor adopta, implicând, în acest fel, un anumit tip de acţiune asistenţială.

Evidențiere. Determinantul asistenței eficiente constă în capacitatea asistentului de a se cunoaște pe sine (emitent) și, în principal, de măsura în care acesta cunoaște necesitățile asistatului (receptor).

Recin. Acțiunea asistentului alături de conștiințele care au afinități cu tiparul lui gânsenic este favorizată de similitudinea trăsăturilor comune. Pas cu pas, interasistența câștigă forță și ritm, în funcție de capacitatea ambilor interlocutori de a realiza reciclările și autoconfruntările necesare.

Previziune. În acest caz, se presupune că identificarea trăsăturii comune a interlocutorului-asistent și a asistatului aduce un anumit nivel de autoconfruntare și reciclare a trăsăturii respective. Dacă dialogul asistențial nu este realizat prin exemplarism, el nu dobândește o calificare pozitivă și sarclaristă.

Flux. În fluxul reciclării, principalele etape ale reciclării intraconștiențiale legate de comunicarea interasistențială sunt:

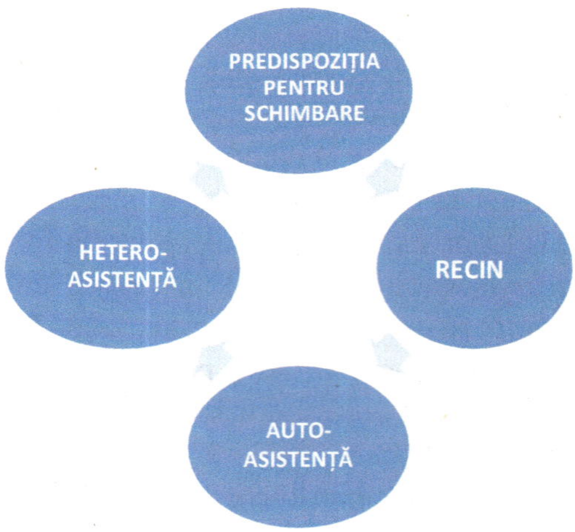

Figura 2 – Fluxul reciclării intraconștiențiale

Ciclu. Ideea centrală a acestui ciclu este să ilustrăm interdependența strânsă dintre cele 4 mișcări principale ce trebuie realizate de către conștiința interesată în evoluția personală. Investiția în teopractica personală este o acțiune logică ce predispune la schimbare (presupunându-se că există un punct de plecare). Unul dintre beneficiile deschiderii conștiențiale este că aceasta conduce la reciclare intraconştienţială (recin), declanşând autoasistenţa şi oferindu-i conştiinţei intrafizice abilitatea de a se implica în heteroasistenţă, prin exemplarism şi prin sarclar.

Momeală. În practica zilnică, *momeala interconştienţială* se întâmplă foarte frecvent, conştiinţa intrafizică atrăgând în psihosfera sa, pe principiul afinităţi gânsenice, conştiinţe patologice, influenţate negativ de tipare gânsenice destabilizatoare şi bolnave. În general, conştiinţele intrafizice sunt presate de o asemenea situaţie şi ajung victime ale intruderilor de serviciu, deoarece nu ştiu să îşi domine *comunicarea parapsihică* şi nici nu au o atitudine sau o viziune asistenţială faţă de aceste conştiinţe patologice.

Sprijin. Când o conştiinţă este dispusă să practice un nivel superior de asistenţă interconştienţială, aceasta adoptă o atitudine pro-asistenţială şi o disponibilitate intimă pentru asemenea acţiuni asistenţiale. În acest caz, conştiinţa intrafizică se încadrează în poziţia de *sprijin interconştienţial asistenţial* sau *purtătoare de asistaţi* extrafizici (Vieira, 2003, p. 240).

Public-ţintă. Astfel, conştiinţa intrafizică devine specialistă într-un anumit tip de asistenţă legată de trăsăturile de personalitate pe care ea a reuşit să le recicleze şi să le depăşească deja. Propria experienţă, dobândită în confruntarea cu provocările corecţiilor şi în depăşirea trăsăturilor slabe, o vor ajuta să le înveţe şi pe alte conştiinţe cu acelaşi profil.

Coabitare. Funcţia de conştiinţă intrafizică purtătoare de asistaţi extrafizici constă în a purta şi a adăposti în psihosfera sa conştiinţe extrafizice pentru a fi asistate, atrase (sau aduse de către helperii extrafizici) prin afinitate gânsenică. Acest tip de coabitare are loc prin cuplarea energetică şi poate dura minute, ore şi, în anumite cazuri, chiar zile.

Sarcină. Principala sarcină a conştiinţei intrafizice purtătoare de asistaţi este să ajute la clarificarea conştiinţelor extrafizice, în special prin exemplarismul teopractic, privind neîmplinirile, necesităţile evolutive, traumele, neînţelegerile, preconcepţiile, fricile, depresia şi ignoranţa, printr-o muncă desfăşurată în parteneriat cu helperii extrafizici.

Instrumentar. În această situație, conștiința intrafizică își adaugă valoare prin abilitatea de *comunicare parapsihică*, perceperea precisă a cererii asistențiale, interpretarea sinalecticii și lecturile energetice parapsihice pe care le realizează folosindu-și energosoma.

Dialog. În cazul purtătorilor de asistați, una dintre acțiunile asistențiale ale conștiinței intrafizice asistent este promovarea unui dialog tacit, mental, gânsenic, chiar clarificator, cu conștiințele extrafizice bolnave cu care este cuplată. În acest dialog, se aplică ascultarea terapeutică (a ști să asculți și a ști să traduci), pentru a identifica cererea asistențială. Luciditatea și sensibilitatea parapsihică favorizează procesul.

Contragânsenă. În logica combatologiei, conținutul acestui dialog tacit cu conștiințele extrafizice bolnave necesită din partea conștiinței intrafizice–asistent o contragânsenizare constantă, pentru a duce tiparul patogânsenic al conștiințelor extrafizice asistate la un anumit nivel. Eficiența asistențială constă în a nu cădea sub influența și presiunea gânsenică antagonică, fiind recomandată utilizarea tehnicii diferențierii gânsenice (Stédile, 2011) și realizarea clarificării prin verbacțiune, teopractică și exemplarism.

Asistență. Comunicarea purtătorilor de asistați evidențiază comunicarea interdimensională cu accent asistențial, importantă în comunicarea evolutivă, necesitând abilitatea de comunicare parapsihică, în special pentru să știi să traduci energetic gânsenele accesate.

Mișcare. Asistența sarclaristă presupune o concentrare diferențiată, care necesită ieșirea din ego a asistentului, în direcția necesităților asistatului. Capacitatea de a face mișcarea de schimbare a concentrării conștiinței intrafizice asistent spre conștiința extrafizică asistată creează succesul asistențial.

Echivoc. Frânele acestei mișcări sunt, în general, bazate pe condiția sau atitudinea gânsenică greșită a conștiinței intrafizice-asistent; de exemplu, se gândește mai mult la sine (egoism), se preocupă de ceea ce alții gândesc sau spun despre el (imagine de sine), își protejează imaginea de sine, se preocupă să fie perfect permanent (perfecționism), vrea să își depășească propriile carențe (câștig secundar), neagă sau nu acceptă o anumită trăsătură de personalitate (fugă, alienare).

Rezistență. În general, asistența oferită de conștiința intrafizică-asistent ar fi mai eficace dacă aceasta nu s-ar încăpățâna să afle motivul sau să determine detaliile sau condițiile asistenței sau să creadă că perspectiva sa este mai bună. Abandonarea acestei atitudini ar ușura experiențele și confruntările cu sine.

Antidot. Antidotul pentru împotrivirea puternică, pentru teamă, inflexibilitate sau rigiditate este disponibilitatea, adaptabilitatea, intenționalitatea sănătoasă și flexibilitatea.

Distimie. Conștiința predispusă la distimie este caracterizată printr-o stare depresivă ușoară, prelungită, se află într-o stare permanentă de indispoziție, este încruntată, mereu închisă, toate acestea fiind trăsături antiasistențiale.

Stare. Asistența necesită bună dispoziție și uitarea temporară a problemelor personale, pentru a-l ajuta pe asistat, deoarece acesta se află într-o stare mai rea decât asistentul.

Echilibru. Pentru a dobândi un profil asistențial sunt contraindicate variațiile extreme ale stării emoționale: vesel fără motiv, exploziv, distimic, auster, serios, încăpățânat. Echilibrul și moderația sunt ideale, ele făcându-l pe asistent să fie eficient din punct de vedere asistențial. Asistența, ca și evoluția, se obțin mai bine cu bună dispoziție, dar fără exagerări și euforie excesivă.

Simplitate. Uneori, a asista înseamnă acțiunea simplă de a da atenție unei persoane, a o asculta și a-i percepe necesitățile. Conștiinței intrafizice-asistent îi poate lipsi soluția problemei (chestiunea nu este a rezolva problema altuia), dar simpla ascultare ajută, deoarece în timp ce asistatul vorbește despre ceea ce simte sau gândește, el își poate accesa proprii helperi, care îl vor inspira în ceea ce are de făcut. Uneori funcția de asistent este de *ascultător*. De aceea, este nevoie de *disponibilitate* și de timp, de afecțiune, energii și cunoștințe *pentru a asculta*.

Dialectică. Dialogul, interlocuțiunea ponderată, atrage inspirația și creativitatea în situații și dinamici din viață, dialectica necesară pentru a ști cum să ajuți. A asculta cu atenție, afecțiune și grijă este foarte asistențial (Vieira, 2012, verbetul *Melex Anticipată*).

Gâtuiri. Când se resomează, majoritatea conştiinţelor trec prin momente dificile, numite *gâtuiri evolutive*, care necesită atenţie şi investiţie în reciclări intraconştienţiale. Dacă depăşeşte *gâtuirea*, persoana îşi schimbă nivelul evolutiv şi îşi amplifică viziunea privind realitatea, schimbând-o pe cea avută anterior. În acest fel, îşi amplifică deschiderea conştienţială

Implicaţii. Îmbunătăţirea conştiinţei intrafizice asistent conduce la perfecţionarea intercomunicării generale, cu diferite tipuri de interlocutori, reverberând pozitiv în jurul său. Astfel, prin observarea celuilalt şi a lumii în mod lucid, se evită robotizarea existenţială (robexis).

Autocapacitate. Prin intensificarea reciclărilor intraconştienţiale, conştiinţa intrafizică îşi amplifică autocunoaşterea şi autocapacitatea sa pentru asistenţă, putându-şi dinamiza relaţiile prin intercomunicarea asistenţială.

Unelte. În figura 3, prezentăm 3 forţe ale conştiinţei (Vieira, 1995, p. 81; 1997, p. 41), trăsături de bază pentru o bună comunicare interconştienţială.

Figura 3 – Cele 3 forţe ale conştiinţei

Caracteristici. Prima forţă, *voinţa*, este motorul care impulsionează conştiinţa în acţiunile, interlocuţiunile şi realizările ei. A doua forţă, *intenţionalitatea*, calibrează calitatea intenţiei din aceste acţiuni ale conştiinţei, în funcţie de nivelul de cosmoetică, dat de *Codul Personal de Cosmoetică* (*CPC*). A treia forţă, *auto-organizarea*, oferă posibilitatea optimizării diferitelor resurse intrafizice (somă, timp şi bani) şi intraconştienţiale (atribute, în special mentalsomatice) necesare atingerii obiectivelor şi scopurilor personale.

Încredere. În cazul conștiințelor cu stimă de sine scăzută și cu nesiguranță cronică, izvorâte în general din frici nefondate, se adaugă ***încrederea***, ca cea de ***a patra forță***.
Profil. În funcție de profilul conștiențial, aceste forțe oscilează în intensitate și predominanță, cerând luciditate și discernământ pentru a fi adoptate toate 3 concomitent. Arta de a asista presupune abilitatea de a utiliza în mod conjugat cele 3 forțe.
Comparativ. Vor fi prezentate, în continuare, pentru analiză, 2 scheme despre *procesul de comunicare*, din perspectiva abordării patologice, în prima, și în cea de a doua, din perspectiva abordării asistențiale.
Extreme. Am optat pentru schematizarea extremelor comunicative pentru a prezenta atitudini opuse, dar în mod evident nu pot fi neglijate posibilitățile intercomunicative intermediare.

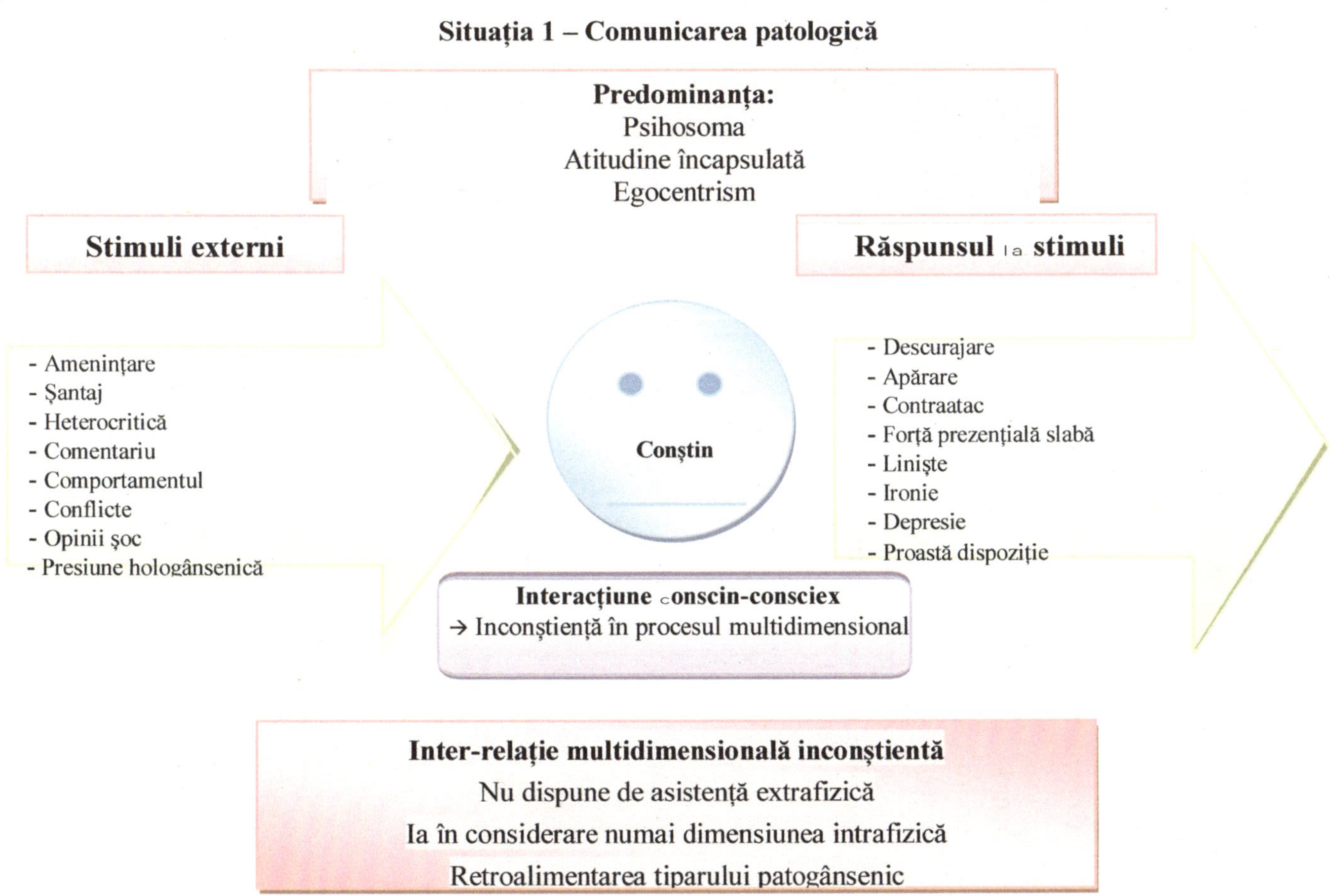
Situația 1 – Comunicarea patologică
Predominanța:
Psihosoma
Atitudine încapsulată
Egocentrism
Stimuli externi
- Amenințare
- Șantaj
- Heterocritică
- Comentariu
- Comportamentul
- Conflicte
- Opinii șoc
- Presiune hologânsenică
Conștin
Răspunsul la stimuli
- Descurajare
- Apărare
- Contraatac
- Forță prezențială slabă
- Liniște
- Ironie
- Depresie
- Proastă dispoziție
Interacțiune conscin-consciex
→ Inconștiență în procesul multidimensional
Inter-relație multidimensională inconștientă
Nu dispune de asistență extrafizică
Ia în considerare numai dimensiunea intrafizică
Retroalimentarea tiparului patogânsenic

Figura 4

Situația 2 – Comunicarea asistențială

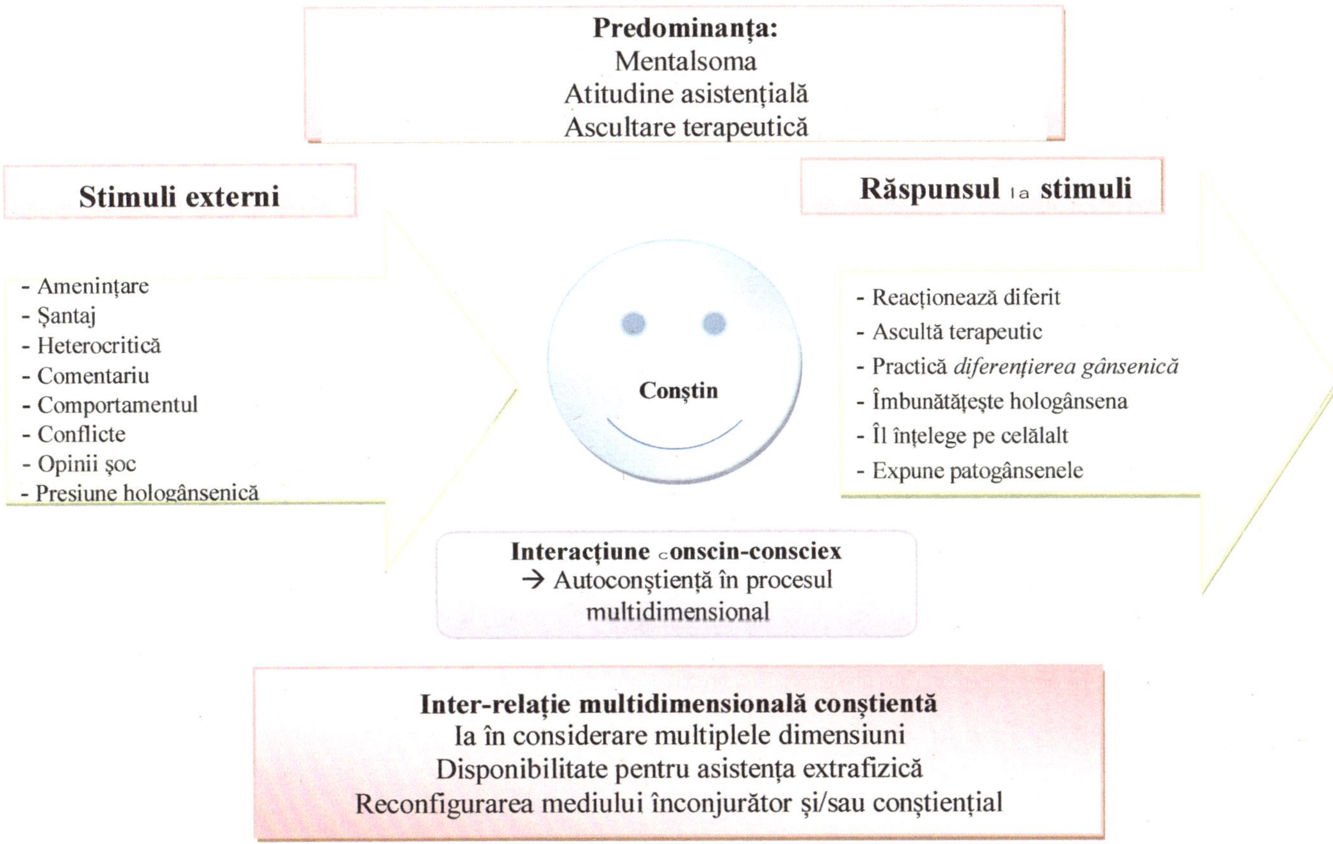

Figura 5

Fapt. În oricare dintre situațiile de mai sus, comunicarea interdimensională are loc independent de autoconștiența interlocutorilor.

Diferențe. Comunicarea în situația 2 le aduce beneficii interlocutorilor în principal datorită disponibilității asistențiale și dorinței conștiinței intrafizice asistent de a-l asista pe celălalt, întrucât, în această situație, există tendința de a exista autoconștientizare multidimensională continuă, iar interacțiunea se face în prezența unuia sau mai multor interlocutori extrafizici (conștiex), care se alătură conștiinței intrafizice cu care se vorbește.

Autoconștiență. Interlocutorul intrafizic (persoana cu care se vorbește) nu este întotdeauna conștient de faptul că este acompaniat extrafizic. Cel mai bun dialog are loc atunci când toți cei implicați în interlocuțiune sunt conștienți de consecințele multidimensionale ale acțiunilor.

Circuit. Astfel, când se dă un stimul, care poate fi o amenințare oarecare, un șantaj, o heterocritică, un comentariu, un comportament manifestat de altul sau chiar identificarea unui conflict sau a unei opinii șocante, reacția conștiinței intrafizice la acel stimul trebuie să ia în considerare participarea și influența la un anumit nivel, în timpul interlocuțiunii, a conștiințelor extrafizice.

Traducere. Pentru a detecta o asemenea influență se analizează detaliat caracteristicile hologânsenice ale mediului și ale psihosferei interlocutorului care au repercusiuni asupra holosomei sale și, în acest fel, este calificată intenția și originea acelei hologânsene. De aceea, sunt necesare uneltele parapsihice *ale comunicării parapsihice*, în principal *abilitatea de a ști să traduci* conținutul perceput, asimilat energetic în timpul conversației.

Dialog. În situația 2, nici măcar conștiința intrafizică dispusă să fie asistent nu dispune de stăpânirea energetică suficientă pentru a se cupla cu conștiința intrafizică interlocutor și a proceda la asimilarea energetică. Este posibilă însă practicarea altor metode de interacțiune sau dialog cum ar fi, de exemplu, ascultarea terapeutică, *abilitatea de a asculta* cu atenție, cererea făcută conștiinței interlocutoare de a spune cum se simte și ce gândește. Potrivit răspunsurilor și observând cu atenție comportamentul gestual al interlocutorului, devine posibil pentru asistent să înțeleagă profilul conștiinței (conștiințelor) extrafizice acuplate la conștiința interlocutoare.

Purtătoare de asistați. Prin ascultarea terapeutică, se identifică faptul că cererea sau necazul verbalizat de conștiința intrafizică aparține, de fapt, conștiinței extrafizice cuplate. Conștin asistentă reușește să o momească pe respectiva conștiex în psihosfera ei și să își asume starea de purtătoare de asistați. În acel moment, ca urmare a stării de conștiință purtătoare de asistați, autoconștientă de acest proces, apare tendința de a exista un tip superior de asistență și se poate stabili un dialog gânsenic major cu conștiința extrafizică, aducând clarificare prin înțelegerea problemei.

Sarclar. Când în conștiința intrafizică asistent prevalează discernământul și rațiunea, atribute mentalsomatice, sarcina de clarificare devine foarte eficientă, reconfigurând hologânsena mediului înconjurător și psihosferele interlocutorilor.

Intrafizic. Majoritatea interacțiunilor intrafizice seamănă în mod obișnuit cu situația 1 (atitudinea intrafizică convențională), de la conștin la conștin, desconsiderând aspectul multidimensional și multiplele relații simultane care decurg din cuplările energetice.

Contribuție. Când interacționează lucid, conștiințele intrafizice, atât din poziția de receptor, cât și din cea de emitent, evită ectopiile, zgomotele de comunicare, conflictele, divergențele radicale și antagonismele. Dialogarea cu discernământ asistă prin clarificare, transparență, autenticitate și autoconfruntare. Discordanțele sunt abordate cu maturitate.

Homeostază. Urmează 10 fundamente pro-evolutive, enumerate în ordinea importanței:

01. **Voință**: conștiința trebuie să să aibă voința de a se schimba pe sine însăși, vizând calitatea comunicării.
02. **Disponibilitate**: să aibă o atitudine proactivă și să fie dispusă să participe lucid la piesele teatrale multidimensionale comunicative (a vorbi personajului interdimensional la momentul potrivit, în locul potrivit și cu persoana potrivită).

03. **Interasistență**: să fie concentrată pe asistarea conștiințelor intrafizice cu care interacționează, utilizând, de preferat, sarcina de clarificare – sarclar.
04. **Exemplarism**: să fie pentru ceilalți un exemplu de intervenții verbale sau tacite, să aibă coerență între ceea ce spune și cum acționează (verbacțiune), să utilizeze teopratica, adică teoria și practica. Prin verbacțiune, există clarificare implicită și explicită, la orice nivel de comunicare: limbajul oral, scris, parapsihic, corporal, gestual, muzical, al semnelor, al simbolurilor și altele, toate exprimate concomitent prin energii.
05. **Ascultat terapeutic**: abilitatea de a ști să asculți este la fel de importantă cu cea de a ști să vorbești. Pentru fluența comunicativă, fără zgomote, trebuie înainte să auzi care este cererea (nemulțumirea) exprimată de către conștiința intrafizică. În general, acea plângere nu reflectă numai dorința izolată a conștiinței intrafizice, ci este important să se ia în considerare manifestările care decurg din voința și din necesitățile conștiințelor extrafizice cuplate la conștiința intrafizică.
06. **Deschiderea**: să se deschidă către diferite forme de interacțiune, amplificându-și posibilitățile comunicative, la diferite niveluri și cu diferite tipare gânsenice, favorizând euristica în cercetare și asistențialitate (un număr mai mare de grupuri și diferite grupuri sau buzunare energetice care să fie asistate). În deschiderea conștiențială legată de autoconfruntare există trasee importante, deoarece prin acceptarea criticii/comentariilor/intervențiilor, conștiința poate recicla aspecte sau trăsături cum ar fi: încăpățânare, aroganță, perfecționism, izolare conștiențială, preconcepții, dorința de a avea dreptate cu orice preț, rigiditatea gânsenică/flexibilitatea.
07. **Expunere/transparență**: să aibă capacitatea de a nu acumula patogânsene. Cel mai des întâlnite în comunicarea patologică sunt disimulările, minciunile, falsitatea, jocul aparențelor, incoerența explicită,

prefăcătoriile, măștile, deghizările, capcanele sau manipulările. Într-o asemenea stare, concentrarea este, în general, pe protejarea imaginii de sine, a vanității personale, a autoapărării, a fricii de a se expune, a rușinii de a-și arăta trăsăturile slabe. Depășirea acestor obstacole pregătește comunicabilitatea asistențială să se dezvolte mai asertiv.

08. **Pozitivitate:** în orice situație cotidiană, există o probabilitate de 50% ca cineva să îți dea dreptate și altcineva să își spună că greșești; alegerea preferabilă și inteligentă este să aderi la gânsenitatea pozitivă. Prin megaconcentrarea pe pozitivitate și prin legea afinităților gânsenice și a sincronicităților, gândirea pozitivă în orice interacțiune procesează comunicarea agregativă, contribuind la creșterea interlocutorilor implicați.
09. **Grupalitate:** ieșirea din izolarea conștiențială, din individualism, acțiunile solitare sau solitudinea autoimpusă, din ermetism, sindromul melcului sau din autismul conștiențial, pentru a experimenta efectiv procesele comunicative grupale și a învăța să faci față diferendelor, situațiilor neobișnuite, discordanței, contrariilor, conflictelor și autoexpunerii asistențiale, fără teama de a greși și a fi incriminat, culpabilizat, respins. În cele din urmă, istoria holomemoriei este pluriexistențială, cu realizări grupakarmice iminente, pe lângă auto și hetero-salvarea din stagnarea evolutivă.
10. **Fraternism:** starea de a fi fratern cu celălalt, de a asculta cu atenție, de a nu se limita la sarcon sau la consolare, evitare și complacere dă valoare comunicării dintre conștiințe. Atitudinea fraternă se referă atât la conștin, cât și la conștiex; ea trebuie menținută în timpul comunicării, pentru a manifesta respect și admirație pentru conștiințele diferite de conștiința interlocutoare, nu numai din perspectiva înfățișării fizice, ci și a gânsenității. Universul se cucerește prin asocierea la fraternism.

Oportunitate. Dinamica interasistențială îndepărtează sănătos persoana de propriul ego și îi oferă oportunitatea de exercitare a

altruismului. Interacțiunile sincere, autentice, dorința de a cunoaște, înțelege și ajuta pe altcineva dovedesc atitudinea asistențială. Interasistența semnifică împărtășirea experiențelor.
Inversiune. În general, fluxul convențional și mimetic al interrelațiilor sociale este rareori inversat pentru a intra în dinamica asistențială multidimensională. Această dinamică provoacă „uitarea" temporară de sine, necesară pentru a începe asistența și a se concentra pe celălalt, cu o viziune mai puțin egoistă.
Paradox. Paradoxal, când îl asistă pe altul, asistentul este de asemenea asistat, activându-se învățatul asistențial de bază.
Autoexpunere. Dacă o conștiință intrafizică expune laboratorul său personal în grup, ea beneficiază de o posibilă asistență deoarece își poate expune verbal propriile experiențe și învățături, în dezbateri, conferințe, cursuri, reuniuni tehnice, lecții tematice și chiar tehnici de confruntare cu o anumită trăsătură de reciclat.
Reciclare. Asumarea ascultării asistențiale crește viziunea de ansamblu, amplifică orizontul, respectiv abordarea unei anumite trăsături care trebuie revizuită și reciclată. „Cunoașterea se dinamizează numai când persoana iese din sine, îi servește pe alții și se întoarce apoi la sine însăși, în *spirale reciclatoare neîntrerupte*." (Vieira, 1994, p. 668).
Cronemică. Timpul de consolidare a reciclării intraconștiențiale diferă de la conștiință la conștiință, fiind un aspect relevant și determinant în îmbunătățirea comunicării personale. De multe ori, atingerea unui nivel rezonabil de comunicabilitate, potrivit aspectelor pro-comunicative prezentate, depinde de efortul pe care conștiința îl depune pentru a recicla.
Reverberații. Reciclarea conștiențială extrapolează transformarea personală, deoarece poate ajunge să fie un exemplu pentru celelalte conștiințe și să le provoace și acestora repercusiuni transformatoare. Chiar dacă nu există modificări imediate în altul, noul comportament al reciclatorului poate provoca reverberații.
Seriexis. *Teoria Serialității existențiale* (Vieira, 1999, p. 921) pune problema pluriexistențialității, scoțând în evidență cumulul de experiențe și repetiții din diferite vieți. Salvarea esenței

conștiinței, în actuala existență, în scopul reciclării și interasistenței, revelează o atitudine neofilă pro-evolutivă.
Proexis. Prin urmare, devine necesară revizuirea conceptului personal despre sondarea principalelor aspecte ale propriei programări existențiale. Autocercetarea trebuie realizată cu luciditate, pentru a obține retrocogniții și amintiri sănătoase.
Intrafizicalitate. În viața intrafizică, în sisteme sociale și culturi diferite, se observă multe patologii individuale. Depinde de discernământul fiecărei conștiințe de a conviețui în acest scenariu și a asista, colaborând la evoluția generală.
Inteligență. Din punct de vedere evolutiv, o atitudine inteligentă pentru conștiință este să se mențină în contrafluxul societății intrafizice (socin) ori de câte ori este necesar, deoarece majoritatea trăiește în mimetisme constante, stagnante, obnubilatoare, robotizatoare, automate, inconștiente de procesul evolutiv. Inteligența evolutivă, la care ne-am referit anterior și la alte pagini, ne semnalizează să urmăm fluxul cosmic.
Poziționare. Asumarea propriei evoluții conștiențiale este o alegere individuală și netransferabilă, care atunci când este realizată contribuie la reurbanizarea planetei.
Test. Din punctul de vedere al comunicării, pentru a măsura mărimea forței voinței fiecărei conștiințe, cititorul ar trebui să își pună următoarea întrebare: „sunt capabil(ă) de a vorbi inteligent cu *orice grup* de persoane (conștin) sau conștiințe extrafizice (conștiex) în *orice circumstanțe sau dimensiuni conștiențiale*?" (Vieira, 1994, p. 747) [sublinierile în italic îi aparțin autoarei].

Chestionologie. Cititorule, tu ți-ai identificat deja rolul de purtător de asistați extrafizici? Ce abordare ai sau ce tratament folosești într-o cerere asistențială? Există o înțelegere personală privind cauzele participării tale la respectiva situație?

REALITĂŢI INTRACONŞTIENŢIALE

Trăim adevăruri intraconştienţiale.
(Vieira, 2009, p. 296)

Realităţi. Fiecare conştiinţă posedă o realitate intraconştienţială unică, individuală şi bogată în fapte şi parafapte înregistrate în holomemoria ei.

Autocunoaştere. Autocunoaşterea necesită investiţie în autocercetare şi cu cât aceasta este mai bogată, cu atât este mai uşoară detectarea punctelor comune cu interlocutorul.

Observaţie. În prezent (anul de referinţă: 2013), comportamentul majorităţii conştiinţelor resomate manifestă luciditate scăzută privind *propria* realitate intraconştienţială, demonstrând puţină autocunoaştere multimilenară. Acest fapt se explică prin absenţa autoconştientizării multidimensionale în timpul vieţii umane sau experienţei intrafizice.

Pseudocunoaştere. Tiparele realităţilor gânsenice comune în societatea intrafizică grupează persoanele în comunităţi, grupuri, tipuri de activităţi, firme, instituţii religioase, politice, academice, filosofice şi aşa mai departe. Aparent, există un *sentiment de cunoaştere personală sau de cunoaştere a altuia* datorită asemănărilor de gusturi, interese, idei, comportamente şi luări de poziţie.

Robexis. Această senzaţie de a fi în grup şi a convieţui cu cei asemănători ţie (cine se aseamănă se adună), în mod iraţional, superficial, automat, uneori artificial este sinonim cu robotizarea existenţială (robexis).

Fapte. Dacă realitatea intraconştienţială este caracteristica structurii reale, foarte intime, a microuniversului conştienţial al fiecărei conştiinţe, intrafizice sau extrafizice, se justifică astfel cufundarea în auto şi heterocunoaştere (Vieira, 1999), pentru o mai bună apropiere de conştiinţe, în timpul procesului comunicativ: altfel spus, apropierea se face prin afinităţi şi antagonisme.

Cerinţe. Apropierea de înţelegerea realităţii proprii sau a altei persoane impune din partea emitentului cel puţin 3 cerinţe de bază: 1) *motivație/voință*; 2) *încredere în sine* și 3) *stăpânire energetică*.

Voință. Voința se consideră a fi principala cerință pentru ca un interlocutor să fie rădăcina sau trăsătura-tractoare a oricărui act comunicativ. Fără voință, o conștiință nu intră în contact cu alta. Orice gânsenă emisă, verbal sau nu, decurge din voința conștiențială. Implică ieșirea din sine, adică „ieșirea din egoul exacerbat".

Întrebare. Reflexele, automatismele, gânsenele subconștiente și instinctele pot avea ca sursă voința? În ce grad?

Încredere în sine. Comunicarea necesită, cel puțin, un minim de dezvoltare al conștiinței intrafizice emitente, în strânsă legătură cu încrederea în sine. Încrederea în capacitatea de exprimare, în orice limbaj, este un prim pas către intercomunicare. Pentru un timid, comunicarea implică un efort major. Implică cunoașterea propriei realități intraconștiențiale.

Bioenergii. Stăpânirea energetică se remarcă în comunicarea conștin-emitentă/receptor prin faptul că acțiunea de a vorbi și, în principal, de a asculta, presupune asimilarea naturală a energiilor interlocutorului, într-un proces, de multe ori, inconștient. Dominarea energiilor îl protejează să nu se contamineze de la hologânsena interlocutorului, mai ales când aceasta este patologică. Presupune dominarea asimilării și dezasimilării simpatetice care rezultă din orice interacțiune interconștiențială.

Diversitate. Există o varietate de microuniversuri conștiențiale în "fauna umană", la diferite niveluri și stadii evolutive. Prin urmare, interacțiunea și comunicarea necesită înțelegerea acestei diversități, pentru a nu cădea în greșeli, a comite erori, a fi frustrat și a nu comunica.

Demistificare. În această diversitate, întâlnim realități conștiențiale extrem de diferențiate, așa cum este cazul caracterizării nebuniei, dat fiind relativitatea conceptului. În general, se utilizează conceptul pentru a denumi conștiințele care trăiesc realități haotice, autodezechilibrate, nereușind să interacționeze în mod minim sănătos și matur, potrivit regulilor de conviețuire socială.

Preconcepție. Există încă preconcepții despre această temă, iar conștiințele au nevoie să facă eforturi pentru a depăși această atitudine și să acționeze asistențial.

Definiție. „Nebunia este tulburarea sau alterarea mentală caracterizată prin îndepărtarea mai mult sau mai puțin prelungită a individului de metodele obișnuite de a gândi, simți și acționa" (Vieira, 2007a, p. 338).

Haos. Nebunia demonstrează gânsenitatea haotică a conștiinței, haosul mentalsomatic, haosul hologânsenic, din care decurge incapacitatea de stabilire a echilibrului și a stăpânirii energetice, ceea ce, în consecință, defavorizează *comunicabilitatea sănătoasă*.

Raport. Accesarea hologânsenei nebuniei implică, la un anumit nivel, existența raportului emitent-receptor.

Singularitate. Fiecare conștiință are propriul său tipar gânsenic diferit de al celorlalte conștiințe. Fiecare conștiință are o anumită organizare gânsenică, deoarece în fiecare există o structură minimă pentru susținerea egoului, chiar și în realitățile intraconștiențiale haotice.

Complexitate. Haosul, chiar dacă este un sistem complex, și neliniar, poate fi observat și analizat prin intermediul calculelor matematice, pentru a se putea ajunge la un prognostic privind momentul în care ordinea poate fi restabilită. Complexitatea constă în nenumărate variabile care trebuie luate în considerare. Un exemplu de fenomen haotic este fenomenul meteorologic (prognoza vremii) sau cel social (bursa de valori).

Comparativ. În aceeași formă în care haosul conține o anumită ordine internă, chiar dacă dezechilibrată, și se află în contrapoziție cu structura cea mai organizată, cosmosul, microcosmosul conștiențial organizat și echilibrat se contrapune microuniversului haotic.

Refuz. Dacă o conștiință care prezintă un univers intraconștiențial dezorganizat și necunoscut pentru sine însăși, intră în contact cu o alta, mai dezorganizată, în general, acest contact o destabilizează, o perturbă, determinând-o să respingă orice posibilitate de interacțiune asistențială.

Holobiografie. Respingerea (conştientă sau inconştientă) a receptorului foarte dezorganizat oglindeşte un aspect al propriei realităţi intraconştienţiale a interlocutorului. Starea de indispoziţie poate evidenţia o trăsătură comună din universul holobiografic, pluriexistenţial al celor doi interlocutori.
Negare. O altă reacţie relativ obişnuită este negarea interacţiunii, care semnifică negarea posibilităţii de a-l asista pe celălalt. Conştiinţa care are încredere în capacitatea sa de asistenţă tinde să înfrunte asistenţial realităţile intraconştienţiale mai dificile şi mai complexe decât a sa.
Situaţii. Refuzul conştient de a asista semnalizează necesitatea conştiinţei de a se autocerceta, deoarece implică două situaţii: 1) Negarea unei trăsături sau a unui comportament comun, prin absenţa autoacceptării şi a proiectării acestuia asupra altcuiva. 2) Autoconştientizarea propriilor limite ale interasistenţei din cauza incapacităţii sau a incompetenţei de a acţiona ca asistent în cazuri mai complexe.
Fobie. Mai mult, refuzul este echivalent cu respingerea realităţii faptelor aşa cum sunt, indiferent dacă ele se referă la propria conştiinţă (comportament defensiv) sau la alta. În plus, asemenea comportament demonstrează frică faţă de receptor, faţă de potenţialul asistat, teamă de cele mai multe ori inconştientă de a recunoaşte energetic o hologânsenă străină.
Ipoteză. Această respingere a hologânsenei interlocutorului poate fi determinată, de exemplu, de oglindirea în celălalt (aşa cum am descris în capitolul *Tehnica Oglindirii Conştienţiale*, în Secţiunea I). Conştin îşi „vede" oglindită în altul o trăsătură caracteristică a propriului profil, dar nu este încă total conştientă de acest aspect.
Rană. Contactul cu altul provoacă rememorarea vechiului tipar gânsenic propriu, manifestat în retrovieţi, care poate constitui o rană încă deschisă, cu care nu s-a lucrat, ea reprezentând cauza esenţială a respingerii.
Nesiguranţă. Un alt impediment al dialogului asistenţial este nesiguranţa emitentului. Pentru fiecare acţiune, există o reacţiune. De exemplu, dacă acţiunea iniţială din dialog are o componentă de nesiguranţă, intenţia asistenţială de interacţiune

va fi prejudiciată, din cauza pierderii încrederii în sine (devalorizare proprie) și a indeciziei interlocutorului de a asista.

Special. Numai conștiința însăși poate descrie exact complexitatea microuniversului său conștiențial. A ști ce se întâmplă în microuniversul altuia se dovedește a fi de mare complexitate, ceea ce face ca studiul realităților intraconștiențiale să fie o temă specială, complexă și sofisticată.

Abordare. În acest studiu, se încearcă evidențierea contribuției *comunicologiei* în înțelegerea temelor realităților intraconștiențiale, prin folosirea diferitelor modalități de comunicare, la care se adaugă strânsa legătură cu studiile *autocercetologiei*, generatoare de o autocunoaștere superioară, și ale *autogânsenologiei*, privind aprofundarea modurilor de a *gânseniza*, așa cum am prezentat în Secțiunea II, Capitolul Autogânsenitate.

Descoperire. Există cel puțin 3 condiții pozitive sau negative care intervin în obținerea cunoașterii despre realitatea intraconștiențială a interlocutorului.

1. **Autoexprimarea**. Într-un dialog, conștin știe să se exprime în mod adecvat și apropriat de realitatea intraconștiențială.
2. **Deficiențe**. Conștin interlocutoare nu reușește să descrie propriul microunivers conștiențial din cauza deficiențelor de *comunicare*, în special *a deficienței abilităților* de *a vorbi* și de *a scrie*.
3. **Asimilare energetică**. Conștin emitentă își utilizează abilitatea parapsihică pentru a asimila date din hologânsena conștiinței interlocutoare pentru a înțelege meandrele realităților intraconștiențiale ale partenerului de discuție.

Autocunoaștere. Primul pas către îmbunătățirea cunoașterii realității intraconștiențiale a altei persoane și perceperea posibilului ei haos cere, în primul rând, autocunoaștere. Stăpânirea abilităților parapsihice (asimilarea energetică) și comunicative (abordarea limbajului adecvat) reprezintă unelte utile pentru a accesa și „suporta" eventuala entropie și dezorganizare a celuilalt.

Interacțiuni. Din perspectiva *intrafizicologiei*, interacțiunile comunicative au loc într-un anumit spațiu fizic, deschis sau

închis, cu o interacţiune fizică cât mai apropiată.
Paradox. Unele conştiinţe intrafizice, chiar dacă sunt apropiate fizic, au de multe ori senzaţia de distanţare gânsenică, deşi ele pot fi destul de intime cu interlocutorii lor. Pentru unele, există un sentiment cert de „singurătate", deoarece percep această distanţă nefizică dintre diferite microuniversuri conştienţiale şi dificultatea de înţelegere reciprocă.
Contact. Studiile proxemicii[25] relatează despre comportamentele persoanelor în diferite interacţiuni cotidiene. Când nu se cunosc, vor putea stabili un contact, destul de superficial, deşi sunt aproape fizic unul de altul.
Productiv. Când două conştiinţe între care există o relaţie folosesc acelaşi limbaj (cod lingvistic) şi au aceleaşi valori şi sisteme de referinţă, comunicarea tinde să se îmbunătăţească, producând rezultate evolutive pentru ambii. Când există un decalaj de informaţii între interlocutori şi o cunoaştere de sine diferită, câştigă mai mult cel care, în contextul respectiv, are mai multă luciditate şi discernământ. Capacitatea de analiză critică chiar ajută dezvoltarea comunicării evolutive.
Parapsihism. În acest sens, stăpânirea comunicării parapsihice asociată comunicării evolutive este relevantă pentru stabilirea unor relaţii de calitate, productive, care determină creşterea celor implicaţi în încercarea de a scurta distanţa dintre realităţile conştienţiale.
Forţă. Se deduce că asistenţa necesită forţă. Uneori, în majoritatea interacţiunilor, nu este suficientă numai voinţa de a asista, fiind nevoie, în primul rând, de forţa asistentului (emitent), la care se adaugă capacitatea lui tehnică şi chiar profesională. Buna intenţie nu este suficientă.

---

[25] Termenul de *proxemică* a fost inventat de antropologul Edward T. Hall, în 1963, pentru a descrie spaţiul personal al indivizilor în mediul social, pe care l-a definit ca fiind: „ansamblul de observaţii şi teorii referitoare la utilizarea pe care omul o dă spaţiului, ca produs cultural specific". El descrie distanţele măsurabile dintre persoane , în funcţie de interacţiune, distanţe şi atitudini involuntare, rezultate din procesul de aculturaţie. Un exemplu ar fi cel al unui individ care se aşază în parc, pe marginea extremă a unei bănci, dacă pe acea bancă se mai află şi o altă persoană, încercând să aibă cât mai mult spaţiu între ele.

Prezenţă. Forţa prezenţială a conştiinţei lucide, aflată în faţa unei oportunităţi asistenţiale, influenţează rezultatul acţiunii, fiind o caracteristică fundamentală şi prioritară pentru succesul oricărei acţiuni sarclariste. Aceasta este legată de măsura în care conştiinţa este convinsă de competenţa sa asistenţială.
Stăpânire. Reiterăm aici premisa de bază pentru orice asistent: să îşi stăpânească energiile. Abilitatea de a utiliza bioenergiile şi dezvoltarea manevrelor favorabile, atât de autoapărare, cât şi a celor de donare, sunt cheia oricărei iniţiative de dialog asistenţial conştient.
Ponderare. Dispoziţia de a ajuta nu implică asistenţă fără limite, fără a măsura propriile limite şi capacitatea asistenţială, în fiecare caz. Trebuie să fie observată dispoziţia emitentului pentru a dialoga pozitiv cu receptorul. Unul dintre principiile cosmoeticii (să se întâmple ceea ce este mai bine pentru toţi) poate ajuta în aceste condiţii la luarea unei decizii adecvate.
Analogie. Subtilitatea deciziei de a interveni, vorbi, acţiona sau nu este ilustrată în una dintre scenele marcante din filmul "What dreams may come/O iubire fără sfârşit" (vezi filmografia). Soţul, dorind să o salveze pe femeia iubită, aflată în dimensiunea baratrosferică, a fost alertat de fostul sau profesor, care în momentul respectiv avea rol de helper, spunând următoarele cuvinte: „Vei avea 3 minute, dacă stai mai mult de atât, poţi să înnebuneşti...Când realitatea ei devine a ta, nu mai există cale de întoarcere". Scopul lui era de a intra în casa în care se afla soţia lui prosternată şi de a vorbi cu ea cu scopul de a o lua şi a o duce într-un loc mai bun şi mai sănătos. Avea doar puţin timp ca să o extragă din acel monoideism în care era blocată. Dar, dacă soţul se lăsa influenţat de acea realitate (gânsenică), prin acordare gânsenică ar fi fost „înghiţit" în acea gânsenă.
Reflecţie. Cititorule, eşti pregătit să te cufunzi in realitatea intraconştienţială a altuia? Care este calitatea asistenţială a interacţiunilor tale?

MATURITATE CONȘTIENȚIALĂ

Maturitate: instincte domesticite.
(Vieira, 2009, p.239)

Definiție. Maturitatea conștiențială este starea de autodiscernământ și echilibru intraconștiențial, predominant mentalsomatic, dovedită prin talentul de a aplica cosmoetic atributele conștiențiale în viața intrafizică și în inter-relații.
Specialități. Potrivit abordării comunicologiei și din perspectiva adoptată în această carte, se remarcă două specializări ale conștientologiei care intervin în dezvoltarea abilităților comunicaționale, folosind resursele maturității conștiențiale - recexologia și gânsenologia; prima, prin studierea reciclărilor interne și externe ale conștiinței (respectiv recin și recex) și cea de a doua prin implicarea în studiul autogânsenizării, oferind posibilitatea ghidării către structura gânsenică sănătoasă, igienică și asistențială.
Autogânsenitate. Igiena conștiențială menține gânsenitatea sănătoasă sau ortogânsenitatea, evitând contaminarea cu intruziuni sau rămășițe gânsenice. Acest tipar homeostatic este ideal pentru conștiința matură. Patogânsenitatea este o boală care necesită reciclare intraconștiențială.
Autoevaluare. Un alt atribut are determină cucerirea maturității personale este voința continuă de reciclare, o precondiție a desperticității, deoarece îi oferă conștiinței intrafizice nu numai oportunitatea de a practica auto și heteroasistența, dar și de a-și dezvolta parapsihismul, atât de necesar manifestărilor conștiențiale intrafizice.
Scop. În general, lipsa de maturitate este mai mult legată de aspectele de ordin emoțional-afectiv decât de cele psihologico-intelectuale. Comparând aceste două aspecte, Balona (2000, p. 89) scoate în evidență faptul că în cazul purtătorilor de SEST (Sindromul Străinului) există un *gap* între trăsăturile mature și cele imature, care îngreunează formarea personalității integrale.
Intelectualitate. Există conștiințe care, deși dețin un nivel intelectual în proces de dezvoltare, prezintă deficiențe sau

insuficienţe în zona emoţională. Din cauza acestora, maturitatea intelectuală este denivelată de aspectele emoţionale. (Balona, 2000, p. 223).

Autocunoaştere. Principala cauza a acestei denivelări este asociată autonecunoaşterii conştienţiale.

MAE. Unul dintre motivele neaprofundării autocercetării constă în utilizarea de către conştin a mecanismelor de apărare a egoului (MAE). Barierele de apărare sunt ridicate ca o falsă protecţie faţă de efectele incomode şi de disconfortul cauzat de reciclarea unor trăsături.

Comunicologia. Nu putem să nu amintim faptul că Vieira (2003), în *Homo sapiens reurbanisatus*, inserează tema *mecanismelor de apărare a egoului*, la Secţiunea Comunicologie.

Efect. Această includere în Secţiunea Comunicologie poate fi asociată cu faptul aproape incontestabil că utilizarea mecanismelor de apărare a egoului are loc în inter-relaţii.

Propunere. În procesul comunicării, mecanismele de apărare a egoului acţionează în 11 moduri, identificate de Vieira după cum urmează (2003, p. 324):

01. **Compensaţie**. Compensează o deficienţă personală cu un atribut personal mai dezvoltat.
02. **Dislocare**. Direcţionează către un alt scop agresiunea primită de la cineva.
03. **Fantezie.** Numără avantajele, pretinzând că este o persoană de succes, diferită de cea ce arată.
04. **Identificare.** Idolatrizează interlocutorul prin admiraţie exagerată.
05. **Introiecţie**. Internalizează o trăsătură manifestată de altcineva, pe care îl transformă în subiect al admiraţiei şi despre care gândeşte că este mai puternic decât el este, de fapt, în realitate.
06. **Negarea realităţii**. Îşi ascunde ideile sau sentimentele, negându-le chiar şi faţă de sine.
07. **Proiecţie**. Atribuie interlocutorului o caracteristică existentă în sine, în general o trăsătură slabă.
08. **Raţionament**. Prezintă argumente şi justificări pentru

validarea comportamentului său față de interlocutor (intelectualizare).

09. **Regres**. Camuflează nesiguranța, acționează imatur și regresează la un comportament infantil.
10. **Blocaj**. Uită inconștient ceva ce s-a întâmplat între interlocutori pentru a evita durerea reamintirii.
11. **Sublimare**. Exprimă indirect un impuls.

Manifestare. Zona de acțiune a mecanismelor de apărare a egoului se află în principal în dialogul sau în timpul interacțiunii cu o altă conștiință interlocutoare. Opusul este caracterizat de monolog care limitează la complacerea de sine.

Responsabilitate. O ființă sau o conștiință matură manifestă o responsabilitate majoră în acțiunile ei. Se așteaptă ca o conștiință matură să acționeze la un nivel de clarificare coerent și cu o cunoaștere despre sine deja dobândită.

Echilibru. Când există echilibru între discernământ și afectivitate (echilibru între *gân* și *sen*), manifestarea matură și cosmoetică a conștiinței intrafizice interesate de evoluția proprie se amplifică. Autocomunicarea sănătoasă și dialogul cu rol de cercetare promovat de conștiință cu sine însăși influențează pozitiv pactul conștiențial.

Angajament. Angajamentul față de programul existențial personal și grupal (dincolo de cunoașterea detaliilor programării) indică o maturitate superioară. Acționarea cu coerență și cu verbacțiune și practicarea cunoștințelor actuale cresc calitatea cosmoeticii și teopracticii.

Omisiune. Renunțarea la asistență, eludarea informațiilor și amânarea evoluției celuilalt indică o practică antifraternală și o acțiune de autocorupție, ca urmare a omiterii informațiilor clarificatoare.

Focusare. Mutarea focusării (din exterior către interior) favorizează intercomunicarea sănătoasă, prin valorizarea ideilor și sentimentelor proprii în scopul unei bune ghidări a deciziilor și al obținerii unei viziuni de ansamblu. Cu interconștiențialitatea ca sistem de referință, stima de sine se întărește și contribuie la dezvoltarea parapsihică și îmbunătățirea sarclaristă.

Nivel. Reciclându-se pe ei înșiși, interlocutorii se maturizează, își cresc nivelul de inter-relaționare și ajung să atingă un nivel major de maturitate intraconștiențială, cu repercusiuni în atitudini, comportamente, alegeri, posturi și decizii domestice, zilnice, profesionale și existențiale.

Ieșire. Prin urmare, modul plauzibil de ieșire din inerție este reciclarea necesară pentru amplificarea maturității conștiențiale. Potrivit lui Málu Balona (2000, p. 179), tot ceea ce se află în opoziție cu acest mod este destinat eșecului în viața intrafizică, din cauza incapacității de stăpânire a chestiunilor emoționale și afective, irosindu-se oportunitatea evolutivă.

Emoții. Aprofundarea tematică a inteligenței emoționale asigură o stare mai matură, prin înțelegerea emoțiilor simțite și exprimate, poziționând conștiința în favoarea înțelegerii efectelor psihosomatice în orice situație cotidiană.

Busolă. Prin înțelegerea necesității de a abandona obiceiurile inutile și modurile improductive de a fi, conștiința își urmează drumul către scopul principal al existenței sale, cu busola conștiențială orientată pe sensul evolutiv.

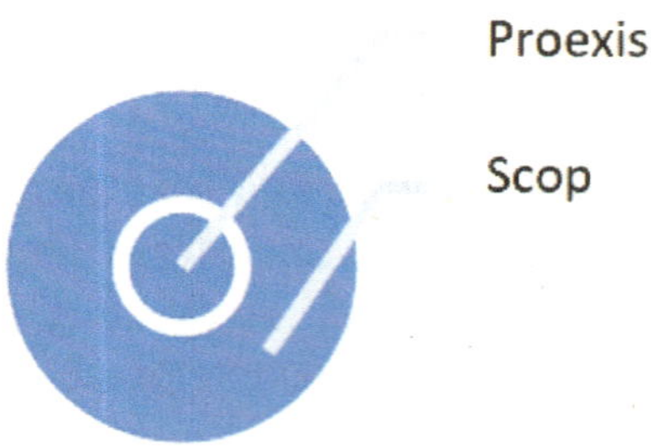

Reconfigurare. Reconfigurarea schemelor personale de acțiune, de *modus operandi*, deținătoare de formule antifraterne și antiasistențiale este conectată de restructurarea intraconștiențială profundă obținută prin autodisciplină gânsenică, transformatoare a formei hologânsenice personale.

Autoefort. Maturizarea necesită „efort pentru corectarea personală, fără a dori să schimbi pe nimeni" (Balona, 2000, p. 221). O asemenea acțiune depinde numai de propria conștiință, care utilizează volitolina (propulsorul voinței conștiențiale) în rolul de combustibil al automotivării.

Stigmat. În conviețuirea socială, stigmatizarea sau stereotipizarea cuiva sau a conștiinței însăși este un simptom de imaturitate personală. Comportamentul social viciat proliferează mediile hologânsenice baratrosferice.
Infantilism. Un exemplul simplu în acest sens este situația în care uneori conștiința adultă (mai ales femeile) se infantilizează pentru a seduce și atrage interesul interlocutorului (în general bărbat), ca o strategie de mascare a dificultății de relaționare intimă, de cuplu, datorată lipsei personale de experiență.
Limbaj. Un alt comportament obișnuit printre femeile adulte este limbajul infantil în comunicarea cu adulții, caracterizat prin utilizarea exagerată a diminutivelor adjectivale sau substantivale[26]. În anumite cazuri și circumstanțe este o resursă afectivă care diminuează într-o anumită măsură obiectele sau persoanele din dorința intimă de a relativiza realitatea, atenuându-i sau diminuându-i forța conținutului. Mai mult, copilul se pare că îl „absolvă" pe vorbitor de realitățile și responsabilitățile provocatoare, caracteristice lumii adulte.
Coerență. Se așteaptă din partea oricărei conștiințe intrafizice un comportament coerent și sincron privind maturitatea biologică și maturitatea conștiențială.
Asepsie. Pentru a elimina modurile de a vorbi incompatibile cu vârsta și nivelul conștiențial este necesară asepsia hologânsenei personale, ceea ce conduce la retextualizarea propriilor discursuri și demonstrarea coerenței holosomatice.
Exterior. În anumite scenarii inter-relaționate se observă construirea unei a treia realități conștiențiale, diferită de realitățile emitentului și receptorului. În dialogul fără schimb sănătos de conținut, prin ascultare atentă, se creează o a treia realitate diferită de a fiecăruia dintre cei implicați, un fel de spațiu

---

[26] În limba portugheză, diminutivele se formează adăugând sufixul -inho. Acest limbaj infantil se numește în limba portugheză, tatibitate; tatibitate – substantiv sau adjectiv onomatopeic, care are sensul „care se bâlbâie, cu puțină inteligență; tatibitate", în Dicionário Priberam da Língua Portuguesa [online], 2008-2023, https://dicionario.priberam.org/tatibitate.

de interacţiune exterior interlocutorilor, care merită investigat.

Virtual. Intersecţia dintre cele două realităţi conştienţiale, care nu se confundă cu adevăratul dialog, generează această a treia realitate iluzorie, imaginară, un vortex gânsenic virtual, exterior, în care sunt proiectate personalităţile interlocutorilor. În acest scenariu unii îşi pierd accesul la eul lor intim, la identitatea reală, la fiinţa cea mai profundă sintetizată prin conştiinţă. Un astfel de exemplu este nebunia, în care conştiinţa nu îşi poate stăpâni gânsenele şi, în acelaşi timp, nu se simte conectată cu ceea ce îşi închipuie că este.

Deconfigurare. Dăm aici exemple de interlocutori autoconştienţi, care joacă roluri, se ascund în spatele măştilor sau trăiesc în alte realităţi conştienţiale: nebuni în aziluri, persoane servile şi supuse necondiţionat, fără critică, incoerenţi, cei care îşi abandonează propria identitate, marca şi creativitatea personală.

Conflicte. În interfaţa acestor relaţii se află conflictele, erorile de comunicare, lipsa de sentimente, războaiele, animozităţile, discordanţa, competiţiile şi alte patologii şi dezechilibre generate de lipsa de autenticitate, incoerenţă, inconştienţă, într-un cuvânt, lipsa de *maturitate conştienţială.*

Efort. Comunicabilitatea eficientă şi sănătoasă în inter-relaţii necesită aplicarea *legii celui mai mare efort.* În primul rând, conştiinţa reflectează, dobândeşte cunoaşterea prin monolog, apoi o transferă şi comunică informaţia interlocutorilor săi (înregistrarea audio a verbetului *Comunicarea modulară*, tertulia din 18/04/2009).

Recexis. Prin urmare, reciclarea existenţială (recexis), care transformă trăsăturile slabe în abilităţi comunicative, reprezintă o scăpare sau o alternativă. „Reconstruirea posibilă şi sistematică a unei *coeziuni conştienţiale* este începutul procesului de cucerire a maturităţii integrate" (Balona, 2000, p. 179), cu alte cuvinte, reciclările sunt necesare pentru cucerirea holomaturităţii.

Autoexpunere. Cum ar putea o conştiinţă, care nu îşi expune gânsenele, experienţele, crizele, realizările evolutive, să se integreze în dinamica asistenţială multidimensională?

Disponibilitate. Procesul de învățare nu este singular: disponibilitatea pentru asistență permite depășirea sau ieșirea mai rapidă din criză. Oprirea procesului (prin negare, fugă, șantaj sau orice alt motiv) risipește oportunitatea oferită de scenariul evolutiv.

Antiasistențialitate. Durerea, angoasa, tristețea sunt reflexii ale atitudinii antiasistențiale, egoiste și izolaționiste. Orientarea numai pe dorința de a asista pentru a fi *drăguț* nu semnifică o intenție sănătoasă, ci, dimpotrivă, *i*maturitate conștiențială.

Restituire. A acționa asistențial, gândindu-te să dai înapoi ceea ce deja ai primit, ajută la prevenirea sau profilaxia comunicării blocate, generatoare de antagonisme, care nu are nimic de-a face cu sinergismul grupal.

Moduri. În zona studiată de asistențiologie se propune, în funcție de profilul interlocutorilor, clasificarea a două moduri sau stiluri asistențiale mature de utilizare a energiilor conștiențiale:

1. **Suav**. *Suavitatea energetică* este manifestarea lucidă și matură a energiilor conștiențiale exprimate cu claritatea intenției de a face o propunere sarclaristă și asistențială, în mod suav, afectuos, drăguț, atent, grijuliu și cu politețe fraternă.

   Înțelegerea *suavității energetice* poate fi realizată în detaliu utilizând etimologia cuvântului *suavitate*, derivat din latinescul *suavìtas*, cu sensul „miros agreabil, dulceață, amabilitate, bunătate", apărut în secolul XV[27]. Datorită profilului, locului și momentului în care se află, pentru anumite conștiințe interlocutoare este necesară asistarea folosind energia suavă și plăcută care, în cazul lor, intensifică efectul de clarificare. Cântărirea cuantumului de energie care urmează să fie utilizată implică discernământ și maturitate conștiențială.
2. **Puternic**. *Potența energetică* este manifestarea lucidă și matură a energiilor conștiențiale care, în momentul asistențial, își exprimă în mod incisiv, ferm, cu vigoare și claritate, intenția de asista, folosind sarcina de clarificare

[27] S-a format și a început să fie utilizat în limba portugheză; n.tr.

(sarclar), acționând explicit, dar menținând totuși politețea fraternă.

Înțelegerea *potenței energetice* poate fi realizată în detaliu utilizând etimologia cuvântului *potență*, derivat din latinescul *potentìa*, cu sensul „forță, putere, autoritate, influență, eficiență, capacitate", apărut în secolul XV[28]. Datorită profilului, locului și momentului în care se află, pentru anumite conștiințe interlocutoare, pentru a produce un anumit efect asistențial, este necesară clarificarea prin utilizarea unei energii potente, energetice, vehemente. *Cuantumul* energetic ce urmează a fi emis depinde de nivelul de intruziune a interlocutorului-asistat și de discernământul matur și gabaritul parapsihic al interlocutorului-asistent.

Forța prezențială. Abilitatea de a utiliza cele două stiluri de asistență (puternică sau suavă) depinde de profilul conștiinței și are legătură cu forța prezențială. Numai intrând în mediul entropic, cu propria prezență, uneori tacită, poți îmbunătăți o hologânsenă locală.

Relație. Forța prezențială este conectată cu forma hologânsenică a conștiinței, adusă din retroviețile umane și din actuala existență, și influențează exprimarea conștiențială matură.

Exemple. Potențialul personal poate fi optimizat sau nu, în funcție de calitatea formei hologânsenice: cea ortogânsenică facilitează adaptarea la fiecare nouă existență, în timp ce cea patogânsenică inhibă manifestarea sănătoasă și procesul evolutiv.

Elemente. Atât forța prezențială, cât și forma gânsenică sănătoasă determină comunicabilitatea interasistențială.

Hologânsenă. Crearea unei forme hologânsenice sănătoase, igienice, lucide și mature poate fi atinsă de orice conștiință, din momentul în care gânsenitatea ei este *orientată către evoluție*, o atitudine care revelează *discernământul* (Vieira, 1994, p. 402).

Inevitabil. Pentru această autoare, nu există posibilitatea de a evolua sau de a obține maturitatea fără conștientizarea nevoii de

---

[28] S-a format și a început să fie utilizat în limba portugheză; n.

reciclare. În cazul comunicabilității, mișcarea de ieșire din starea anticomunicativă și intrarea în cea pro-comunicativă depinde *inevitabil* de investiția în reciclările personale.

Maturizare. Maturitatea conștiențială evoluează pe parcurs, în procesul de maturizare dobândit la trecerea de la un nivel mai redus de autoconștiență la unul superior. Este modul în care acționează cele mai evoluate conștiințe, aflate în deplină autosuficiență evolutivă.

Renovare. Potrivit *holomaturologiei*, în viața intrafizică holomaturitatea se câștigă printr-o schimbare intimă amplă a abilităților de a gândi, simți și aplica gânsenele (autoexprimare), prin eforturi evolutive și prin autoluciditate și recuperarea de con-uri.

Intermisiune. Premisele privind îmbunătățirea comunicabilității și cucerirea holomaturității lucide implică un nivel proexologic care trebuie atins de orice intermisivist (Ano-base: 2013), ca funcție activă a sarcinii de reurbanizare planetară.

CONSIDERAȚII FINALE

Orice acțiune comunicativă, dacă este reflectivă, reprezintă o oportunitate interasistențială.

Efecte. Dacă cititorul a ajuns până aici este pentru că, într-un mod oarecare, lectura a fost parcursă cu interes și, la un anumit nivel, au fost percepute efectele sinergiei autor-cititor.
Completitudine. Potrivit lui Citando Azeredo (2008, p. 475), cercetător și gramatician al limbii portugheze, *procesul comunicativ este complet și justificat numai când interlocutorul înțelege mesajul.* Cititul, prin amplificarea înțelegerii subiectului despre care se citește, îl ajută pe cititor să își îmbogățească cunoștințele și tezaurul cerebral și autorului îi dă sentimentul îndeplinirii scopului și menirii sale.
Dialoguri. În cazul concret al acestei cărți, procesul comunicativ realizat de autoare nu poate fi complet și definitiv, deoarece accesul cititorilor poate crea nenumărate dialoguri, într-un proces virtual, la distanță, chiar dacă tacit. Prin urmare, există perspectiva unor dialoguri gânsenice interminabile ori de câte ori un cititor deschide această carte și o consultă în scopul cercetărilor sale personale. Grafogânsena obținută este imprevizibilă.
Permisiune. Prin lectură, cititorii îi permit autoarei să intre în realitățile lor intraconștiențiale și, cine știe, să îi ajute cosmoetic și să îi conducă pe cele mai intime trasee gânsenice și ale modurilor de exprimare a singularităților cosmosului.
Cronologie. Linia temporală aleasă prin succesiunea celor 4 secțiuni și 28 de capitole propune relatarea evenimentelor determinate de cercetarea și autocercetarea realizate de autoare, pornind de la conștientizările ei despre tematicile tratate. Punctul de plecare a fost reprezentat de investigarea autismului conștiențial, pentru a descoperi apoi aspecte corelate cu Sindromul Străinului (SIST), flexibilitatea gânsenică, metoda de analizare a emoțiilor, inter-relațiile sănătoase și asistențialitatea.
Avans. Pe măsură ce cercetarea și scrierea au avansat, au fost agregate idei, subiecte și abordări noi, care au devenit consistente

şi au contribuit la elaborarea şi propunerea neoconceptului de *comunicare evolutivă*.

Variabile. Tratarea comunicării în inter-relaţiile conştienţiale nu este o sarcină uşoară când se încearcă adunarea valorilor şi eliminarea elementelor neobservate şi neluate în considerare în diferite inter-relaţionări cotidiene. Necesitatea de a avea în vedere, în procesul comunicativ, variabile precum multidimensionalitatea şi parapsihismul a fost obiectivul şi textura capitolelor.

Calificare. Sinteza holomaturologică a cărţii poate fi exprimată astfel: comunicarea nu este suficientă, este nevoie de comunicare de calitate şi pro-evolutivă, în primul rând cu sine însuşi/însăşi şi apoi cu multiplele şi diferitele conştiinţe interlocutoare.

Maturitate. Calificarea *comunicării evolutive* este ghidată şi prin reducerea prezenţei încărcăturii emoţionale în acţiunea lingvistică realizată, moment în care conştiinţa are oportunitatea de a-şi demonstra nivelul de maturitate şi autocontrol faţă de interacţiunile şi situaţiile stresante, conflictuale şi marcant dramatice.

Afectivitate. Utilizarea unui limbaj echilibrat şi matur, realizat prin reflecţie şi gândire, nu presupune exprimarea fără manifestarea afecţiunii. Dimpotrivă, comunicologul experimentat şi asistenţial ştie să utilizeze o atitudine fraternă, prin energiile conştienţiale utilizate şi prin gesturile şi atitudinea afectuoasă.

Consolidare. Pentru o mai bună înţelegere a rolului *comunicării evolutive* în inter-relaţionări, temele abordate pot fi consolidate prin realizarea a cel puţin 7 sinteze, expuse în ordine alfabetică:

1. **Deschidere**. Abandonarea stării de închidere conştienţială şi utilizarea conştientă a *deschiderii conştienţiale* oferă un nou nivel de maturitate conştienţială.
2. **Autoexprimare**. Libera *autoexprimare*, fără ascunzişuri, represiune şi constrângere, transmite forţa prezenţială a conştiinţei sarclariste, care se manifestă cu autenticitate conştienţială.
3. Autocercetare. Investiţia în *autocercetare* aprofundează înţelegerea experienţelor proprii şi amplifică perceperea propriei *realităţi intraconştienţiale* şi, în consecinţă, amplifică

înțelegerea realităților intraconștiențiale ale interlocutorilor.

4. **Interasistență**. Comunicarea cu intenție cosmoetică și sarclaristă permeabilizează interasistențialitatea și generează intercooperarea prin dezvoltarea abilităților de a *ști să asculți* și *să vorbești* în mod teopractic, educat și atent.
5. Intercooperare. Aplicarea *comunicării evolutive* în diferite relații promovează intercooperarea și evoluția în grup, orientarea experienței către polikarmalitatea sănătoasă.
6. Pro-comunicare. Comportamentele, atitudinile și *acțiunile pro-comunicative* influențează convivialitatea sănătoasă, favorizând o construcție grupală productivă, care vizează îndeplinirea programului existențial personal și grupal.
7. **Abilități**. Crearea sau consolidarea obiceiurilor și rutinelor sănătoase conduc la practicarea unei comunicări interasistențiale și utilizarea *abilităților comunicative* ca instrument pro-evolutiv și proexologic.

Gânsenitate. O conștiință intrafizică învață cu atât mai mult cu cât se dedică propriei cercetări, își lărgește cunoștințele prin lecturi utile și productive, care îi oferă îmbunătățirea cogniției. Relațiile dintre fapte, analiza ipotezelor și înțelegerea experiențelor generează stimulii care determină rectiliniaritate în gândire, reconfigurează gânsenitatea, cu precădere trăsăturile psihosomatice.

Cunoaștere. Eliminarea frânelor evolutive și a obstacolelor în calea autoexprimării plenare a potențialului este posibilă prin auto și heterocercetare, care determină demistificarea propriilor opinii asupra cărora nu s-a reflectat și a iluziilor cronicizate pe parcursul diferitelor existențe. Această acțiune proevolutivă și pro-comunicativă permite renovarea autocunoașterii, prin înțelegerea obiectivă a faptelor și parafaptelor, precum și a comportamentelor și atitudinilor derivate din profilul personalității respective.

Interînțelegere. Studiul profilologic al conștiinței însăși și al diverselor conștiințe interlocutoare contribuie la echilibrarea dozelor cu conținut sarclarist care trebuie exprimate, atunci când este necesar. Astfel, respectul pentru nivelul evolutiv al fiecărei conștiințe este demonstrat prin răbdarea și înțelegerea limitelor sale, manifestate la respectivul stadiu evolutiv şi la nivelul său de cunoaştere şi maturitate conştienţială.

Realizare. Înaintea heteroclarificării trebuie să aibă loc autoclarificarea, proces care pentru această autoare a adus multă învăţătură privind comunicarea interconştienţială, prin creşterea înţelegerii despre interasistenţa grupală prin convivialitatea sănătoasă. Consecinţa naturală a maturizării conştienţiale dinamizează evoluţia oricărei conştiinţe intrafizice dedicate şi insistente în depăşirea trăsăturilor sale slabe, indiferent de natura lor.

Autorealizare. Împărtăşirea acestor învăţăminte cu cititorii, prin utilizarea registrului grafogânsenic, ca urmare a dobândirii unui anumit nivel de maturitate, este gratificator şi satisfăcător şi reprezintă o cucerire pentru actualul moment evolutiv şi un indicator al exprimării ideilor intermisiviste.

Temperament. Dispoziţia fiecărei conştiinţe de a se scufunda în propria realitate intraconştienţială, în căutarea propriilor *adevăruri relative de vârf*, accelerează reconfigurarea formei gânsenice personale, fiind susţinută de temperament. Ea începe prin îmbunătăţirea *comunicării evolutive*.

Propunere. Cititorii curioşi să exploreze sunt invitaţi să îndrăznească să se investigheze şi să se cunoască (*sapere audi*), cu perspicacitate şi curaj, pentru a-şi putea dinamiza evoluţia personală şi practica comunicării evolutive interconştienţiale de calitate sarclaristă.

APENDIX 1

Structură. Primele idei și conținutul din partea de început a acestei cărți au fost studiate și cercetate pornind de la 11 întrebări[29] de bază și de la răspunsurile date lor. Ele au format coloana vertebrală și au orientat cercetările despre tema centrală – *comunicarea evolutivă*:

1. **Agent.** *Cine manifestă practic comunicarea evolutivă?* Orice persoană interesată să se cunoască pe sine, să își accelereze evoluția și să își îmbunătățească modul de comunicare interconștiențială.
2. **Existență.** *Ce este comunicarea evolutivă?* *Comunicarea evolutivă* este capacitatea matură de exprimare verbală, nonverbală, scrisă, energetică și parapsihică, realizată de către conștiința conștientă de importanța evoluției sale, care caută eficiență și interasistență în dialogurile multidimensionale și vizează cu prioritate sarcina de clarificare (sarclar).
3. **Ordin.** *Unde are loc comunicarea evolutivă și cum se stabilește?* *Comunicarea evolutivă* are loc în și între diferite dimensiuni: intrafizică (conștin-conștin) și extrafizică (conștin-conștiex și conștiex-conștiex). Comunicarea se stabilește în două tipuri de interacțiuni: cu propriul microunivers intraconștiențial (soliloсviu/monolog) și cu alte conștiințe (intra și extrafizice).
4. **Timp.** *Când are loc comunicarea evolutivă?* *Comunicarea evolutivă* are loc în orice moment, din orice dimensiune (intrafizică și extrafizică).
5. **Comparație.** *Cu ce se compară comunicarea evolutivă?* Se compară cu manifestarea maximă a verbacțiunii (verb+acțiune) și a coerenței personale, realizate cu autoluciditate comunicativă de către orice conștiință

[29] Pe baza celor 11 întrebări tehnice sistematizate de Vieira (1994, p.165, 349, 391, 414, 447, 514, 596, 612, 641, 685, 702, 742) și (2003, p. 1.039, 1.072, 1.117-1.119); n.a.

aflată în proces de evoluție, fiind un pre-stagiu al conștientesei.

6. **Cauza.** *De ce se prioritizează comunicarea evolutivă?* Pentru că rezultatele obținute prin prioritizare optimizează dezvoltarea și evoluția personală, îmbunătățind capacitatea comunicativă interasistențială.
7. **Resurse**. *Cu ce resurse se realizează comunicarea evolutivă?* Principalele resurse utilizate în *comunicarea evolutivă* se bazează pe dezvoltarea *abilităților comunicative*, în special a comunicării parapsihice, pentru îmbunătățirea exprimării interasistențiale și a capacității de traducere, prin promovarea lecturii și interpretarea tiparelor gânsenice, susținute de parapercepții, erudiție, poliglotism și stăpânire energetică.
8. **Mod**. *Cum se face comunicarea evolutivă?* Prin abordarea interasistențială, utilizând un limbaj sarclarist adecvat nivelului cognitiv al interlocutorului, acordându-se prioritate intenției cosmoetice și gânsenității sănătoase în timpul inter-relaționării.
9. **Scop**. *Care este obiectivul comunicării evolutive?* Aplicarea eficace a exprimării conștiențiale prin comunicarea asertivă asistențială.
10. **Finalitate**. *La ce servește comunicarea evolutivă?* La dinamizarea evoluției care vizează acțiunea sarclaristă eficientă a conștiinței în polikarmitate, fiind unul dintre instrumentele indispensabile pentru realizarea proexisului.
11. **Cantitate**. *Cât se investește în comunicarea evolutivă?* Efortul maxim în realizarea continuă a diferitelor reciclări recin și recex inerente evoluției.

APENDIX 2

Interconexiuni. Tematica centrală a acestei cărți atinge aspecte asociate diverselor specializări ale conștientologiei, pe lângă comunicologie, conectând alte domenii și subdomenii ale studiului conștientologic. Vom lista în continuare, în ordine alfabetică, 25 de specializări, abordate într-un anumit mod pe parcursul secțiunilor și capitolelor.

01. **Adaptologie**. Primirea la resomare a unei noi some și a unei noi energosome îi oferă conștiinței intrafizice oportunitatea de a face față adaptării la noua viață intrafizică și de a reînvăța să comunice, mai ales în perioada adolescenței, când iese la suprafață subsolul conștiențial.
02. **Asistențiologie**. Procesul comunicativ interconștiențial poate fi utilizat pentru interasistență, fiind un indicator al maturității conștiențiale și al autoexprimării sarclariste.
03. **Comunicologie**. La actualul nivel evolutiv de pe planetă (Anul de referință: 2013), comunicabilitatea se află departe de conștientesă, tipul de comunicare din dimensiunile mentale, evoluate. *Potrivit* comunicologiei, *conștientesa reprezintă un proces, încă foarte obscur pentru înțelegerea umană, de captare a mesajului de comunicare interconștiențială, într-o manieră intraductibilă și inefabilă, dincolo de simboluri (simbologia), forme (morfologia), timp (cronemica) și spațiu (proxemica), cărora noi le suntem încă sclavi, în această dimensiune intrafizică de pe Terra (intrafizicologia), oxigenică, subumană sau subcerebrală. (Vieira, 2012,* verbetul *Conștientesa).*
04. **Conștientometrologie.** Conștiința intrafizică își poate măsura comunicabilitatea (comunicometrie) prin înregistrări grafogânsenice sistematice și participarea la evenimente mentalsomatice (conferințe, colocvii, forumuri, cursuri, mese rotunde, dezbateri etc.) și prin

răspunsurile date la fişele de evaluare din *Conştientogramă*, cartea profesorului Waldo Vieira. Îşi poate de asemenea verifica efectul comunicabilităţii prin rezultatele obţinute în interacţiunile cotidiene, în convieţuirea sănătoasă, contribuţia la îmbunătăţirea mediului şi în evitarea entropiilor generatoare de conflicte şi intruziuni şi prin utilizarea eficientă a comunicării în timpul dialogurilor.

05. **Conştientoterapie.** Conştientoterapeutul utilizează comunicarea evolutivă pentru sarcini de clarificare (sarclar) şi interasistenţă, contribuind la transformarea şi paraprofilaxia evolucientului[30]. Relaţia conştientoterapeut-evolucient are loc esenţialmente prin *comunicarea verbală şi parapsihică* şi acţionează asupra unor diferite patologii, inclusiv a unora legate de interlocuţiune.

06. **Conviviologie.** Comunicarea interdimensională permeabilizează viaţa cotidiană a fiecărei conştiinţe, conştiente sau nu de *posibilele* interacţiuni cu conştiinţe extrafizice (conştiex). Cercetarea variatelor nivele de convivialitate (sănătoasă sau bolnavă) ale conştiinţelor repercutează pozitiv asupra relaţiilor intrafizice, favorizând evoluţia, în general.

07. **Cosmoeticologie.** În comunicarea interasistenţială, verbacţiunea demonstrează coemoeticitatea conştiinţei, percepută şi evaluată prin rezultatele post-interacţiune.

08. **Desomatologie.** Conştiinţa închisă, nesatisfăcută de sine însăşi şi deliberat necomunicativă ar putea ca la nivel intim să îşi dorească desomarea anticipată.

[30] Evolucient (*evolu*ţie+pa*cient*) - Conştiinţa asistată proactiv care caută dezvoltarea personală şi reciclarea intraconştienţială, printr-un proces progresiv şi continuu de transformare intimă, care vizează amplificarea nivelului evolutiv şi acţionează pentru dezvoltarea potenţialului ei şi, în consecinţă, pentru îmbunătăţirea sănătăţii conştienţiale, prin autodepăşirea parapatologiilor personale. (Adaptat după Vieira, Waldo; *Proiectologia*; 2002, p.742, 1230).

09. **Experimentologie.** Experiențele pentru dezvoltarea fonoaudiologică și a dictării ajută comunicabilitatea conștiinței intrafizice lucide în sarcinile de clarificare din domeniul informațional.
10. **Grupkarmologie.** În experiența grupală, comunicarea autentică, sănătoasă și transparentă favorizează interasistența orientată către încrederea reciprocă: de exemplu, capacitatea de *a ști să vorbești* asistențial, să spui ceea ce simți și gândești, ajută la eliminarea neînțelegerilor, a greșelilor de exprimare, a incorectitudinilor, a contextelor defectuos subînțelese și a lacunelor, în scopul cooperării, coerenței și transparenței.
11. **Holomaturologie.** Comunicarea matură implică autocercetare profundă și disponibilitate constantă pentru clarificare, în aici-acum-ul multidimensional. Un cuvânt verbalizat, cu discernământ sau fără, este o acțiune inalterabilă, care nu poate fi anulată.
12. **Interactologie.** Interacțiunile sunt pivotul, contextul potrivit comunicării interconștiențiale.
13. **Intrafizicologie.** În comunicarea interconștiențială din dimensiunea intrafizică, cuvintele, semnele, discursul, limbajul și simbolurile sunt încă esențiale în actualul moment evolutiv de pe planetă (Ano-base: 2013).
14. **Mentalsomatologie.** Comunicarea la înalt și matur nivel asistențial este o acțiune mentalsomatică premeditată, rațională și realizată cu discernământ.
15. **Paracronologie.** Studiul cronemicii ajută la analizarea interlocuțiunilor și verificarea eficienței comunicative. Cu cât mai mare este înțelegerea universului intraconștiențial al interlocutorului și *timpul dedicat ascultării* conținutului mesajului, în timpul dialogului, cu atât mai productiv va fi dialogul.
16. **Parapatologie.** Tulburările de limbaj și comunicarea ineficace și patologică reflectă multiexistențele anterioare ale conștiinței, putând sintetiza trauma sau trăsăturile slabe (trasla) care trebuie tratate.

17. Paraperceptologie. Autocercetarea sinalecticii parapsihice (parapecepţiile) poate fi tradusă în cuvinte, care merită a fi înregistrate grafogânsenic într-o acţiune sarclaristă.
18. Parasociologie. În orice comunitate, intrafizică sau extrafizică avansată, comunicarea sarclaristă clarifică; dimpotrivă, bârfele alimentează informaţii anticosmoetice.
19. **Gânsenologie**. Unitatea de măsură a gânsenologiei, propusă de conştientologie, este gânsena (gând+ sentiment+energie) scrisă sau vorbită, gândită sau verbalizată, care structurează gânsenitatea conştiinţei. Igiena hologânsenică depinde de exprimarea gânsenelor sănătoase şi echilibrate, ceea ce demonstrează maturitate conştienţială. Şi mai exact, gânsena este şi unitatea de măsură a comunicării evolutive.
20. Profilologia. Studiul profilelor conştienţiale este de interes în procesul comunicativ, datorită existenţei conştiinţelor cu trăsături comunicative, dar şi anticomunicative.
21. **Psihosomatologia**. Când este predominant în discursurile conştiinţei, limbajul emoţional, cu discernământ şi cu luciditate relativ reduse revelează imaturitate şi neangajare faţă de propria evoluţie. Predominanţa încărcăturii emoţionale în comunicare îngreunează dezvoltarea mentalsomatică şi evolutivă a conştiinţei.
22. **Proexologie**. Pentru anumite conştiinţe intrafizice, cum este cazul acestei autoare, scrierea cărţilor prin clarificare grafogânsenică face prezumtiv parte din programul existenţial stabilit la cursul intermisiv. Prioritizarea acestei realizări este inteligentă, pro-comunicativă şi proevolutivă.
23. **Recexologie**. Uneori, actul comunicativ exprimat într-un cuvânt în timpul unui dialog poate declanşa o reciclare intraconştienţială (recin) şi o reciclare existenţială (recexis), atât de necesare evoluţiei conştienţiale a unuia sau a ambilor interlocutori.
24. **Resomatologie**. Pentru conştiinţele preserenissime, încărcătura informaţională adusă de către conştiinţă întârzie să fie rememorată după resomare, procesul de

recuperare a con-urilor – unitățile ipotetice de luciditate – fiind unul lent. Restrângerea intrafizică poate reprezenta pentru unii o frână comunicativă, caracteristică autismului conștiențial.

25. **Serenologia**. Ipotetic, potrivit studiilor constientologiei, scopul evolutiv al serenissimilor constă în eliberarea de legăturile cu planeta Terra și înaintarea în direcția experiențelor prin conștientesă, limbajul conștiințelor libere, și dispensarea de confor (conținut și formă).

LISTA TABELELOR ȘI FIGURILOR

Tabele

Figuri

REFERINȚE BIBLIOGRAFICE

1. ALCADIPANI, Stella. *Autocompensações afetivas x carências nas inter-relações* (*Autocompensări afective x carențe în inter-relații*). Journal of Conscientiology (Jurnalul de conștientologie). Londra: IAC, Anais da III Jornada de Saúde da Consciência (Analele celei de a treia zi a Sănătății conștiinței), trim., vol. 5, n. 20-S, 2003, p. 49-59.

2. ALMEIDA, Julio. *Qualificações da consciência* (*Calificările conștiinței*). Foz do Iguaçu: Editares, 2005, p. 128-131.

3. ARAUJO, Ane. *Coach: um parceiro para o seu sucesso* (*Antrenorul: un partener pentru succesul tău*). ed. 2. São Paulo: Gente, 1999, p. 110-115, 125 și 166.

4. AZEREDO, José Carlos de. *Gramática Houaiss da língua portuguesa* (*Gramatica Houaiss a limbii portugheze*); revizuită potrivit noii ortografii, São Paulo, Institutul Antonio Houaiss: Publifolha, 2008, p. 475.

5. BACHALLA, Anna Paula. *Resgatados da solidão absoluta* (*Ieșirea din singurătatea absolută*). Revista Veja, anul 39, n. 42, 25.10.2006, São Paulo, aprilie, 1979.

6. BALONA, Málu. *Síndrome do estrangeiro* (*Sindromul străinului*). Ed.2. rev. Rio de Janeiro: IIPC, 2000, p. 23-32, 89, 142, 179, 217, 221-223, 237, 239.

7. ______. *Autocura através da reconciliação: um estudo prático sobre a* afetividade (*Autovindecarea prin reconciliere: un studiu practic despre afectivitate*). Rio de Janeiro: IIPC, 2003, p. 25, 77, 82, 96, 97, 114-119.

8. BALTHAZAR, Alexandre et al. *A dinâmica docente em Conscienciologia aplicada* (*Dinamica predării în conștientologia aplicată*). Curitiba: IIPC, Anais da III Jornada de Educação Conscienciológica (Analele celei de a treia zi a Educației Conștientologice), vol. 7, n. 28S, 26-29 mai. 2005, p. 53-65.

9. ______. *Campos de aula e agentes de sustentação* (*Câmpurile din sala de clasă și agenții de susținere*). Curitiba: IIPC, Anais da III Jornada de Educação Conscienciológica (Analele celei de a treia zi a Educației Conștientologice), vol. 7, n. 28S, 26-29 mai 2005, p. 353-364.

10. BARBOSA, Severino Antônio M. e AMARAL, Emilia. *Redação: escrever é desvendar o mundo* (*Redactarea: a scrie înseamnă a descoperi lumea*). Campinas: Papirus, 1989.

11. BARROS, *Célia Silva Guimarães. Pontos de psicologia geral* (*Puncte din psihologia generală*). ed. 14. São Paulo: Ática, 1997, p. 116.

12. BASTIOU, Jean-Pierre. *Globe-trotter da consciência: do yoga à*

Conscienciologia (*Conștiința globe-trotter: De la yoga la conștientologie*). Rio de Janeiro: IIPC, 2002.

13. BERLO, David K. *O processo da comunicação* (*Procesul comunicării*). São Paulo: Martins Fontes, 1999.

14. BETTELHEIM, Bruno. *Na terra das fadas: análise das personagens femininas* (*În țara zânelor: analiza personajelor feminine*). 2. ed. São Paulo: Paz e Terra, Coleção Leitura (Colecția Lectura), 2007.

15. BIASO, Francisco de. *Despertar para nova dimensão: diário de experiências extracorpóreas* (*Trezirea în noua dimensiune: jurnalul experiențelor extracorporale*). Rio de Janeiro: IIPC, 1996.

16. BRAGA, Ryon. *Integração terapêutica: uma proposta transdiciplinar com base nas pesquisas da medicina e psicologia da consciência* (*Interacțiunea terapeutică: o propunere transdisciplinară în cercetarea medicinei și psihologiei conștiinței*). Curitiba: Universalista, 1995, p. 71-111. 321

17. BROWN, Rosemary. *En communication avec l'au-delà* (*Comunicarea cu lumea de dincolo*). Trad. în engleză de Florent B. Peiré. Paris: Editions J'ai lu, 1974.

18. CARVALHO, Francisco. *Autoconsciencioterapia e grupalidade (Atutoconștientoterapie și grupalitate)*. Journal of Conscientiology (*Jurnalul de conștientologie*). Londra: IAC, Anais da III Jornada de Saúde da Consciência (Analele celei de a treia zi, trim. vol. 5, n. 20-S, 2003, p. 105-116.

19. COARACY, Jael. *Tudo vai dar certo (Totul va fi bine)*. 2. ed. Rio de Janeiro: Best Seller, 2005, p. 307.

20. COVEY, Stephen. *Os 7 hábitos de pessoas altamente eficazes (7 obiceiuri de o înaltă eficacitate)*. Ed.3. São Paulo: Best Seller: FranklinCovey, 2002.

21. CUNHA, Antônio Geraldo da. *Dicionário etimológico Nova fronteira da língua portuguesa (Dicționarul etimologic – noua graniță a limbii portugheze)*. Ed2.rev. și adăugită., 16. impr., Rio de Janeiro: Nova Fronteira, 1986, p. 84.

22. DAOU, Dulce. *Autoconsciência e multidimensionalidade (Autoconștiență și multidimensionalitate)*. Foz de Iguaçu: Editares, 2005.

23. DE WAAL, Frans. *Eu, primata: por que somos como somos (Eu, primata: De ce suntem cum suntem)*. São Paulo: Companhia das Letras, 2007.

24. DORSCH, Friedrich et al. *Dicionário de psicologia (Dicționar de psihologie Dorsch)*. Ed.2, Petrópolis: Vozes, 2004, p. 531-533, 838.

25. FERNANDES, Francisco. *Dicionário de sinônimos e antônimos (Dicționar de sinonime și antonime)*. Ed. 33, rev. și adăugită; São Paulo: Globo, 1993.

26. FREUD, S. *Além do princípio de prazer (Dincolo de principiul plăcerii)*. Rio de Janeiro: Imago, 1975, p. 31.

27. ______. *Esboço de psicanálise (O privire asupra psihanalizei)*. Trad. José Octávio de Aguiar Abreu. São Paulo: Abril Cultural, 1978, p. 195-246.

28. ______. *Artigos sobre metapsicologia (Articole despre metapsihologie)*. Rio de Janeiro: Imago, 1999, p. 41-66, 102.

29. GARCIA, Othon M. *Comunicação em prosa moderna: aprenda a escrever, aprendendo a pensar (Comunicarea în proza modernă: a învăța să scrii, învățând să gândești)*. Rio de Janeiro: Fundação Getúlio Vargas, 1973, p. 291, 292, 330.

30. GAUDERER, E. Christian. *Autismo e outros atrasos do desenvolvimento: guia prático para pais e profissionais (Autismul și alte întârzieri de dezvoltare: ghid practic pentru părinți și profesioniști)*. Rio de Janeiro: Revinter, 1997, p. 3.

31. GOLEMAN, Daniel. *Inteligência emocional: a teoria revolucionária que redefine o que é ser inteligente (Inteligența emoțională: teoria revoluționară care redefinește ce înseamnă a fi inteligent)*. Trad. Marcos Santarrita. Rio de Janeiro: Objetiva, 1995, p. 111, 305-325.

32. GOSWAMI, Amit. *O universo autoconsciente: como a consciência cria o mundo material (Universul autoconștient: cum creează conștiința lumea materială)*. Trad. Ruy Jungmann. São Paulo: Aleph, 2007.

33. GRANDIN, Temple e SCARIANO, Margaret M. *Uma menina estranha: autobiografia de uma autista (O fată stranie: autobiografia unei autiste)*. São Paulo: Companhia das Letras, 1999,

34. GRICE, H. Paul. *"Lógica e conversação" (Logică și conversație)*. In: DASCAL, Marcelo (org.) Fundamentos metodológicos da linguística (Fundamente metodologice ale lingvisticii). vol. IV Campinas: UNICAMP, 1982, p. 81-103.

35. GUZZI, Flávia. *Mudar ou mudar (A schimba sau a schimba)*. Rio de Janeiro: IIPC, 1998.

36. HALL, Edward T. *A dimensão oculta (Dimensiunea ocultă)*. Rio de Janeiro: Francisco Alves, 1977.

37. HEGENBERG, Leônidas. *Saber de e saber que: alicerces da racionalidade I (A ști despre și a ști ce: fundamente ale raționalității)*. Petrópolis: Vozes, 2002.

38. HOUAISS, Antônio. *Dicionário de antônimos e sinônimos (Dicționar de antonime și sinonime)*. Rio de Janeiro: Objetiva, 2003.

39. ______. *Dicionário da língua portuguesa (Dicționarul Houaiss al limbii portugheze)*. Rio de Janeiro: Objetiva: Instituto Antônio Houaiss, 2001.

40. JAKOBSON, Roman. *Linguística e comunicação (Lingvistică și comunicare)*. São Paulo: Cultrix, s/d.

41. JUNG, C.G. *Os tipos psicológicos (Tipuri psihologice)*. 8. ed. Petrópolis: Vozes, 1991, p. 316-383, 497.

42. KILEY, Dan. *Síndrome de peter pan (Sindromul lui Peter Pan)*. Ed.8. São

Paulo: Melhoramentos, 1987.

43. KNAUS, William J. *É hora de mudar (Este momentul femeii).* Rio de Janeiro: Rocco, 1999.

44. KOCH, Ingedore G.V. *Argumentação e linguagem (Argumentație și limbaj).* 2. ed. São Paulo: Cortez, 1987.

45. KÜBLER-ROSS, Elisabeth. *A morte: um amanhecer (Moartea: un răsărit).* São Paulo: Pensamento, s/d, p. 11 e 30.

46. LOPES, Adriana. *A convivialidade madura e as interprisões grupocármicas (Convivialitatea matură și interprizonieratele grupkarmice).* Journal of Conscientiology (Jurnal de conștientologie). Londra: IAC, Anais da III Jornada de Saúde da Consciência, trim. vol. 5, n. 20-S, 2003, p. 61-74.

47. LOPES, Marta. *Potencialidades x mecanismos de defesa do ego nas relações consciencíais (Potențialele și mecanismele de apărare a egoului în relațiile conștiențiale).* Journal of Conscientiology (Jurnal de conștientologie). Londra: IAC, trim., vol. 5, n. 20-S, 2003, p. 41-47.

48. LOWEN, Alexander. *Bioenergética (Bioenergetica).* São Paulo: Summus Editorial, 1975, p. 148, 239.

49. MARCUSCHI, L. A. *Da fala para a escrita: atividades de retextualização (De la vorbă la cuvântul scris: activități de retextualizare).* 10. ed. São Paulo: Cortez, 2001.

50. MATENCIO, M. L. M. *Atividades de retextualização em práticas acadêmicas: um estudo do gênero resumo (Activități de retextualizare în practicile academice: un studiu al genului abstract).* Scripta. Belo Horizonte: PUC Minas, v. 6, n. 11, 2002, p. 109-122.

51. MAUSS, Marcel. *Sociologie et anthropologie (Sociologie și antropologie).* 4. ed. Paris: Presse Universitaires de France, 1968, p. 351.

52. MEDEIROS, Ricky. *Diante do espelho (În fața oglinzii).* 2. ed. São Paulo: Gráfica Vida e Consciência, 2005.

53. MENDONÇA, Julieta. *Manual do texto dissertativo: modo de escrita da redação científica (Manualul textului dizertativ: scrierea și redactarea științifică).* Foz do Iguaçu: Editares, 2011.

54. MIRANDA, Fernanda D. *"Autismo infantil: considerações sobre aspectos de linguagem" (Autismul infantil: considerații asupra aspectelor legate de limbaj).* In: PAIVA, Antônio Firmino de; SPINELLI, Mauro e VIEIRA, Suzana Magalhães M. (orgs.). Distúrbios de comunicação: estudos interdisciplinares (Tulburări de comunicare: studii interdisciplinare). São Paulo: Cortez & Autores Associados, Coleção Educação Contemporânea, 1981, p. 63-77.

55. MIRANDA, Hermínio C. *Autismo: uma leitura espiritual (Autismul: o*

lectură spirituală). Rio de Janeiro: Lachâtre, 2005, p. 23-36, 93.

56. MOURA, Paulo C. *O benefício das crises (Beneficiul crizelor)*. ed.2 rev. și adăugită. Rio de Janeiro: Mauad, 1995.

57. MUSSKOPF, Tony. *Autenticidade consciencial (Autenticitatea conștiențială).* Foz do Iguaçu: Editares, 2012, p. 49, 125-126.

58. NONATO, Alexandre et al. *Inversão existencial (Inversiunea existențială).* Foz do Iguaçu: Editares, 2011, p. 183.

59. PEDREIRA, Antonio. *A hora e a vez da competência emocional: levando inteligência às emoções (Timpul și locul competenței emoționale: aducând inteligență emoțiilor).* Salvador: Casa da Qualidade, 1998, p. 3857; 79-128.

60. PENTEADO, J. R. Whitaker. *A técnica da comunicação humana (Tehnica comunicării umane). Capítulo "A Arte de Escrever". (Capitolul „Arta de a scrie")* ed.5. São Paulo: Livraria Pioneira Editora, 1976, p. 54-183, 215-245, 257.

61. PERROTTI, Edna M. Barian. *Superdicas para escrever bem diferentes tipos de texto (Super-sfaturi pentru a scrie bine diferite tipuri de texte).* São Paulo: Saraiva, 2006.

62. PICHON-RIVIÈRE, Enrique. *O processo grupal (Procesul grupal).* Trad. Marco Aurélio Fernandes Vellon e Maria Stela Gonçalves. São Paulo: Martins Fontes, 2005, p. 5, 6, 14, 189.

63. PLANTIN, Christian. *A argumentação: história, teorias, perspectivas (Argumentare: istorie, teorie, perspective).* Trad. Marcos Marcionilo. São Paulo: Parábola, 2008.

64. RANGÉ, Bernard și colaboratorii. *Psicoterapia cognitivo-comportamentais: um diálogo com a psiquiatria (Psihoterapia cognitiv-comportamentală: un dialog cu psihiatrul).* 2. ed. Porto Alegre: Artmed, 2011, p. 538-550.

65. ROGERS, Carl R. *Grupos de encontro (Grupuri de întâlnire).* São Paulo: Martins Fontes, 2002, p. 52, 56, 60.

66. ROGERS, Natalie. *A mulher emergente: uma experiência de vida (Femeia emergentă: o experiență de viață).* 5. ed. São Paulo: Martins Fontes, 1990.

67. RÓNAI, Paulo. *Escola de tradutores. (Școala traducătorilor).* ed. 5 rev. și ad. São Paulo: Nova Fronteira / Pró-memória Instituto Nacional do Livro, 1987, p. 15, 53-54.

68. ROUANET, Marcelo. *A consciência multifacetada: análises transdisciplinares da evolução consciencial (Conștiința multifațetată: analize transdisciplinare ale evoluției conștiențiale).* São Paulo: Iglu, 2011.

69. RUIZ, João Álvaro. *Metodologia científica: guia para eficiência nos estudos (Metodologia științifică: ghid pentru eficiență în studii)*. ed. 3 São Paulo: Atlas, 1993, p. 34-47.

70. SACKS, Oliver. *Um antropólogo em Marte: sete histórias paradoxais (Un antropolog pe Marte: șapte istorii paradoxale)* 2. Reimp (retipărit). São Paulo: Companhia de Bolso, 2009, p. 291.

71. ______. *Vendo vozes: uma viagem ao mundo dos surdos (Auzind voci: o călătorie în lumea surzilor).* Trad. Laura Teixeira Motta. São Paulo: Companhia das Letras, 1999, p. 30, 45, 98-100.

72. SANTOS AZEVEDO, Francisco Ferreira. *Dicionário analógico da lingua portuguesa (Dicționar analogic al limbi portugheze) (ideias afins/idei conexe).* Brasília: Coordenada, 1974.

73. SEARLE, John R. *"Métodos e objeto " (Metode și obiect).* In: _____. Expressão e significado: estudos da teoria dos atos da fala. cap. I (Expresie și semnificație: studii ale teoriei acțiunilor de a vorbi). São Paulo: Martins Fontes, 2002, p. 5.

74. ______. *Mente, linguagem e sociedade: filosofia no mundo real (Minte, limbaj și societate: filosofia în lumea reală).* Trad. F. Rangel. Rio de Janeiro: Rocco, 2000.

75. SENNETT, Richard. *A corrosão do caráter. Consequências pessoais do trabalho no novo capitalismo (Corodarea caracterului. Consecințe personale ale muncii în noul capitalism).* Rio de Janeiro: Record, 2000, p. 53.

76. SENO, Ana e ROUANET, Marcelo. *Fontes e uso do poder: superação de trafares relativos a poder (Sursele și utilizarea puterii: depășirea trăsăturilor slabe legate de putere).* Conscienciologia Aplicada (Conștientologie aplicată). Domingos Martins: ARACÊ, Anais da I Jornada de Intrafisicologia. ano 04, n. 06, 2006, p. 154-161.

77. SENO, Ana. *Autoconfiança recicladora (Autoîncrederea reciclatoare).* Jornal da ARACÊ. Venda Nova do Imigrante: ARACÊ. Mensal (lunar), ano 06, n. 50, mai 2007, páginas centrais (paginile centrale).

78. SENO, Ana; ANTUNES, Gessé; BORGES, Grace Anne; SUCH, Janete; TANAKA, Olga. *Grupocarmologia: sinergia interassistencial. Conscienciologia Aplicada (Grupkarmologia: sinergia interasistențială. Conștientologie aplicată).* Domingos Martins: ARACÊ. *Anais do I Congresso Internacional de Grupocarmologia (Analele Primului Congres de grupkarmologie).* anul 08, ed07. specială, 2008, p. 178-189.

79. SENO, Ana. *Técnica do espelhamento consciencial (Tehnica oglinirii conștiențiale).* Journal of Conscientiology (Jurnal de conștientologie). Londra: IAC, ed. ediția trimestrială, în portugheză, vol. 11, n. 44, abr. 2009, p. 369-384.

80. ______. *Método de autoanálise das emoções. Conscienciologia Aplicada (Metodă de analiză a emoțiilor. Conștientologie aplicată).* Domingos Martins: ARACÊ. Anais do I Congresso Internacional de Serenologia (Analele Primului

Congres Internațional de Serenologie) e o IX Congresso Internacional de Inversão Existencial (Al IX-lea Congres Internațional de Inversiune Existențială (Cinvéxis), anul 10, n. 08, ed. specială, 2010, p. 99-112.

81. _____. *Experiências comunicativas na docência conscienciológica (Experiențe comunicative în predarea conștientologiei).* Revista de Parapedagogia (Revista de parapedagogie). Foz do Iguaçu: Reaprendentia. Anais da V Jornada de Educação Conscienciológica. ed. specială, anul 1, n. 1, 2011, p. 95-108. 325

82. _____. *Habilidades cognitivas e comunicativas na Autoconscienscioterapia (Abilități cognitive în autoconștientoterapie).* Revista Saúde Consciencial (Revista Sănătate conștiențială). Anul 1, N. 1, set. 2012. Foz do Iguaçu: Organização Internacional de Consciencioterapia (Organizația Internațională de conștientoterapie) (OIC), 2012.

83. SILVA, Roberto Epifânio da (org.) *Ativando o corpo energético (Activarea corpului energetic).* 2. ed. Londrina: Universalista, 1995.

84. SOARES, Fátima. *Dinâmica interconsciencial: o ego e o grupo (Dinamica interconștiențială: egoul și grupul).* Journal of Conscientiology (Jurnalul de conștientologie). Londra: IAC, Anais da III Jornada de Saúde da Consciência, trimestral, vol. 5, n. 20-S, 2003, p. 11-18.

85. STÉDILE, Eliane; LÜCKMAN, Mariangela și colaboratorii. *Diferenciação pensênica (Diferențierea gânsenică). Conscienciologia Aplicada (Conștientologie aplicată).* Domingos Martins: ARACÊ, ed. especial, ano 12, n. 09, 2012, p. 4-21.

86. TAKIMOTO, Nario. *Princípios teáticos da Consciencioterapia (Principiile teopractice ale conștientoterapiei*). Journal of Conscientiology (Jurnal de conștientologie). Londra: IAC, Anais da IV Jornada de Saúde da Consciência, trimestral, vol. 9, n. 33-S, 2006, p. 11-28.

87. TELES, Mabel. *Profilaxia das manipulações conscienciais (Profilaxia manipulărilor conștiențiale).* Foz do Iguaçu: Editares, 2007, p. 32-89, 184-235.

88. THIAGO, Glória. *Vivendo em múltiplas dimensões (Trăind în multiple dimensiuni).* pref. Wagner Alegretti. Rio de Janeiro: IIPC, 1999.

89. THOMAZ, Marina e PITAGUARI, Antonio. *Redação e estilística conscienciológica (Redactarea și stilistica în conștientologie).* ed. 2 Foz do Iguaçu: Editares, 2010.

90. TORNIERI, Sandra. *Técnica da qualificação do tenepessopensene pessoal (Tehnica de calificare a pentagânsenei personale).* Conscientia. Foz do Iguaçu: CEAEC, trimestral, v. 13, n. 1, ian. / mar. 2009, p. 41-52.

91. TRIVELLATO, Nancy. Editor. *Journal of Conscientiology (Jurnal de conștientologie).* Foz do Iguaçu: IAC. Anais da III Jornada de Saúde da Consciência. v. 5, n. 20, Supliment,. 2003, p. 211-227, 233.

92. VALENTE, Ivo. *Grupo: laboratório consciencial para o autoenfrentamento (Grupul: laborator conștiențial de autoconfruntare).* Journal of Conscientiology (Jurnalul de conștientologie). Londres: IAC, Anais da III Jornada de Saúde da Consciência, trimestral, vol. 5, n. 20-S, 2003, p. 117-123.

93. VICENZI, Luciano. *Coragem para evoluir (Curajul de a evolua).* pref. Málu Balona. Rio de Janeiro: IIPC, 2001, p. 79-100, 102-112, 133-148.

94. VICENZI, Siomara. *Autismo consciencial: uma proposta de abordagem conscienciológica (Autismul conștiențial: o propunere de abordare conștientologică).* Conscientia. Foz do Iguaçu: CEAEC, n. 12, v. 1, ian.-mar. 2008, p. 99-105.

95. VIEIRA, Waldo. *700 experimentos da Conscienciologia (700 de Experimente de conștientologie).* Rio de Janeiro: IIPC, 1994, p. 165, 178, 339, 348, 374, 402, 430; 542, 583, 585, 607, 668, 747.

96. _____. *Manual da tenepes: tarefa energética pessoal (Manula de penta).* Rio de Janeiro: IIPC, 1995, p. 11, 81. 326

97. _____. *Conscienciograma: técnica de avaliação da consciência integral (Conștientograma: tehnică de evaluare a conștiinței integrale).* Rio de Janeiro: IIPC, 1996, p. 92-131, 152-155.

98. _____. *Minidefinições conscienciais (Minidefiniții conștiențiale).* Rio de Janeiro: IIPC, 1996a, p. 77, 115.

99. _____. *200 teáticas da Conscienciologia (200 de Teopractici de conștientologie).* Rio de Janeiro: IIPC, 1997, p. 38, 41, 42, 56, 59, 60, 61, 65, 68, 72, 88, 100, 120, 144, 153, 160, 165, 186, 187, 189, 210, 217, 220.

100. _____. *Temas da Conscienciologia (Teme de conștientologie).* Rio de Janeiro: IIPC, 1997a, p. 60-61, 160-161, 189.

101. _____. *100 testes da conscienciometria (100 de Teste de conștientologie).* Rio de Janeiro: IIPC, 1997b, p. 162.

102. _____. *Manual da dupla evolutiva (Manualul duoului evolutiv).* Rio de Janeiro: IIPC, 1997c, p. 53, 80-81.

103. _____. *Manual da proéxis (Manual de proexis).* Rio de Janeiro: IIPC, 1997d, p. 15, 18, 42, 43, 83, 84 e 102.

104. _____. *Projeciologia: panorama das experiências da consciência fora do corpo humano (Proiectologia: o panoramă a experiențelor conștiinței în afara corpului uman)* . ed. 4. Rio de Janeiro: IIPC, 1999 [1986], p. 15, 3335, 37, 239, 338, 495, 496, 635, 636, 648, 652, 752, 781. 921.

105. _____. *Manual da redação conscienciológica (Manual de redactare conștientologică).* 2. ed. rev. Foz do Iguaçu: CEAEC, 2002, p. 82-83.

106. _____. *Homo sapiens reurbanisatus.* Foz do Iguaçu: CEAEC, 2003, p. 66, 80, 125, 157, 168, 239, 240, 242, 252, 324, 325, 326, 332, 338, 492, 507,

609, 1095, 1097.

107. ______. *Enciclopédia da Conscienciologia (Enciclopedia de conștientologie)*. 2 vol. 3. ed. Foz do Iguaçu: CEAEC & EDITARES, 2007, p. 103, 144, 405, 492, 1162, 1784.

108. ______. *Homo sapiens pacificus*. Foz do Iguaçu: CEAEC & EDITARES, ed. specială Princeps, 2007a, p. 31, 55, 162, 213, 253, 338, 433, 537, 759, 834, 997.

109. ______. *Manual dos megapensenes trivocabulares (Manual de megagânsene trivocabular)*. Foz do Iguaçu: EDITARES, 2009, p. 230, 239, 276, 296.

110. ______. *Enciclopédia da Conscienciologia (Enciclopedia de conștientologie)*. 7. ed. Foz do Iguaçu: EDITARES & COMUNICONS, versiune digitală DVD, 2012. Verbete: Aborrecimento (Dificultate), Abuso das Energias Conscienciais (Abuzul de energii conștiențiale), Acanhamento (Stânjeneala), Acompanhante Parapsíquico (Companionul parapsihic), Acrasia (Acrasia), Adversidade (Adversitate), Afetividade (Afectivitate), Adaptabilidade (Adapatabilitate), Agenda de Autopensenização (Agenda de autogânsenizare), Alexitimia (Alexitimia), Alienação (Alienare), Amimia (Amimie), Ânimo Extra (Extra curaj), Ansiedade (Anxietate), Assinatura Pensênica (Semnătură gânsenică), Ausência Energética (Absență energetică) Autofiсção (Autofoxare), Autenciclopédia (Autenciclopedia), Autenticismo (Autentism), Autexclusão Cosmoética (Autoexcludere cosmoetică), Autexpressão (Autoexprimare), Autoconsciência Verbal (Autoconștiență verbală), Autocontingenciamento (Autocontingență), Autodestravamento (Autodeblocare), Autodiscernimento Afetivo (Autodiscernământ afectiv), Autoinsegurança (Autonesiguranță), Autômato Humano (Anonimat uman), Autopatia (Autopatia), Autopesquisologia (Autocercetologia), Autorreflexão de 5 horas (Autoreflecția de 5 ore), Autovitimização (Autovictimizarea), Compensação Intraconsciencial (Compensația intraconștiențială), Consciência Gráfica (Conștiința grafică), Conscienciês (Conștientesa), Entrevista Evolutiva (Interviul evolutiv), Euforin (Euforin), Ferramenta de Comunicação (Unealta de comunicare), Frustração (Frustrarea), Hibridismo (Hibridism), Inseparabilidade Grupocármica (Inseparabilitate grupkarmică), Interação Evolutiva (Interacțiune evolutivă), Interrelações Interdisciplinares (Inter-relații interdisciplinare), Iscagem Interconsciencial (Momeala conștiențială), Limite da Autopensenização (Limita autogânsenizării), Pensene Sistemático (Gânsena sistematică), Personalidade Complexa (Personalitatea complexă), Personalismo (Personalismul), Polidez Fraterna (Politețea fraternă), Porão Consciencial (Fundamentul conștiențial), Princípio da Descrença (Principiul Neîncrederii), Principiologia (Principiologia), Prioridade da Escrita (Prioritatea scrierii), Reação Exagerada (Reacția exagerată), Realidade Intraconsciencial (Realitatea intraconștiențială), Saberes Comunicativos (Abilități comunicative), Tradução Parapsíquica (Traducerea

parapsihică), Volitolina.

111. _____. *Dicionário de Argumentos da Conscienciologia (Dicționar de argumente de conștientologie)* (DAC). (în elaborare). Verbete prezentate în tertulii ian. 2012 – ian. 2013: Anticonflitologia (Anticonflictologia), Antiequilibriologia (Antiechilibrologia), Antigargalologia (Antigargarologia), Antilinguisticologia (Antiligvisticologia), Antilucidologia (Antilucidologia), Antiaposentadoriologia (Antipensionologia), Aproveitamentologia (Avantajologia), Autopensenologia (Autogânsenologia), Interlocuciologia (Interlocuțiologia), Neocomunicologia (Necomunicologia), Silenciologia (Silențiologia), Soliloquiologia (Solilocologia).

112. VISCOTT, David. *A linguagem dos sentimentos (Limbajul sentimentelor)*. São Paulo: Summus Editorial, 1982, p. 64, 69, 72.

113. YALOM, Irvin D. *O carrasco do amor e outras histórias sobre psicoterapia (Călăul dragostei și alte istorii despre psihoterapie)*. Rio de Janeiro: EDIOURO, 2007, p. 18.

WEBGRAFIE

ALMEIDA, Marina da Silveira Rodrigues. Falar sozinho: amigo invisível ou imaginário, como isso é compreendido nas pessoas com Síndrome de Down *(A vorbi singur: prietenul invizibil sau imaginar; cum este el înțeles de către persoanele cu Sindrom Down)*. Articol. Psihologia.pt – portalul pentru psihologi. Disponibil pe: http://www.psicologia.com.pt/artigos/ver_opiniao.php?codigo=AOP0133>, accesat pe 24.03.2009.

BALONA, Málu. Síndrome do estrangeiro (SEST) síndrome de abstinência do curso intermissivo *(Sindromul Străinului (SIST, sindromul dorului de cursul intermisiv)*. Conscientia. Anais I Congresso de Verponologia (Analele Primului Congres de Aderevologie), vol. 11, S2; iul. 2007, p. 30-39. Disponibil pe <www.ceaec.org/publicações>, accesat pe 29.05.2012.

FALCONE, Eliane Mary de Oliveira et.al. Invertário de empatia (I.E.): desenvolvimento e validação de uma medida brasileira (Inventarul empatiei (IE): dezvoltarea și validarea unei măsuri braziliene). Porto Alegre: Instituto Brasileiro de Avaliação Psicológica (Institutul Brazilian de Evaluare Psihologică) & Casa do Psicólogo (Casa Psihologului), versiune on-line, semestrială, Avaliação Psicológica (Evaluarea Psihologică). n. 7, v. 3, 2008, p. 321-334. Disponibil pe: <http://pepsic.bvsalud.org/scielo.php?pid=S167704712008000300006&script= sci_abstract >, accesat pe: 20.12.2012. 328

GLOBO. Microsoft cumpără Skype pentru 8,5 mrd dolari. G1 Tehnologie și jocuri. Sursa: Reuters, publicat pe 14/10/2011. Disponibil pe: <http://g1.globo.com/tecnologia/noticia/2011/10/microsoftconcretiza-compra-do-skype-por-us-85-bilhoes.html>, accesat pe 20.05.2012.

LAGE, Amarílis. Genial la calcule, engleză trebuie să învingă barierele autismului. Folha de S.Paulo, on-line, de 10/01/2008. Disponibil pe: <http://www1.folha.uol.com.br/folha/equilibrio/noticias/ult263u361929.shtm>, accesat pe 14.08.2010.

LIMA, Thaís. Consrigidus. Conscientia. Vol.11, S2, iul. 2007, p. 93-97. Disponibil pe <www.ceaec.org/publicações>. Accesat pe: 24.07.2010.

LIMA, Thaís. Revisão e ampliação da verpon consrigidus (Revizuirea și amplificare aderev consrigidus). Conscientia. vol. 15 n. 1, ian./mar 2011, p. 120-140. Disponibil pe <www.ceaec.org/publicações>. Accesat pe 01.04.2012.

MALDOS, Paulo. Brasil: Índio Galdino, dez anos depois. (Índio Galdino, zece ani după) ADITAL. Notícias da América Latina e Caribe (Știri din America Latină și Caraibe). Publicat pe 13/04/2007. Disponibil pe: <http://www.adital.com.br/site/noticia2.asp?lang=PT&cod=2715>, accesat pe 13.12.2012.

PEEK, Kim. Biografia. Disponibilă pe: <http://pt.wikipedia.org/wiki/Kim_Peek>, accesat pe 14.08.2010.

REDACȚIA. Morreu Kim Peek, o homem que inspirou o filme 'Rain Man' (A murit Kim Peek, onul care a inspirat filmul „Rain Man”, din 22.12.2009. Revista Veja, on-line. Disponibil pe: <http://veja.abril.com.br/agencias/afp/veja-afp/detail/2009-12-22-645336.shtml>, accesat pe 14.08.2010.

REDACȚIA. Microsoft compra Skype para enfrentar Google e Apple (Microsoft cumpără Skype pentru a înfrunta Google și Apple). Newsletter al Revistei *Home Theater & Casa Digital*, ed. 175, de 12/05/2011. Disponibil pe: <http://www.htexpress.com.br/2011/25/skype.php>, accesat pe 20.05.2012.

REDACȚIA. Indiano se suicida por amor à sua vaca morta (Un indian se sinucide din dragoste pentru vaca moartă) . Notícias UOL, Nova Délhi (Índia), publicat pe 15/09/2011. Disponibil pe: <http://noticias.uol.com.br/ultimas-noticias/efe/2011/09/15/indiano-se-suicida-por-amor-a-sua-vaca-morta.jhtm>, accesat pe 15.09.2011. 329

VIEIRA, Waldo. Înregistrări audio ale verbetelor prezentate în tertulii: Abordagem da Antessala (Abordarea antecamerei), Autofícção (Autofixare), Categoria de Consciência (Categoria de conștiință), Comunicação Modular (Comunicarea modulară), Crescendo Linguística-Imagética (Crescendoul lingvistică-imagistică), Entrevista Evolutiva (Interviul evolutiv), Função do Intermissivista (Funcția intermisivistului), Incompatibilidade Intersomática (Incompatibilitatea intersomatică), Instantâneo Evolutivo (Instantaneu evolutiv), Interlocução (Interlocuțiune), Liberdade Interior (Libertate interioară), Melex Antecipada (Melex anticipat), Meta Optata, Mundo Imaginário (Lumea imaginară), Parassincronicidade (Parasincronicitate), Personalismo (Personalism), Saúde Emocional (Sănătatea emoțională), Tradução Parapsíquica (Traducerea parapsihică), Vida Intrapsíquica (Viața intrapsihică). Disponibil pe: < www.tertuliaconscienciologia.org> sau <http://www.portalcomplexis.com.br/conscienciologia>, ultima dată accesat pe 12.03.2011, sau <www.youtube.com>.

FILMOGRAFIE

Autism

Temple Grandin (*Temple Grandin*). SUA. 2010 Regie: Mick Jackson. Durată: 108 Min. Distribuție: Claire Danes, Julia Ormond, Catherine O'Hara, David Strathaim. Despre viața lui Temple Grandin, care a depășit dificultățile determinate de autism, devenind o specialistă, mondial recunoscută, în domeniul manipulării animalelor la abator, fiind, de asemenea, autoarea unor studii avansate despre autism. Scenariul urmează perioada dinaintea intrării la universitate până la recunoașterea internațională a muncii sale. Scoate în evidență abilitatea lui Grandin de a gândi în imagini și a le conecta. Prezintă relația cu 3 persoane importante pentru traiectoria sa – mătușa Anne, profesorul Carlock și, în special, relația cu mama sa, întruchipată în film de Julia Ormond. Scenariul scris de Christopher Monger și de Merritt Johnson este inspirat din cărțile autobiografice ale lui Grandin.

Gustul zăpezii (*Snow Cake*). SUA, 2006. Regie: Marc Evans; Distribuție: Sigourney Weaver, Carrie-Anne Moss, Alan Rickman, David Fox, Jayne Eastwood, Emily Hampshire, James Allod; Dramă; Durată: 112 min. Acțiunea se petrece în Canada, unde Alex, un inginer ieșit recent din închisoare după ce și-a ispășit pedeapsa pentru că ar fi omorât un bărbat, o ia la ocazie pe Vivienne. Pe drum, ei suferă un accident și fata moare. Simțindu-se vinovat, Alex o caută pe mama lui Vivienne și descoperă că aceasta era autistă și trăia singură, fără ajutorul familiei. Părinții o vizitau periodic pe autistă, dar nu este dezvăluit nimic despre sarcina ei, de care nici ea nu părea foarte conștientă. Scenariul scris de Angela Pell este inspirat din experiențele personale cu fiica sa autistă. Pentru a contura personajul Sigourney, ea s-a inspirat dintr-un caz real. Titlul original, „Prăjitură de zăpadă" face trimitere la faptul că autistei îi plăcea să mănânce zăpadă.

Rain Man *(Rain Man)*. SUA. Data: 1988. Durată: 133 min. Gen: Dramă. Limba: Engleză; & Italiană. Regia: Barry Levinson. Elenco: Dustin Hoffman; & Tom Cruise. Când tatăl lui Charlie Babbitt (Tom Cruise) moare, el își lasă averea în numerar fratelui, un „autist înțelept" (Dustin Hoffman) pe care până atunci, nici măcar Charlie nu îl cunoștea. Cei doi călătoresc prin țară, se cunosc și învață să conviețuiască. Filmul este inspirat din cazul real al autistului Kim Peek (1951-2009).

Înţelegerea autismului. Lawson, Wendy; Documentar. SUA. Durata: 54 min. Reuneşte variate mărturii ale părinţilor unor copii autişti, clarificând aspecte despre educaţie, convieţuire, terapii, inter-relaţii, abilităţi, cu scopul de a demistifica autismul. Disponibil pe: http://www.youtube.com/watch?v=vemmMQaChDQ , accesat pe 30.08.2011.

Totul pentru un fiu. Blogul scriitoarei portugheze Ana Martins; documentare depre fiul ei, Pedro, autist. Portugalia. Postate între ianuarie şi iulie 2011. Disponibil pe: http://anamartinscom.blogspot.com/p/media.html, accesat pe 30.08.2011.

Daniel Tammet. "*The Boy with the Incredible Brain*" (Băiatul cu un creier incredibil) documentar. Anglia, 2009. Durată totală: 42 min. Disponibil pe:
http://www.youtube.com/watch?v=-EmFvmRYBuQ (partea 1-a). Durată: 7 min
http://www.youtube.com/watch?v=qGkFLtwL_7I&feature=related (partea a 2-a)
Durată: 8 min
http://www.youtube.com/watch?v=o7oEdE2XjXE&feature=related (partea a 3-a)
Durată: 11 min.
http://www.youtube.com/watch?v=BWFoiay 3qJQ&feature=related (partea a 4-a)
Durată: 10 min
http://www.youtube.com/ watch?v=qMz3gjl9x-M&feature=related (partea a 5-a)
Durată: 6 min.
Sumar: documentar despre viaţa şi calităţile mnemonice ale numerelor secvenţiale ale autistului englez (1979-), considerat un savant; prezintă inclusiv întâlnirea sa cu autistul american Kim Peek (1951-2009) (portretizat în filmul *Rain Man*).

Deficienţa cognitivă

Forrest Gump: Un povestitor de istorii (*Forrest Gump*). SUA, 1994. Durată: 141 min. Regia: Robert Zemeckis. Distribuţie: Tom Hanks, Robin Wright Penn, Gary Sinise. Bazat pe romanul omonim din 1986 al scriitorului Winston Groom; filmul povesteşte istoria lui Forrest Gump, un bărbat simplu din Alabama, care călătoreşte în jurul lumii, întâlneşte figuri istorice, influenţează cultura populară şi este martor al unor evenimente istorice notorii de la a doua jumătate a secolului XX. Sunt patruzeci de ani din istoria Statelor Unite, văzute prin ochii unui copil cu un IQ sub medie, care prin concursul unor întâmplări, ajunge să participe la momente cruciale, cum ar fi Războiul din Vietnam şi Watergate.

Sindromul Străinului

Good Will Hunting. SUA, 1997. Regia: Gus Van Sant. Durată: 126 min. Distribuție: Matt Damon, Robin Williams, Ben Affleck, Stellan Skarsgard. Un tânăr de 20 de ani din Boston (Matt Damon), care trecuse deja de câteva ori pe la poliție, lucrează ca îngrijitor la o universitate. El este un geniu în matematică. Din considerente legale, el trebuie să facă terapie, dar nimic nu funcționează, deoarece ia peste picior pe toată lumea, până când se identifică cu unul dintre ei.

K-PAX – (*K-PAX Calea luminii*). SUA / Germania, 2001. Regia: Iain Softley. Durată: 120 min. Distribuție: Kevin Spacey, Jeff Bridges, Mary McCormack. Istoria unui străin misterios care provoacă convențiile și îi lasă pe toți să se întrebe dacă el este nebun sau doar de pe o altă planetă. Un străin care se autointitulează Prot (Spacey) apare de niciunde după o confuzie dintr-o gară. El afirmă că este de pe o planetă îndepărtată K-Pax și sfidează oameni de știință importanți, atrăgându-i atenția doctorului Powell (Bridges), al cărui scepticism inițial se transformă rapid în fascinație și uimire. Când Prot anunță că întoarcerea lui pe Mas, K-Pax este iminentă, se intensifică goana după răspunsuri, ceea ce ne face să conturăm ipoteze despre paraproveniența sau nebunia lui.

Omul care privește spre sud-est. (*Hombre mirando al sudeste*). Argentina. 1986. Durată: 90 min. Regia: Eliseo Subiela. Distribuție: Hugo Soto, Lorenzo Quinteros, Inés Vernengo, Rubens Correa. Doctorul Julio Denis este un medic psihiatru care lucrează într-un spital de neuropsihiatrie. Întro-zi, sosește la spital un tânăr, Rantés, care spune că este de pe o altă planetă. Doctorul îl tratează ca și cum ar fi paranoic, dar Rantés se bagă în viața lui și îl face să se îndoiască de faptul că el este realmente nebun. Cu timpul, pacientul îl ajută subtil să își schimbe stilul de viață și profesia.

Comunicarea interconștiențială

Enigma lui Kaspar Hauser (*Jeder für Sich und Gott Gegen Alle*) (traducere *mot à mot*: Fiecare pentru sine și Dumnezeu împotriva tuturor). Germania Federală, 1974. Regia: Werner Herzog; Durata: 110 min. Distribuția: Bruno S., Walter Ladengast, Brigitte Mira. Filmul este bazat pe o poveste reală. Kaspar Hauser este un tânăr care a trăit în captivitate și este găsit în 1828 în mijlocul unei piețe din Nurenberg. Societatea se organizează pentru a-l ajuta pe Kaspar, care nu putea nici măcar vorbi sau merge, dar curând se transformă într-o atracție populară. Descoperă că el a fost creat într-un loc unde nu a avut niciodată un contact vizual sau auditiv cu altcineva din specia sa. El ajunge să fie educat de un doctor și drumul său către educație aduce surprize. Hauser este o persoană liberă, nu este sclavul etichetelor şi convenţiilor, într-o lume foarte legată de protocol. Este un sălbatic drăguţ, idealizat prin romantism. Detaliu: actorul care l-a interpretat de Kasper a avut un uşor retard mental şi a fost abandonat de părinţii lui într-un orfelinat, în care a trăit 25 de ani.

Copiii unui Dumnezeu mai mic (*Children of a Lesser God*). SUA, 1986. Durată: 119 min. Regia: Randa Haines. Distribuţie: William Hurt, Marlee Matlin, John F. Cleary. Pornind de la un succes de Broadway, *Copiii unui Dumnezeu mai mic* spune povestea vieţii lui John Leeds, un profesor idealist cu deficienţe auditive şi a unei fete independente surde, Sarah. Iniţial, Leeds o consideră pe Sarah un caz provocator pentru cariera lui profesională, dar curând relaţia lor se transformă într-o poveste pasională de dragoste, care rupe bariera de tăcere care îi separa.

Pianul (*The Piano*). Australia / Franţa / Noua Zeelandă, 1993. Durată: 121 min. Regie: Jane Campion. Distribuţie: Holly Hunter, Harvey Keitel, Sam Neill, Anna Paquin. În perioada victoriană când Noua Zeelandă începuse de puţin timp să fie colonizată, Ada McGrath (Holly Hunter), o femeie care la vârsta de şase ani hotărâse să nu mai vorbească, a plecat din Scoţia către pădurile din Noua Zeelandă, pentru o căsătorie aranjată, luându-şi cu ea fiica şi pianul. Adei i-a fost imediat antipatic Stewart, soţul ei, care, pe lângă faptul că a refuzat să îi transporte pianul mult iubit, doreşte să îl vândă lui George Baines (Harvey Keitel), un administrator din regiune. Atras de Ada, Baines este de acord să returneze pianul în schimbul unor lecţii de pian. Dar aceste „ore" se transformă în întâlniri sexuale din ce în ce mai intense.

Vizitatorul. (*The Visitor*). SUA, 2007. Durata: 104 min. Regia: Thomas McCarthy. Distribuţie: Richard Jenkins, Haaz Sleiman, Danai Jekesai Gurira. Walter Vale (Jenkins), un profesor de economie din Connecticut, plictisit de viaţă şi de profesie, trebuie să meargă la New York pentru o conferinţă. El descoperă că în apartamentul lui locuia un cuplu: Tarek (Sleiman) şi Zainab (Danai), imigranţi ilegali, care trăiau în oraş. El reuşeşte să înţeleagă situaţia şi sfârşeşte prin a-i propune cuplului să locuiască în apartamentul lui. Între ei se naşte o prietenie care îl va ajuta să iasă din blocajul său şi să renunţe la ideile preconcepute. Walter Vale învaţă de la Tarek să cânte la tobă siriană şi, după ce acesta este arestat, încearcă să îl ajute împreună cu un prieten de la Poliţia de Imigrări.

Jurnalul (*The Notebook*). SUA, 2004. Durată: 121 min. Regie: Nick Cassavetes. Distribuţie: James Garner, Gena Rowlands, Rachel McAdams, Ryan Gosling, Heather Wahlquist. Într-o clinică geriatrică, Duke, unul dintre cei internați, care este într-o stare relativ bună, îi citește unei internate (într-o stare mai gravă) istoria lui Allie Hamilton (Rachel McAdams) și Noah Calhoun (Ryan Gosling), doi tineri îndrăgostiți, care se întâlniseră într-un parc de distracții, în 1940. Ei au fost separați de părinții ei, care nu au fost niciodată de acord cu relația lor, deoarece Noah era un simplu muncitor, dintr-o familie fără resurse financiare.

Scriitorii libertății (*Freedom Writers*). Germania / SUA, 2007.Durată: 122 min. Regie: Richard LaGravenese. Distribuție: Hilary Swank, Patrick Dempsey. Subiect: Erin Gruwell este o profesoară curajoasă care le oferă elevilor săi ceea ce lor le trebuie cel mai mult: o voce proprie. Profesoara va ajunge într-o școală distrusă de violență și tensiuni rasiale și va avea de-a face cu elevi, adolescenți crescuți în mediul agresivității și al armelor. Hotărăște să se lupte cu un sistem deficitar, luptând pentru ca sala de clasă să conteze în viața elevilor. Îi încurajează pe elevii considerați irecuperabili să își spună propriile povești și să îi asculte și pe alții și să se inspire de la ei. În acest fel, îl ajută pe fiecare elev să își descopere puterea toleranței, să își repare viețile stricate și să își schimbe lumea.

Dragostea de dincolo de viață (*What Dreams May Come*), SUA, 1998. Durată: 114 min. Regia: Vincent Ward. Distribuție: Robin Williams, Cuba Gooding Jr., Annabella Sciorra, Max von Sydow. Subiect: Cuplul format din Chris Nielsen și Annie suferă un șoc când cei doi fii ai lor mor într-un accident de mașină. Cu inima frântă, ei depășesc momentul, dar 4 ani mai târziu, soțul, Chris, moare și el într-un accident. Soția, traumatizată din cauza pierderilor suferite, se sinucide. Deși aceasta este axa intrigii, majoritatea scenelor se petrec într-o altă dimensiune, unde conștiințele (suflete, spirite) se duc după moarte. Caracteristicile locurilor concordă cu istoricul și modul de a gândi al personajului principal, care încearcă din răsputeri să o găsească pe soția lui, după ce află că ea s-a sinucis. Face o călătorie în încercarea de a o salva din locul în care ea se afla. Filmul prezintă imagini și peisaje ale unor locuri „gândite” de personaje, în funcție de istoriile lor și forța de legătură afectivă dintre cei doi, care depășește timpul și spațiul.

GLOSAR DE CONŞTIENTOLOGIE

A autogânseniza – Acţiunea conştiinţei de a gânseniza despre sine Sinonim cu auto-reflecţia.
Abordare conştienţială atotcuprinzătoare – Sistem de comportament individual caracterizat de principiul realizării de acţiuni conştienţiale corelate, corecte, fără a lăsa în urmă consecinţe negative sau *lacune* evolutive.
Abordare conştienţială limitată – Sistem primar de comportament individual, caracterizat prin acţiuni bazate pe acte conştienţiale minore, izolate şi cu rezultate productive sau efecte evolutive minime (Retail conştienţial).
Aderev – Neologism ce semnifică adevărul relativ de vârf, în conformitate cu paradigma conştienţială, care se opune adevărurilor absolute, observate în cadrul religiilor şi a adevărurilor relative *non-punctuale* din ştiinţele convenţionale.
Animism (latină: *animus,* alma) – Set de fenomene intra şi extracorporale produse de conştin, fără interferenţe externe, cum ar fi, de exemplu, fenomenul de proiecţie conştientă indusă prin propria voinţă.
Antigânsene (anti + gân + sen + ene) – Gânsena antagonică, comună în argumentări, omnichestionări şi dezbateri productive.
Asim (as + sim) – Asimilarea simpatică a energiilor conştienţiale (EC), prin voinţă, adesea prin decodificarea unui set de gânsene ale altei (altor) conştiinţe.
Aură orgasmică (latină: *aura,* suflare de aer) – Energia holochakrală a *facies sexualis* aparţinând bărbatului sau femeii, în momentul exact al orgasmului sau în punctul culminant al actului sexual.
Autobilocaţie conştienţială (greacă: *autos,* propriu; latină, *bis,* doi; şi *locus,* loc) – Act al proiectorului intrafizic care îşi găseşte şi îşi contemplă propriul corp uman (soma) faţă în faţă, conştiinţa sa fiind în afara lui, cu sediul în alt vehicul de manifestare conştienţială.
Autoconştientizare multidimensională (AM) – Condiţie de luciditate matură a conştiinţei în ceea ce priveşte viaţa conştientă în starea evoluată de multidimensionalitate, realizată prin PL sau proiectabilitate lucidă.
Autoconştienţialitate – Calitate a nivelului de autocunoaştere din partea conştiinţei însăşi; megacunoaştere.
Autogânsene (auto + gân + sen + ene) – Gânsenele despre conştiinţă în sine (Vezi *egogânsene*).
Autogânsenizare – Acţiunea de a autogânseniza.
Automimetism existenţial – imitarea de către conştin a propriilor manifestări sau a experienţelor trecute, fie din renaşterea intrafizică actuală, fie din existenţele anterioare.

Autoreleu conştienţial - Stare avansată în care conştiinţa evoluează, împletind o existenţă intrafizică cu alta, consecutiv (proexis conectat), asemănător verigilor unui lanţ (seriexis), în cadrul ciclului ei multiexistenţial (holobiografie).
Bază fizică – Loc sigur, ales de conştin pentru a-şi părăsi soma, inanimată sau în repaus, în timp ce ea se proiectează conştient în alte dimensiuni conştienţiale; duodrom. Hologânsenă proiectogenă de domiciliu. Este direct legată de: dormitorul blindat energetic; penta; epicon; ofiex; proiectarium; precognitarium; şi retrocognitarium.
Binomul admiraţie-discordanţă – Atitudinea unei conştiinţe intrafizice mature în ceea ce priveşte evoluţia conştienţială, care deja ştie să trăiască în coexistenţă paşnică cu o altă conştin, pe care o iubeşte şi o admiră şi, în acelaşi timp, nu este întotdeauna sau 100% de acord cu ea, cu opiniile sau poziţiile ei.
Cardiochakra (cardio + chakra) – A patra chakră de bază, agent influent în emoţionalitatea conştienţei intrafizice, vitalizator al inimii şi plămânilor.
Chakra – Nucleul sau câmpul limitator al energiei conştienţiale. Totalitatea chakrelor constituie în esenţă energosoma, paracorpul energetic care permeabilizează soma şi o uneşte cu psihosoma, acţionând ca un punct de conexiune prin care energiile conştienţiale curg de la un vehicul conştienţial la altul.
Ciclu multiexistenţial - Sistem sau condiţie de alternanţă continuă, la nivelul nostru evolutiv mediu, a unei perioade de renaştere intrafizică cu o altă perioadă post-dezactivare somatică, extrafizică sau intermisivă.
Climat interconştienţial – Condiţie de înţelegere atotcuprinzătoare şi profundă a unei întâlniri interconştienţiale, stabilite prin gânsene armonizate, în special încărcate cu energii conştienţiale. Există climate, mini-climate şi maxi-climate interconştienţiale.
Comatoză – Stare profundă de comă; expresie folosită metaforic pentru stările de inactivitate a conştiinţei. De exemplu: comatoză evolutivă, comatoză existenţială etc.
Compensare intraconştienţială – Tehnică conştientiometrică bazată pe utilizarea mai intensă a unui atribut conştienţial mai dezvoltat (trafor), pentru a lucra cu alte atribute conştienţiale mai puţin dezvoltate (trasla) din microuniversul conştiinţei intrafizice.
Complexis (compl + exis) – Starea de completitudine existenţială a proexisului conştiinţei umane.
Comunicologie – Arie sau specialitate a conştientologiei care studiază comunicabilitatea conştiinţei, de toate naturile şi formele, inclusiv comunicarea interconştienţială, între dimensiunile conştienţiale, luând în considerare proiectivitatea conştienţială lucidă şi abordările conştiinţei ca "întreg" (holosoma, holobiografie, holomemorie).

Comunitate extrafizică – Întâlnirea și viața comună a conștiințelor extrafizice într-o dimensiune extrafizică.

Con – Unitate ipotetică de măsură a nivelului de luciditate a conștiinței intrafizice sau extrafizice. Plural: con-uri. (Vezi *recuperare de con-uri*).

Concentrare conștiențială – Starea de focalizare directă, fără distrageri, a simțurilor, atributelor conștiențiale, a voinței și intenției conștiinței asupra unui singur obiect.

Confor (con + for) – Interacțiunea dintre conținut (idee, esență) și formă (prezentare, limbaj) în procesele comunicării interconștiențiale (Comunicologie).

Consener (cons + ener) – *Cons*tiința *ener*govoră, care se hrănește cu energii conștiențiale.

Consrigidus (conștiință + rigidă) – Neologism creat de Prof. Thaís Lima pentru a desemna conștin cu profil de rigiditate gânsenică.

Conștientesa – Limbaj telepatic, non-simbolic, nativ în dimensiunile conștiențiale ale societăților extrafizice foarte evoluate.

Conștientocentrism – Filosofie socială care își centrează obiectivele pe conștiință însăși și pe evoluția acesteia; specialitate a Conștientologiei denumită Conștientocentrologie, care studiază crearea și menținerea instituției conștientocentrice în maniera unei cooperative conștiențiale, în cadrul societății intrafizice conștientologice, pe baza legăturilor conștiențiale și de muncă.

Conștientogramă – Fișă tehnică de evaluare a nivelului de evoluție a conștiinței; megatest conștiențial care îl are ca model pe *Homo sapiens serenissimus,* deținător al unui cont curent egokarmic pozitiv. Instrument de bază utilizat în testele conștientometrice.

Conștientolog – Conștin implicată în studierea permanentă si experimentarea obiectivă, în domeniul cercetărilor conștientologice, ca agent de renovare evolutivă (agent retrocognitor), în munca libertariană a conștiințelor, în general.

Conștientologie – Știință care studiază conștiința în mod integral, holosomatic, multidimensional, multimilenar, multiexistențial și, mai presus de toate, în funcție de reacțiile sale la energiile imanente (EI) și la energiile conștiențiale, precum și în multiplele sale stări.

Conștientometrie – Disciplină sau domeniu care studiază măsurătorile conștientologice sau conștiința, prin resursele și metodele oferite de conștientologie, capabile să stabilească posibilele baze ale matematizării conștiinței. Instrumentul principal: conștientograma.

Conștientoterapie – Specialitate care studiază tratamentul, ameliorarea sau remisia tulburărilor conștiențiale, realizate prin resursele și tehnicile derivate din conștientologie.

Conştiex (conşti + ex) – Conştiinţa extrafizică; paracetăţeanul unei sociex. Sinonim depreciat prin utilizare: destrupat.
Conştiinţă liberă (CL) (latină: con + *scientia,* cu cunoaştere) – Conştiinţa sau mai degrabă conştiex – care s-a eliberat definitiv (prin dezactivare) de psihosomă sau paracorpul emoţional şi de legăturile cu renaşterile intrafizice; situată în ierarhia evolutivă deasupra lui *Homo sapiens serenissimus.*
Conştin (conşt + in) – Conştiinţa intrafizică; persoana umană; cetăţeana sau cetăţeanul socin. Sinonim depreciat prin utilizare: întrupat.
Continuism conştienţial – Condiţie de completitudine – fără lacune – în continuitatea vieţii conştienţiale, prin previziune providenţială şi auto-releu evolutiv, adică: amendarea necontenită a experienţei de moment la experienţele imediat precedente şi ulterioare, într-un tot coeziv şi unic, fără discontinuităţi sau experienţe conştienţiale întrerupte.
Contragânsenă (contra + gân + sen + ene) – Gânsenă intraconştienţială; respingere mentală mută; cuvânt mental; gânsenă mută; un tip de intragânsenă.
Coronochakră (coroana + chakra) – Chakra zonei sinciput (creştetul capului), coroana energosomei.
Cosmoconştienţă – Starea sau percepţia interioară de conştienţă a cosmosului, a vieţii şi a ordinii Universului, într-o exaltare intelectuală şi cosmoetică imposibil de descris, atunci când conştiinţa simte prezenţa vie a Universului şi devine una cu el, într-o unitate indivizibilă. Există comunicare interconştienţială în această condiţie specială.
Cosmoetică (cosmo + etica) – Etica sau reflecţia asupra moralei cosmice, multidimensionale, care defineşte holomaturitatea şi se situează dincolo de moralitatea socială intrafizică, adică de cea care se prezintă sub orice etichetă umană. Este o specialitate a conştientologiei.
Cosmoeticitate – Calitatea cosmoetică a conştiinţei.
Creierul abdominal (Vezi *sub-creierul abdominal*).
Cuplarea aurică – Interfuziunea energiilor holochakrale dintre două sau mai multe conştiinţe.
Curs intermisiv – Ansamblu de discipline şi experienţe teopractice, administrate conştiinţei extrafizice, după un anumit nivel evolutiv, în perioada de intermisiune conştienţială, în cadrul ciclului său de existenţe personale, vizând completismul conştienţial (complexis) în următoarea viaţă intrafizică.
Desomare (de + soma + re) – Dezactivarea somatică viitoare şi inevitabilă, la care sunt supuse toate conştiinţele intrafizice; proiecţia finală; prima moarte; moartea biologică; monotanatoza. Desomarea (pur şi simplu) sau prima desomare este dezactivarea corpului uman sau a somei. A doua desomare este dezactivarea energosomei. A treia desomare este dezactivarea psihosomei.

Desomatică – Studiul contextelor fizice ale desomării și al contextelor psihologice, sociale și medico-legale legate de dezactivarea somei. Este o specialitate a conștientologiei.
Despert (des + per + t) – Ființa intrafizică sau conștin dezintruzată permanent și total, pe deplin conștientă de calitatea sa de desperticitate.
Desperticitate – Calitatea conștiențială a fi despert.
Dezasim (dez + asim) – Dezasimilarea simpatetică a EC exercitată prin impulsul voinței, de obicei prin SV.
Dezechilibru holochakral – Starea de dizarmonie a uneia sau mai multor chakre ale energosomei (corpul energetic).
Dialog-dezinhibat (DD) – Modalitatea de comunicare între partenerii duo-ului evolutiv, care acordă prioritate dialogului matur, sănătos, lipsit de inhibiții, când abordează orice subiect, de ordin afectiv, sexual și mentalsomatic, legat de ei doi.
Diferențiere gânsenică – Acțiune gânsenică a conștienței intrafizice care constă în diferențierea gânsenelor proprii de heterogânsene, în interacțiunile conștiențiale multidimensionale, continue, dintre conștiințele intrafizice, conștiințele extrafizice și hologânsene.
Dimener (dime + ener) – Dimensiunea energetică a conștiințelor; dimensiunea energosomatică; dimensiunea trei și jumătate. Dimensiunea naturală a energosomei.
Discoincidență trează – Stare parapsihică a conștiinței proiectate care, în plină trezire fizică obișnuită, își percepe psihosoma în discoincidență sau nu se simte complet integrată în soma, ceea ce generează intensificarea parapercepțiilor și a fenomenelor energetice și parapsihice.
Duo evolutiv – Două conștiințe care interacționează pozitiv în evoluția comună; condiție existențială de intercooperare evolutivă în doi.
Egogânsenă (ego + gân + sen + ene) – Sinonimă cu autogânsena; unitatea de măsură a egoismului conștiențial, conform conștientologiei sau mai exact, conștientometriei.
Egokarma (ego + karma) – Principiul cauzei și efectului, activ în evoluția conștiinței, atunci când aceasta este centrată exclusiv pe sine. Stare de liber arbitru blocată în egocentrismul infantil.
Energie conștiențială (EC) – Energia imanentă pe care conștiința o folosește în manifestările sale în general; *ene* al gânsenei.
Energie imanentă (EI) – Energia primară, vibratorie, esențială, multiformă, impersonală, difuză și dispersată în toate obiectele sau realitățile Universului, într-un mod omnipotent, încă neîmblânzită de conștiința umană și prea subtilă pentru a fi descoperită și detectată de instrumentele și tehnologiile actuale.
Energosoma – Paracorp energetic al conștiinței umane, numit și holochakra.

Epicon (epi + con) – Epicentru conştienţial; conştin cheie a epicentrismului operaţional, care devine un punct de sprijin al lucidităţii, asistenţei şi constructivităţii interdimensionale, prin ofiex. Este în legătură directă cu penta, sarcina energetică personală.
Era conştienţială – Cea în care conştiinţele intrafizice de nivel mediu vor fi suficient de evoluate, ca urmare a impacturilor, redefinirilor şi revoluţiilor determinate de experienţa proiectabilităţii lucide (PL), astfel ele reuşind să implementeze prioritatea autoconştienţialităţii
Euforin (eufor + in) – Condiţie de euforie intrafizică, manifestată înainte de dezactivarea somatică, generată de împlinirea rezonabilă a proexisului; euforie pre-mortem. Condiţie ideală care predispune la morexis pozitiv.
Evoluţiolog – conştiinţă care ajută la coordonarea inteligentă a proexisului (programarea existenţială) sau la evoluţia conştienţială a uneia sau mai multor conştiinţe din acelaşi grup karmic. Expresie mai potrivită decât cea de orientator evolutiv.
Evoluţiologie – Specialitate a conştientologiei care studiază evoluţia conştiinţei abordate într-un mod integral, la un nivel înalt; specialitate atribuită în mod specific evoluţiologului sau orientatorului evolutiv.
Existenţă blocată – Viaţa umană lipsită de proiecţii lucide; viaţa umană troposferică, numai cu proiecţii inconştiente, vegetative, caracteristice stării de paracomatoză evolutivă.
Experienţă personală – Experienţa practică, personală, directă, netransferabilă a conştin, pe calea sa evolutivă.
Extrafizic – Referitor la ceea ce se află în afara sau dincolo de starea intrafizică sau umană; stare conştienţială mai puţin fizică decât cea în soma.
Fenomen parapsihic – Orice apariţie extrafizică percepută de o conştiinţă intrafizică, care folosindu-şi holosoma, îşi depăşeşte percepţiile provenite de la cele 5 simţuri umane.
Fenomen proiectiv – Apariţie parapsihică specifică domeniului de cercetare al Proiectologiei.
Gânsenă (gân + sen + ene) – Unitatea de manifestare practică a conştiinţei, conform conştientologiei, care ia în considerare gândul sau ideea (concepţia), sentimentul sau emoţia şi EC (energia conştienţială) împreună, în mod indisociabil.
Gânsenitate – Calitatea conştiinţei gânsenice a cuiva.
Gestaţie conştientală – Productivitate evolutivă, utilă a conştiinţei umane, privind lucrările personale programate în proexis.
Ginogânsene (gino + gân + sen + ene) – Gânsena specifică limbajului şi comunicabilităţii feminine.

Ginosoma (gino + soma) – Corpul uman feminin sau specific femeii, specializat în reproducerea animală a vieții intrafizice a conștiinței intrafizice; corpul afrodisiac.
Grafogânsenă (grafo + gân + sen + ene) – Semnatura gânsenica a conștiinței umane sau intrafizice.
Grupalitate – Calitatea grupului evolutiv al conștiinței; stare a evolutivității în grup.
Grupkarma (grup + karma) – Principiul cauzei și efectului, activ în evoluția conștiinței, atunci când aceasta este centrată pe grupul evolutiv. Starea de liber arbitru individual, atunci când se referă la legătura cu grupul evolutiv.
Grupogânsenă (grup + gân + sen + ene) – Gânsena sectariană, corporatistă și antipolikarmică; totuși, grupogânsenele pot fi și constructive.
Halucinație (latină: *halucinari*, a greși) – Perceperea aparentă a unui obiect extern care nu este prezent în momentul respectiv; eroare mentală de percepție a simțurilor, fără fundament într-o realitate obiectivă.
Helper – Conștiex helper al unei conștiințe intrafizice sau a mai multor conștiințe intrafizice; binefăcător extrafizic. Expresii echivalente, arhaice, uzate și depreciate prin utilizare continuă: înger de pază; înger păzitor; înger de lumină; ghid; mentor.
Heterogânsenă (hetero + gân + sen + ene) – Gânsena altora în raport cu noi.
Hipnagogie (greacă: *hypnos*, somn; și *agogós*, conductor) – Stare crepusculară de tranziție a conștiinței între starea de veghe fizică obișnuită și starea de somn natural. Este o stare modificată de conștiență.
Hipnopompie (greacă: *hypnos*, somn; și *pompikós*, procesiune) – Stare de tranziție de la somnul natural la starea de veghe fizică, în semi-somnul care precede trezirea, caracterizat prin imagini onirice, cu efecte auditive și viziuni halucinatorii care subzistă după trezire. Este o stare modificată de conștiență.
Holochakralitate – Calitatea manifestărilor conștiinței intrafizice derivate din holochakră, corpulul energetic sau energosomă.
Holochakră (holo + chakra) – Sinonim cu energosoma, adică corpul energetic al conștiinței umane.
Hologânsenă (holo + gân + sen + ene) – Gânsene agregate sau consolidate. Sinonim depreciat prin utilizare: egregor. Acest cuvânt generează o rezistență pe scară largă din partea cititorilor serioși ai științelor.
Hologânsenă de domiciliu – Bază fizică; alcov ecranat energetic; ofiex.
Holokarmă (holo + karma) – Întâlnirea celor 3 tipuri de acțiuni și reacții conștiențiale – egokarma, grupkarma și polikarma – în cadrul principiilor cauzei și efectului, active în evoluția conștiinței.
Holomaturitate (holo + maturitate) – Stare de maturitate integrată – biologică, psihologică, holosomatică și multidimensională – a conștiinței umane.

Holomemorie (holo + memorie) – Memoria personală, cauzală, compozită, multimilenară, multiexistențială, implacabilă, neîntreruptă, care păstrează toate faptele legate de conștiință; multimemorie; polimemorie.
Holosomatică – Studiu specific al holosomei. Este o specialitate a conștientologiei.
Holosomă (holo + soma) – Set de vehicule de manifestare a conștiinței. Pentru conștin: soma, energosoma (holochakra), psihosoma și mentalsoma; pentru conștiex: psihosoma și mentalsoma.
Homeostaza holosomatică – O stare integrată, sănătoasă de armonie holosomatică.
Homo sapiens serenissimus – Conștiința atunci când experimentează pe deplin starea de serenitate lucidă. Sinonim popular: Seren.
Incomplexis (in + comple + exis) – Condiția existențială a proexisului incomplet al conștiinței umane.
Instituție conștientocentrică – Instituție care își concentrează obiectivele asupra conștiinței în sine și a evoluției sale, în maniera Institutului Internațional de Proiectologie și Conștientologie (IIPC); cooperativă conștiențială, în cadrul Socin Conștientologice, bazată pe legături de angajare și conștientizare.
Interfuzie holosomatică – Stare a de asimilare simpatetică maximă dintre două conștiințe.
Intermisibilitate – Calitatea perioadei intermisive a unei conștiințe.
Intermisiune – Perioada extrafizică a conștiinței, între două renașteri intrafizice.
Intermisiune post-somatică – Perioada extrafizică a conștiinței imediat după dezactivarea sa somatică.
Intermisiune pre-somatică – Perioada extrafizică a conștiinței înainte de renașterea sa intrafizică.
Interprizonierat grup karmic – Stare de inseparabilitate karmică de grup a principiului conștiențial evolutiv sau al conștiinței.
Intraconștiențialitate – Calitatea manifestărilor specifice intimității conștiinței.
Intrafizicalitate – Stare a vieții intrafizice, umane sau a existenței conștiinței umane.
Intruziune – Asediu gânsenic interconștiențial, boală. Expresie echivalentă, anacronică: obsesie; există numeroase conștiințe intrafizice care se apără împotriva acestui cuvânt.
Intruziune energetică – Invadarea unei conștiințe de către alta prin intermediul energiilor conștiențiale sau energosomei.
Intruziune gânsenică – Invadarea unei conștiințe de către alta prin intermediul mentalsomei.

Intruziune holochakrală – Invadarea unei conştiinţe intrafizice de către alta prin intermediul energosomei; intruziune energetică.
Intruziune interconştienţială – Acţiune exercitată de o conştiinţă asupra alteia.
Intruziune mnemonică – Coliziunea memoriei intruzive a unei conştiinţe extrafizice intruzive asupra memoriei cerebrale sau biomemoriei unei conştiinţe intrafizice intruzate (para-amnezie).
Intruziunea holosomatică – Invadarea unei conştiinţe de către alta prin întreaga holosoma.
Intruziunea psihosomatică – Invadarea unei conştiinţe de către alta prin emoţionalitate sau prin psihosoma.
Încapsularea parasanitară – Izolarea asistenţială şi anularea energetică temporară a manifestărilor gânsenice – în special energetice, intruzive sau asediatoare – ale uneia sau mai multor conştiinţe, intrafizice şi/sau extrafizice, bolnave, realizată asemănător izolărilor sanitare existente în spitalele de boli infecto-contagioase cu internaţi cu potenţial ridicat de contaminare radioactivă sau toxică.
Laboratorul Radical de Euristică *(Serenarium)* – Este baza fizică adecvată pentru imersiunea, internarea voluntară şi concentrarea experimentatorului, timp de 3 zile, în stare de izolare intrafizică. Scopul este de a înţelege profund ideile originale despre evoluţie însăşi. Laboratorul dispune de un mediu pentru aplicarea unei metode analitice care vizează descoperirea adevărurilor relative de vârf (verpon), pornind de la rădăcina faptelor.
Legătură conştienţială – Legătură cosmoetică, auto-lucidă, voluntară şi polikarmică dintre colaborator şi o instituţie. Legătura conştienţială se situează dincolo de legătura de angajare.
Liberate energosomatică – Condiţie a libertăţii relative de acţiune a corpului energetic al conştiinţei intrafizice, în raport cu psihosoma şi soma.
Matergânsenă (mater + gân + sen + ene) – Ideea-mamă sau matricea unei întregi teze, teorie sau eseu, laitmotivul, pilonul principal sau gânsena predominantă într-o hologânsenă.
Maturitate integrată – Cea mai evoluată stare de maturitate conştienţială, dincolo de maturitatea biologică sau fizică şi de maturitatea mentală sau psihologică; holomaturitate.
Maxifraternitate – Stare interconştienţială, universalistă, evoluată, bazată pe fraternitatea pură a conştiinţei auto şi heteroiertătoare, un scop inevitabil în evoluţia tuturor conştiinţelor. Sinonim: megafraternitate.
Melex (mel + ex) – Stare de melancolie extrafizică, post somatică sau *post-mortem;* paramelancolie.
Melin (mel + in) – Stare de melancolie intrafizică sau pre-mortem.

Mentalsoma (mental + soma) – Corpul mental; paracorpul discernământului conştiinţei. Plural: mentalsome.
Microunivers conştienţial – Conştiinţa considerată *per se,* ca întreg, cuprinzând toate atributele, gânsenele şi manifestările sale, care se manifestă în evoluţia sa. Microcosmosul conştiinţei se află în relaţie cu macrocosmosul universului.
Minigânsenă (mini + gân + sen + ene) – Gânsena specifică copilului, uneori ca o funcţie a creierului încă în curs de dezvoltare.
Monogânsenă (mono + gân + sen + ene) – Gânsena repetitivă; monoideismul; ideea fixă; ecoul mental; regânsena.
Morexis (mor + exis) – Stare de moratoriu existenţial sau o completare a vieţii intrafizice, acordată anumitor conştine, în funcţie de meritul lor holokarmic. Morexisul poate prezenta o bază deficitară – minimorexis sau de surplus – maximorexis, în ceea ce priveşte rezultatele proexisului.
Morfogânsenă (morfo + gân + sen + ene) – Gândul sau setul de gânduri, atunci când sunt adunate împreună şi exprimate într-o anumită formă. Expresie arhaică, acum desuetă: formă-gând. Acumularea de morfogânsene constituie o hologânsenă.
Neîncredologie – Specialitate a conştientologiei care studiază procesele mentalsomatice de infirmare a ideilor, în diferitele situaţii şi dezbateri, prin ancorarea în *Principiul neîncrederii.*
Neofilie – Adaptarea uşoară a conştiinţei la situaţii, lucruri şi evenimente noi. Opusul neofobiei.
Neogânsenă (neo + gân + sen + ene) – Gânsenele conştiinţei intrafizice, atunci când se manifestă prin noi sinapse sau conexiuni interneuronale, capabile să creeze recin sau reciclare intraconştienţială; unitatea de măsură a reînnoirii conştiinţei, conform Conştientologiei sau, mai adecvat, Conştientometrologiei.
Ofiex (ofi + ex) – Atelier extrafizic al epiconului intrafizic (practicant penta). Caracteristicile şi facilităţile extrafizice ale ofiexului sunt multiple şi uluitoare. O hologânsenă domiciliară.
Orientator evolutiv – Conştiinţă care ajută la coordonarea inteligentă a proexisului sau a evoluţiei conştienţiale a uneia sau mai multor conştiinţe, aparţinând aceluiaşi grup karmic. Stare evolutivă între fiinţa despertă şi Serenissimus. Sinonim cu evoluţiologul.
Ortogânsenă (orto + gân + sen + ene) – Gânsena dreaptă sau cosmoetică, proprie holomaturităţii conştienţiale; unitatea de măsură a cosmoeticii practicate, conform Conştientometrologiei.
Pangrafie – Scriere parapsihică multimodală, cuprinzătoare şi sofisticată.
Para – Prefix care înseamnă dincolo, alături de, ca de exemplu, paracreier. Înseamnă şi extrafizic.

Paracomatoză conștiențială – Stare de comă extrafizică a conștiinței intrafizice, care atunci când este proiectată, rămâne invariabil inconștientă și, prin urmare, fără amintiri din extrafizic.
Paracreier – Creierul extrafizic al psihosomei conștiinței aflate în stare extrafizică (conștiex), intrafizică (conștin) și conștin proiectată în psihosoma.
Paradigmă conștiențială – Teoria principală a conștientologiei, fundamentată pe conștiința însăși.
Parafiziologie – Fiziologia vehiculelor de manifestare a conștiinței, exclusiv corpul uman sau soma. Este o specialitate a conștientologiei.
Paragânsenă (para + gân + sen + ene) – Gânsena specifică conștiinței extrafizice (conștiex).
Paragenetică – Genetica atașata moștenirilor conștiintei, prin intermediul psihosomei, din viața anterioară embrionului uman. Este o specialitate a conștientologiei.
Parapatologie – Patologia vehiculelor de manifestare a conștiinței, exclusiv cele ale corpului uman sau somei. Este o specialitate a conștientologiei.
Patogânsenă (pato + gân + sen + ene) – Gânsena patologică sau amenția conștiențială; păcatul mental; voința patologică; intenția nesănătoasă; ruminația cerebrală.
Penta – Sarcină energetică personală, zilnică, multidimensională, realizată cu asistența permanentă a helperilor, pe termen lung sau pentru tot restul vieții intrafizice. Expresie populară: pase în întuneric.
Polikarmă (poli + karma) – Principiul cauzei și efectului, activ în evoluția conștiinței, atunci când este concentrat pe sensul și experiența maxifraternității cosmice, dincolo de egokarma și grupkarma.
Pre-serenissimus – Conștin sau conștiex care nu trăiește încă serenitatea lucidă. Feminin: pre- serenissima.
Precognitarium – Baza fizică, pregătită din punct de vedere tehnic pentru producerea de proiecții conștiente (PC) precognitive.
Precogniție (latină: *pre,* înainte; *cognoscere,* a cunoaște) **extrafizică** – Facultate perceptuală prin care conștiința, pe deplin proiectată în afara corpului uman, ajunge să cunoască fapte nedeterminate, inclusiv obiecte, scene și forme îndepărtate, din viitor.
Primogânsenă (prim + gân + sin + ene) – Cauză primară a Universului; primul gând format. Acest cuvânt nu are plural.
Principii personale – Set de valori și inițiative care ghidează viața conștientă, aleasă de conștiință, bazată pe holomaturitate, multidimensionalitate și cosmoetică experimentată.
Proexis (pro + exis) – Programarea existențială specifică fiecărei conștiințe intrafizice, în existența sa intrafizică.

Proiectabilitatea lucidă (PL) – Calitate parafiziologică, proiectivă, lucidă, a conştiinţei capabile să producă discoincidenţa vehiculelor sale de manifestare sau să iasă din starea de aliniere a holosomei, prin impulsul voinţei sale.
Proiectarium – Baza fizică pregătită din punct de vedere tehnic pentru producţia de proiecţii lucide.
Proiectografie – Studiu tehnic al înregistrărilor proiectologice. Este o specialitate a conştientologiei.
Proiectologie (latină : *projectio,* proiecţie; greacă: *logos,* tratat) – Ştiinţă care studiază proiecţiile conştiinţei şi efectele sale, inclusiv proiecţiile EC (energiilor conştienţiale) din holosoma. Este o specialitate a conştientologiei.
Proiecţie conştientă (PC) – Proiecţia conştiinţei intrafizice dincolo de soma; experienţă extracorporală.
Proiecţie conştientă asistată – Cea în care conştin este asistată în timpul experimentului direct de un helper, aproape întotdeauna un expert în proiectabilitate lucidă (PL).
Proiecţie semiconştientă (PSC) – Experienţă onirică în care conştin proiectată este parţial lucidă, într-un mod dezordonat. Nu este o proiecţie conştienţială ideală; visare lucidă.
Psihosomă (greacă: *psyckhé,* suflet; *soma,* corp) – Paracorpul emoţional al conştiinţei; corpul obiectiv al conştin.
Purtător de asistaţi – Stare a conştiinţei intrafizice (conştin) de a purta în psihosfera sa, pentru un anumit timp, conştiinţe extrafizice momeală sau aduse de helperi ca urmare a afinităţii gânsenice între conştin şi asistat sau vreunei istorii pluriexistenţiale comune. În general, conştiinţele intrafizice aflate în situaţia de purtător de asistaţi îndeplinesc un rol asistenţial împreună cu helperii extrafizici.
Recexibilitate – Capacitatea de realizare intrafizică a recexisului.
Recexis (rec + exis) – Tehnica de reciclare existenţială, efectuată de conştiinţa umană.
Reciclator existenţial – Conştin care este dispusă să execute recexisul.
Recin (rec + in) – Reciclarea intrafizică, existenţială, intraconştienţială sau reînnoirea creierului conştienţei intrafizice prin crearea de noi sinapse sau conexiuni interneuronale, capabile să permită ajustarea proexisului, executarea recexisului, invexisului, dobândirea de idei noi, neogânsene, hipergânsene şi alte realizări neofile ale conştiinţei umane auto-motivate.
Recuperarea de con-uri – Abilitatea conştin de a-şi aminti cunoştinţele, talentele, atributele, faptele şi parafaptele experimentate, stocate în holomemoria conştiinţei.
Regânsenă (re + gân + sen + ene) – Gânsena repetată. Sinonimă cu monogânsena, ideea fixă sau monoideismul.

Resoma (re + soma) – Renașterea, obținerea unui nou corp fizic, pentru o nouă viață intrafizică.
Retrocognitarium – Baza fizică pregătită din punct de vedere tehnic pentru producerea de proiecții conștiente retrocognitive.
Retrocogniție (latină: *retro,* în spatele; *cognoscere,* a cunoaște) – Facultatea perceptuală prin care conștin ajunge să cunoască fapte, scene, forme, obiecte, succese și experiențe aparținând trecutului îndepărtat, în mod obișnuit legate de holomemoria sa.
Retrogânsenă (retro + gân + sen + ene) – Gânsena specifică auto-retrocognițiilor; la fel ca engrama din mnemotehnică; unitatea de măsură a retrocognițiilor, conform Conștientometriei.
Robexis (rob + exis) – Robotizare existențială; condiție a conștienței intrafizice troposferice, excesiv înrobite de intrafizicalitate sau de cele patru dimensiuni.
Sarclar (sar + clar) – Sarcină de clarificare, asistență avansată, personală sau de grup. Plural: sarcini de clarificare.
Sarcon (sar + con) – Sarcină de consolare, asistență primară, personală sau de grup.
Seducție holochakrală – Acțiune energetică cu intenție de dominație, mai mult sau mai puțin conștientă, a unei conștiințe asupra alteia (altora).
Seren – Numele popular al lui *Homo sapiens serenissimus.*
Serenarium – V. Laboratorul Radical de Euristică.
Serenism – Referitor la Serenissimus.
Serialitate – Starea conștiinței supuse seriexis-ului.
Seriexis (seri + exis) – Serializare existențială evolutivă a conștiinței; existențe succesive; renașteri intrafizice în serie.
Sesiuni sexosomatice – Activitățile care implică soma sexelor. Actul sexual.
Sexosoma (sex + soma) – Soma din perspectiva specifică a sexului.
Sexosomatică – Studiul specific al somei cu privire la sexul său sau sexosoma și relațiile sale cu conștin, bărbat sau femeie. Este o specialitate a conștientologiei.
Sinalectică parapsihică – Existența, identificarea și utilizarea conștientă a semnelor energetice, sufletești, parapsihice și foarte personale sau a celor pe care fiecare conștin le are. Sinonim cu sinalectica energetică
Sociex (soci + ex) – Societate extrafizică sau societatea conștiințelor extrafizice. Plural: sociexe.
Socin (soci + in) – Societatea intrafizică sau cea a conștiințelor intrafizie; societatea umană. Plural: socine.
Soma – Corpul uman; corpul individului, regnului animal, încrengătura *Cordata,* clasa *Mamifere,* ordinul *Primate,* familia *Hominidia,* genul *Homo,* specia *Homo sapiens*, cel mai înalt nivel de animal de pe această planetă; în ciuda celor de mai sus, vehiculul cel mai rustic al holosomei conștiinței umane.

Somn – Stare naturală de repaus, la om și la animalele superioare, care se caracterizează, în special, prin suprimarea normală și periodică a activității perceptuale, a activității motorii voluntare și a vieții de relație, prin relaxarea simțurilor și a mușchilor, prin scăderea frecvențelor circulatorii și respiratorii, precum și prin activitatea visului în timpul căruia organismul se recuperează după oboseală.
Starea vibrațională (VS) – Condiție tehnică de dinamizare maximă a energiilor energosomei, prin impulsul voinței.
Subcreier abdominal – Ombilicochakra, centrul energiei conștiențiale de deasupra ombilicului, aleasă inconștient de către conștin cu evoluție încă mediocră, ca sediu al manifestărilor sale. Creierul abdominal, pseudo-creierul abdominal sau subcreierul abdominal este eminența cenușie a creierului natural, encefalic (coronochakra și frontochakra); un obstacol fără temei pentru autoevoluția conștientă.
Subsol conștiențial – Faza de manifestare a conștiinței intrafizice copil și adolescent, până la atingerea perioadei de maturitate, caracterizată prin predominanța celor mai primitive trăsături ale conștiinței multivehiculare, multiexistențiale și multimilenare.
Teopractică (teo + practica) – Experiența reunită a teoriei și practicii, aplicată de către conștin sau conștiex.
Trafor (tra + for) – Trăsăturile forte ale personalității conștiente; componentă pozitivă a structurii microuniversului conștiențial care conduce evoluția conștiinței.
Trasla (tra + sla) – Trăsătură slabă a personalității conștiinței; componentă negativă a structurii microuniversului conștiențial, pe care conștiința încă nu a putut-o elimina sau îndepărta până la momentul respectiv.
Triînzestrare conștiențială – Calitatea celor mai utile 3 talente pentru un conștientolog: intelectualitate, parapsihism și comunicabilitate; tridotarea conștiențială.
Universalism – Un set de idei derivate din universalitatea legilor fundamentale ale naturii și universului care, prin evoluția naturală a conștiinței, devine în mod inevitabil filosofia sa dominantă; cosmism.
Vehicul al conștiinței – Instrument sau corp prin care conștiința se manifestă în intrafizicalitate (conștin) și în dimensiunile extrafizice (conștiex și conștin proiectate).
Verbacțiune (verb + acțiune) – Interacțiunea practică a verbului cu acțiunea, în comportamentul coerent al conștiinței; rezultatul cuvântului ratificat, de exemplu, prin mărturiile trăite de conștin.
Vis – Este o stare conștiențială naturală intermediară între starea de veghe fizică obișnuită și somnul natural, caracterizată printr-un set de idei și imagini care i se prezintă conștiinței. Visul tulburător, care are ca efecte agitația, angoasa și

opresiunea în timpul desfăşurării sale, se numeşte: coşmar; teroare nocturnă; halucinaţie de coşmar.

Vis diurn – Intrigă fantezistă creată de imaginaţie în timpul stării fizice obişnuite de veghe a conştiinţei umane.

Volitologie – Specialitate a conştientologiei, care studiază voinţa conştiinţei, studiul voinţei conştiente.

Xenogâsenă (xeno + gân + sen + ene) – Gânsena intruzivă a intruderului, în cazul intruziunii sau hărţuirii gânsenice; pana mentală; unitatea de măsură a asediului interconştienţial, conform conştientometriei.

Zoogânsenă (zoo + gân + sen + ene) – Gânsena animalului subuman, fără conştiinţă de sine; unitatea de măsură a principiului conştiinţei animalului subuman, conform conştientometriei.

INDEXUL ALFABETIC

INDEXUL TERMENILOR STRĂINI

INDEX ONOMASTIC

AUTORUL

ANA SENO este licenţiată în Litere şi Limbi – portugheză, spaniolă şi franceză şi are master în lingvistică. Este profesoară, revizoare şi traducătoare. Este cercetătoare în conştientologie din 1995 şi profesoară de conştientologie din 2005. Este practicantă penta din 2002. Este specialistă în comunicologie şi conştientografologie.

A publicat mai multe articole ştiinţifice aparţinând domeniilor autocercetării şi comunicării. Este autoare de verbete în *Enciclopedia de Conştientologie.*

A fost editor-şef al revistei *Parcursuri lingvistice* a UFES – Universitatea Federală din Espírito Santo (2013-2016).

Este coordonatoare a echipei editoriale a revistei *Conştientologia aplicată* (CAP) a ARACÊ, editoare a revistei Scriptor a UNIESCON şi coordonatoare a *Colegiului Invizibil de Parapoliticologie.*

Autoare a cărţii *Comunicarea evolutivă în interacţiunile conştienţiale* (ediţia în portugheză – 2013), co-organizatoare a cărţii *Serenarium – Primul laborator de pe Planetă de autocercetare prin imersiune de 72 de ore* (2020) şi co-organizatoare a *Glosarului de Termeni Esenţiali de Conştientologie Spaniol – Portughez* (2021).

În prezent este voluntară ARACÊ şi UNIESCON.

E-mail: anasenografia@gmail.com.

INSTITUȚII CONȘTIENTOCENTRICE – IC

IC. Instituțiile conștientocentrice – IC – sunt organizații ale căror scopuri, metodologii de lucru și modele organizaționale se bazează pe Paradigma Conștiențială. Principala activitate a IC este să susțină evoluția conștiințelor prin sarcina de clarificare, realizată prin adevăruri relative de vârf (aderev) cu care conștientologia și subdomeniile ei lucrează.

Voluntariat. Fiecare instituție conștientocentrică este o asociație independentă, non-profit, susținută în principal prin munca voluntară a instructorilor, cercetătorilor, administratorilor și profesioniștilor din câteva domenii diferite. **CCCI.** Totalitatea instituțiilor conștientocentrice și a voluntarilor din domeniul conștientologiei formează Comunitatea Conștientologică Cosmoetică Internațională (din portugheză *Comunidade Conscienciológica Cosmoética Internacional* sau CCCI), din care fac parte în acest moment mai mult de 20 de instituții conștientocentrice.

AIEC – ASOCIAȚIA INTERNAȚIONALĂ PENTRU EXPANSIUNEA CONȘTIENTOLOGIEI.
Fondată: 22.04.2005
***Site:* worldaiec.org**

APEX – ASOCIAȚIA INTERNAȚIONALĂ PENTRU PROGRAMUL EXISTENȚIAL
Fondată: 20.02.2007
***Site:* apexinternacional.org**

ARACÊ – ASOCIAȚIA INTERNAȚIONALĂ PENTRU EVOLUȚIA CONȘTIINȚEI
Fondată: 14.04.2001
***Site:* arace.org**

ASSINVÉXIS – ASOCIAȚIA INTERNAȚIONALĂ PENTRU INVERSIUNEA EXISTENȚIALĂ
Fondată: 22.07.2004
***Site:* assinvexis.org**

ASSIPI – ASOCIAȚIA INTERNAȚIONALĂ PENTRU PARAPSIHISM INTERASISTENȚIAL
Fondată: 29.12.2011
***Site:* assipi.com**

CEAEC – CENTRUL PENTRU ÎNALTE STUDII DE CONȘTIENTOLOGIE
Fondat: 15.07.1995
***Site:* campusceaec.org**

COMUNICONS – ASOCIAȚIA INTERNAȚIONALĂ PENTRU COMUNICARE CONȘTIENȚIALĂ
Fondată: 24.07.2005
***Site:* comunicons.org.br**

CONSCIUS – ASOCIAȚIA INTERNAȚIONALĂ PENTRU CONȘTIENTOMETROLOGIE INTERASISTENȚIALĂ
Fondată: 24.02.2006
***Site:* conscius.org.br**

CONSECUTIVUS – ASOCIAȚIA INTERNAȚIONALĂ PENTRU CERCETARE HOLOBIOGRAFICĂ ȘI SERIEXOLOGICĂ
Fondată: 14.12.2014
***Site:* consecutivus.org**

COSMOETHOS – ASOCIAȚIA INTERNAȚIONALĂ PENTRU COSMOETICOLOGIE
Fundată: 03.10.2015
***Site:* cosmoethos.org.br**

ECTOLAB – ASOCIAȚIA INTERNAȚIONALĂ PENTRU CERCETAREA DE LABORATOR A ECTOPLASMEI ȘI PARAPCHIRURGIEI
Fondată: 14.07.2013
***Site:* ectolab.org**

EDITARES – ASOCIAȚIA INTERNAȚIONALĂ EDITARES
Fondată: 23.10.2004
***Site:* editares.org.br**

ENCYCLOSSAPIENS – ASOCIAȚIA INTERNAȚIONALĂ PENTRU ENCICLOPEDIOLOGIE CONȘTIENTOLOGICĂ
Fondată: 21.12.2013
***Site:* encyclossapiens.org**

EVOLUCIN – ASOCIAȚIA INTERNAȚIONALĂ PENTRU CONȘTIENTOLOGIE ÎN COPILĂRIE
Fondată: 29.07.2006
***Site:* evolucin.org.br**

IC TENEPES – ASOCIAȚIA INTERNAȚIONALĂ PENTRU PENTOLOGIE
Fondată: 11.06.2016
***Site:* ictenepes.org**

IIPC – INSTITUTUL INTERNAȚIONAL PENTRU PROIECTOLOGIE ȘI CONȘTIENTOLOGIE
Fondat: 16.01.1988
***Site:* iipc.org.br**

INTERCAMPI – ASOCIAŢIA INTERNAŢIONALĂ PENTRU CERCETAREA ZONELOR CONŞTIENTOLOGICE
Fondată: 23.07.2005
Site: **intercampi.org**

INTERPARES – ASOCIAŢIA INTERNAŢIONALĂ PENTRU SPRIJIN INTERASISTENŢIAL
Fondată: 15.05.2016
Site: **interpares.org.br**

JURISCONS – ASOCIAŢIA INTERNAŢIONALĂ PENTRU PARADREPTOLOGIE
Fondată: 25.04.2015
Site: **juriscons.org**

LIDERARE – ASOCIAŢIA INTERNAŢIONALĂ PENTRU LEADERSHIP INTERASISTENŢIAL
Fondată: 01.05.2021
Site: **liderare.org**

OIC – ORGANIZAŢIA INTERNAŢIONALĂ PENTRU CONŞTIENTOTERAPIE
Fondată: 06.09.2003
Site: **oic.org.br**

ORTHOCOGNITIVUS – ASOCIAŢIA INTERNAŢIONALĂ PENTRU IMPLANTAREA COGNOPOLISULUI SC
Fondată: 18.05.2018
Site: **orthocognitivus.org**

REAPRENDENTIA – ASOCIAŢIA INTERNAŢIONALĂ PENTRU PARAPEDAGOGIE ŞI REEDUCARE CONŞTIENŢIALĂ
Fondată: 21.10.2007
Site: **reaprendentia.org**

UNICIN – UNIUNEA INTERNAŢIONALĂ A INSTITUŢIILOR CONŞTIENTOCENTRICE
Fondată: 22.01.2005
Site: **unicin.org**

UNIESCON – UNIUNEA INTERNAŢIONALĂ DE CONŞTIENTOLOGIE
Fondată: 23.11.2008
Site: **uniescon.org**

TITLURI PUBLICATE DE EDITARES

editares.org/titluri-ro

INFORMAȚII STATISTICE

537 175	–	Caractere (fără spații)
617 838	–	Caractere (cu spații)
82 240	–	Cuvinte
12 297	–	Linii
3484	–	Paragrafe
348	–	Pagini
4	–	Secțiuni
28	–	Capitole
50	–	Enumerări
29	–	Note
7	–	Tehnici
12	–	Tabele
5	–	Figuri
4	–	Ilustrate
22	–	E-mail
1	–	Siglă
1	–	Fotografie
113	–	Referințe bibliografice
13	–	Webgrafie
17	–	Filmografie
2	–	Apendix
37	–	Elemente – Indice onomastic
159	–	Elemente – Indice remisiv
25	–	Instituții conștientocentrice

Referințele la această operă potrivit biografiei specifice exhaustive (BSE)

Seno, Ana; ***Comunicarea evolutivă în interacțiunile conștiențiale***; prof. Málu Balona; revizori Echipa de Revizori a Editares; 346 p.; 4 secț.; 28 cap.; 36 citate; 1 diag.; 22 e-mailuri; 70 enun.; 2 scheme; 2 fluxograme; 1 foto; 4 ilus.; 1 microbiografie; 1 planșă; 12 tab.; 20 websiteuri; glosar 181 term.; 17 filme; 183 ref.; 2 apendice; 16 x 23 cm; br.; *Asociația Internațională Editares*; Foz do Iguaçu, PR; 2023.

1. DOMENIUL DE CERCETARE:

ACEASTĂ CARTE STUDIAZĂ

COMUNICOLOGIA,

UN SUBDOMENIU AL CONȘTIENTOLOGIEI.

2. PRINCIPIUL NEÎNCREDERII:

NU CREDEȚI ÎN NIMIC, NICI MĂCAR ÎN INFORMAȚIILE PREZENTATE ÎN ACEASTĂ CARTE.

EXPERIMENTAȚI,

AVEȚI PROPRIILE VOASTRE EXPERIENȚE.

EDITARES®

Prima ediție în limba română [2023]

Această lucrare este realizată în format 16.0 x 23.0 cm. Caracterele folosite în interior sunt Times New Roman 12.
Hârtia folosită în interior este natural pollen 80g/m²,
iar pentru copertă este Supremo Cardboard 300 g/m².

Tipărit de Meta Brasil pentru Editura Editares.

ND - #0184 - 170726 - C0 - 234/156/19 - PB - 9786586544985 - Matt Lamination